Michael Obert
CHATWINS GURU
UND ICH

Michael Obert

CHATWINS GURU UND ICH

Meine Suche nach Patrick Leigh Fermor

Mit 12 farbigen Fotos und einer Karte

MALIK

Mehr über unsere Autoren und Bücher:
www.malik.de

Der Verlag dankt für die Genehmigung zum Abdruck aus
folgenden Werken Patrick Leigh Fermors:

Die Zeit der Gaben. Zu Fuß nach Konstantinopel: Von Hoek
van Holland an die mittlere Donau. Dörlemann, Zürich 2005.
Deutsch von Manfred Allié. © 1977 Patrick Leigh Fermor. Für die
deutschsprachige Ausgabe: © 2005 Dörlemann Verlag AG.

Zwischen Wäldern und Wasser. Zu Fuß nach Konstantinopel:
Von der mittleren Donau bis zum Eisernen Tor. Dörlemann,
Zürich 2006. Deutsch von Manfred und Gabriele Allié.
© 1986 Patrick Leigh Fermor. Für die deutschsprachige Ausgabe:
© 2006 Dörlemann Verlag AG.

Mani. Reisen durch den südlichen Peloponnes. Otto Müller Verlag,
Salzburg 1982. Deutsch von Hermann Stiehl. © 1958 Patrick
Leigh Fermor. Deutschsprachige Rechte: © Otto Müller Verlag,
3. Auflage, Salzburg 1982. Neuausgabe in neuer Übersetzung bei
Dörlemann Verlag AG in Vorbereitung.

Mix
Produktgruppe aus vorbildlich bewirtschafteten
Wäldern und anderen kontrollierten Herkünften
www.fsc.org Zert.-Nr. GFA-COC-001278
© 1996 Forest Stewardship Council
FSC

ISBN 978-3-89029-371-4
© Piper Verlag GmbH, München 2009
Fotos: Michael Obert
Litho: Lorenz & Zeller, Inning am Ammersee
Karte: cartomedia, Karlsruhe
Satz: Satz für Satz. Barbara Reischmann, Leutkirch
Druck und Bindung: CPI – Ebner & Spiegel, Ulm
Printed in Germany

Für die Rastlosen unter Euch,
die Fliehenden und Suchenden

Und ich nannte das »Augenbrot«.
Walter Benjamin

Inhalt

Ostsee
POLEN
Oder
:HECHIEN
SLOWAKEI
Bratislava
en
Donau
Budapest
Theiß
UNGARN
RUMÄNIEN
Drau
Orșova
Save
Belgrad
Donau
Schwarzes Meer
Vidin
Calafat
Niš
SERBIEN
BULGARIEN
Skopje
Meer
ALBANIEN
MAZEDONIEN
Ohrid
Pogradec
GRIECHENLAND
Ägäis
Patras
Kalamata/Mani
Mittelmeer

BERLIN

Dass ich los muss, aufbrechen, ihn suchen – sofort. Ich wusste es im Moment, als ich erwachte und in tiefster Dunkelheit die Augen aufschlug, ohne eine entfernte Ahnung davon zu haben, wo ich mich befand. Ein kaum hörbares Summen vibrierte im Raum, wie von einem Falter, der sich aus seiner Puppe befreite, die staubigen Flügel straffte und sie ganz in der Nähe meines Ohrs zum ersten Mal vibrieren ließ. Das Geräusch riss ab, ich sah verschwommen ein Fenster, Licht fiel herein, streifte mich und erlosch wieder, während jemand langsam, sehr langsam an meinen Linsen drehte, bis meine Netzhäute ein scharfes Bild empfingen. Vor dem Fenster erkannte ich kahle Zweige, die sich vom Nachthimmel abhoben: ein Baum, die Buche, die Buche in meinem Hinterhof – ich lag in meinem Bett, zu Hause.

Die Uhr zeigte kurz vor vier, Ostermontag, Tag der Auferstehung. Ich schob das Leintuch beiseite und stieg aus dem Bett. Es war eine ganz selbstverständliche Bewegung, und dennoch schien etwas Besonderes in ihr mitzuschwingen, das versponnene Netz eines Plans, der sich mir nur ansatzweise erschloss. Würde es dort, wo ich hinreiste, regnerisch sein? Windig oder kalt? War das wichtig? Ich packte, wie ich immer packte, mechanisch, wie in Trance, stopfte die üblichen Sachen in meinen Seesack, der seinen Platz neben dem Schrank hatte, ohne jemals ganz ausgepackt zu werden, ließ die Verschlüsse zuschnappen, nahm die Bücher aus dem Regal – seine Bücher –, verstaute sie in der Außentasche und sah meine Papiere durch; dann schor ich meinen Kopf, schnitt Finger- und Fußnägel, duschte den Schlaf von der Haut, ließ alles Unnötige zurück und trat hinaus auf die Straße.

Als ich die kalte Nachtluft einsog, verspürte ich etwas wie Erleichterung. Ein Reinigungswagen bog um die Ecke, zwischen den Rädern schrubbten runde Bürsten über den Gehweg. Über den Fassaden ragten steile, dunkle Dächer einer tief hängenden Wolkendecke entgegen, die tagelang keinen Sonnenstrahl durchlassen würde. Und dann regnete es. Die ersten Tropfen zersprangen auf dem Asphalt wie Glaskugeln. Im Sommer hätte sich der Regen in einen trügerischen Dunst verwandelt, um aus dem Innersten der Straße eine schmerzhafte Euphorie aufsteigen zu lassen. So jedoch lag im gespannten Zittern der kleinen Perlen, die hier und da in der Nacht glitzerten, lediglich eine Ahnung von den kreisenden Zyklen der Dinge, von Anfängen und Enden, die sich immerzu wiederholten und sich gegenseitig jagten, bis sie nicht mehr voneinander zu unterscheiden waren.

Dieses Mal würde es ein Anfang sein, eine Geburt – meine Geburt.

Meine Schritte beschleunigten sich, ich gehe, ah, wie gut das tut, dass ich gehe, Ampeln blinken orangerot, der eisige Wind weht Müll über verwaiste Kreuzungen, einem U-Bahn-Schacht entströmt der schale Geruch von Schweiß und schlechtem Atem, von Menschenmassen mit hängenden Mundwinkeln. Ich bin unterwegs, es regnet, es ist Nacht;

mit einem Mal überkam mich das überwältigende Gefühl, der einzige Mensch in dieser großen Dunkelheit zu sein. Im Osten, am Ende der Häuserfluchten, schien ein bleigrauer Streifen am Himmel auf. Ich lief ihm entgegen, den halb vollen Seesack geschultert, an der Schwelle zwischen Nacht und Tag, einem Übergang, an dem alles geschehen konnte.

Der Frau hinter dem Schalter am Ostbahnhof standen die Strapazen der Ostermast ins Gesicht geschrieben. Aufgetriebene Backen pressten ihre Lippen zu einem rot bemalten Vogelmund zusammen, ihr sonst akkurat frisiertes Haar war um den Scheitel verklebt. Sie trug eine hellblaue Bluse und ein seidenrotes Halstuch, die Schulterpartien ihrer dunklen Jacke waren mit etwas bestäubt, das aussah wie zerriebene Haferflocken.

»Wohin?«, fragte sie gequält, als ich vor sie trat.

Ja, wohin eigentlich? Streng genommen konnte ich mir nicht einmal eine Fahrt mit der S-Bahn leisten. Ich hatte ein Jahr lang über eine Reise zum Popocatépetl geschrieben, über meine Begegnung mit den Bauern, die am Fuß dieses aktiven mexikanischen Vulkans leben und in ihren Träumen mit der Naturgewalt kommunizieren – ein Buch, das am Ende niemand drucken wollte. Ich war völlig abgebrannt, meine Beziehung zerbrochen, meine Wohnung löste einen Hustenreiz aus, sobald ich sie betrat, und auf meinem Schreibtisch stapelten sich unerledigte Aufträge für schlecht bezahlte Reportagen.

Mein Leben lag wieder einmal in Scherben, und das Reisen, dieses ewige Herumziehen, so schien mir, war verantwortlich dafür. Doch anstatt zu arbeiten, eine annehmbare Wohnung zu finden und wieder auf die Beine zu kommen, wollte ich mir nun eine Fahrkarte kaufen, um einen steinalten Briten zu suchen, von dem ich nicht wusste, ob er sich dort aufhielt, wo ich ihn vermutete, ob er überhaupt noch am Leben war, ob ich –

»Wohin?«, knurrte die Bahnfrau.

»Nach Griechenland«, hörte ich mich sagen.

Der feste Klang meiner Stimme überraschte mich. Ich wiederholte das Wort, um mich zu vergewissern, dass ich es selbst ausgesprochen hatte, und dann lachte ich laut und rief: »Nach Griechenland! Nach Griechenland!«

Die Bahnfrau warf einen verunsicherten Blick in die leere Schalterhalle; dann zwinkerte sie mir verschwörerisch zu und flüsterte: »Mit dem Flugzeug wären Sie in zwei, drei Stunden dort.«

Ich dachte daran, dass er den ganzen Weg zu Fuß gegangen war, dass seine Wanderung mehr als ein Jahr gedauert hatte. Ich konnte unmöglich das Flugzeug nehmen, nein, fliegen kam nicht infrage. Die Frau seufzte und begann, ihre Tastatur zu bearbeiten. Zerriebene Haferflocken lösten sich aus ihrem Haar und rieselten auf ihre Schultern. Schweiß perlte auf ihrer Stirn.

»10 Uhr 46«, sagte sie. »Ankunft in Athen um 5 Uhr 19, morgen früh, nein, nicht morgen, übermorgen.«

Ich schob ihr meine Kreditkarte hin, während sie versuchte, den Fahrpreis zu ermitteln.

»Der Computer findet das Teilstück für Serbien und Mazedonien nicht«, behauptete sie nach einer Weile. »Ich kann Ihnen leider keine Fahrkarte ausstellen.«

»Und jetzt?«

Sie überlegte kurz.

»In zwanzig Minuten fährt ein Zug nach Wien«, sagte sie schließlich und schenkte mir ein strahlendes Lächeln. »Das ist zumindest schon mal Ihre Richtung.«

13

Der Zug fuhr mit einem Ruck an, wenig später explodierten die Lichter des Ostbahnhofs in den Regenschlieren am Fenster, ein regelrechtes Feuerwerk über einem Geflecht glänzender Schienenstränge, die sich wieder und wieder teilten, um sich in der Dunkelheit zu verlieren. Wer sich nicht gut fühlt, sollte eine Reise unternehmen. Ganz plötzlich. Ohne jemandem davon zu erzählen. Einfach ein paar Sachen in den Seesack stopfen und in einen Zug steigen, irgendwohin. Beim Gedanken an den gleichförmigen Gesang der Züge, die mich über den Balkan nach Griechenland tragen würden, spürte ich ein Kribbeln unter den Rippenbögen. Die Luft roch auf einmal nach fremden Ländern, nach abgeschiedenen Orten und stillen Winkeln, nach dem Meer.

Liegt die Kraft einer Reise nicht darin, dass sie das Leben reinigt? Dass sie unnötigen Ballast zerstäubt und den Kopf klar und leicht macht? Ich brauchte nichts weiter zu tun, als mich dem Schaukeln dieses Zugs hinzugeben, mich forttragen zu lassen, hinaus aus dieser Stadt, nach Osten, immer weiter nach Osten. Ich atmete auf, streckte mich und betrachtete die Lichtblumen, die draußen über die Fassaden flirrten, Lilien, Anemonen, Hibiskusblüten aus irisierendem Licht – und dann stellten sich mir Fragen wie diese: Knallst du jetzt völlig durch?

Vor dem Zugfenster verschwammen auf einmal die Straßen. Ein dichter Nebel legte sich auf meine Augen, meine Lider sanken herab, und ich tauchte in eine Blindheit ein, die nicht schwarz war, sondern von einem rauschenden Weiß, eine gleißende Finsternis, die mich zu Tode erschreckt hatte, als sie mich zum ersten Mal ereilte. Jetzt tastete ich routiniert nach der Außentasche meines Seesacks, fand darin die Thermosflasche, öffnete sie, tränkte mit dem warmen Sud zwei kleine Mullkompressen und legte sie auf meine geschlossenen Lider. Als ich die Flasche zurücksteckte, streifte meine Hand die beiden Bücher. Ich zog sie blind heraus und strich über ihren Leineneinband, und plötzlich kam es mir vor, als wäre ich auf meine Reise zugesteuert, seit ich diese Bücher zum ersten Mal in die Hand genommen hatte. In Zentralamerika. Vor fast zwanzig Jahren.

Unter den Kompressen legte sich eine angenehme Wärme um meine Augäpfel, und die weiße Welt hinter meinen Lidern verlor etwas von ihrer schmerzenden Intensität, während der abgegriffene Leineneinband der Bücher die erste jähe Abreise meines Lebens in mir heraufbeschwor: ein exzellent bezahlter Jungmanager, der einer steilen Karriere in der sogenannten freien Wirtschaft entgegensieht, bis er eines Tages unzufrieden und gelangweilt seinen Job kündigt, um sich in einem Flugzeug nach Zentralamerika wiederzufinden – am Beginn einer Reise, die zwei Jahre dauern und von Mexiko hinunter nach Feuerland führen wird, in ein neues Leben.

Die Augenkompressen begannen zu wirken. Ganz allmählich schienen die Flavonoide durch meine Hornhaut direkt in mein Gehirn zu dringen, und ich sah deutlich vor mir, wie ich die beiden Bücher, die in meinem Schoß lagen, damals im Tausch gegen zwei Graham Greenes von einem Rucksackreisenden bekommen hatte. Am selben Abend versetzte mich der britische Autor aus meiner Hängematte am Ufer des Atitlán-Sees im Hochland von Guatemala auf einen Lastkahn auf dem winterlichen Rhein bei Köln, in die Wälder und Auen des Ungarischen Tieflands, zu den Wölfen Transsilvaniens. Im Dezember 1933 hatte dieser Brite seine Insel auf einem Dampfschiff verlassen, weil er Tapetenwechsel brauchte, wie er schrieb, und war mit dem ersten

Band der *Oden* von Horaz im Rucksack quer durch Europa gewandert, von Rotterdam nach Konstantinopel.

Die Flavonoide entfalteten jetzt ihre volle Wirkung. Jedes Mal staunte ich von Neuem über das Wunder, das sich nun hinter meinen Lidern ereignete, über den Schatten, der sich zögernd ausbreitete, als schöbe sich eine Wolke vor die gleißende Sonne, bis ich von einem wohltuend leeren Schwarz umhüllt war. Meine Schultern sanken herab. Mein Gesicht entspannte sich. Mein Kopf überließ sich auf der Rückenlehne den Bewegungen des Zuges, der mich aus Berlin hinaustrug, aus meiner Stadt, die ich nicht sehen konnte. Stattdessen erinnerte ich mich daran, wie sich in der Hängematte am Ufer des Atitlán-Sees mein Puls beschleunigt hatte, während ich die Beschreibungen des Briten verschlang. Ich war damals nur wenige Jahre älter gewesen als er zum Zeitpunkt seines Aufbruchs und hatte ebenfalls gerade mit einem staubtrockenen Leben Schluss gemacht, selbst jedoch nie ein poetischeres Wort zu Papier gebracht als »Gewinn- und Verlustrechnung«. Und nun schien in diesen Zeilen, im Klang dieser klaren, von einer Poesie der Straße durchdrungenen Sprache eine Art von Zukunft auf, wie ich sie mir in den ersten Wochen meiner Lateinamerikareise nicht vorzustellen wagte.

Seither war ich auf Wanderschaft. Seither, so schien mir jetzt hinter meinen Augenkompressen im Zug nach Wien, war die Reise, die mich vor ein paar Stunden im Schlaf überrascht hatte, für mich vorbestimmt, die Suche nach dem Patriarchen der schreibenden Nomaden, dem Vorbild einer ganzen Generation angloamerikanischer Reiseschriftsteller, allen voran Bruce Chatwin, in dessen Biografie es heißt, dass er den Autor meiner beiden Bücher als seinen »letzten Guru« verehrt hatte. Ah, ich spürte es ganz deutlich: Seit jener Nacht am Atitlán-See war ich unterwegs zum Herodot des 20. Jahrhunderts – zu Sir Patrick Leigh Fermor.

»Sie fahren nach Wien?«

Die Stimme war hoch wie die einer Frau, der Tonfall jedoch eindeutig männlich. Ich ließ vorsichtig die Augäpfel hinter meinen Lidern kreisen; dann nahm ich die Kompressen ab. Mir gegenüber saß ein Mann in einem makellos gebügelten blauen Hemd mit schmalen Streifen. Silberne Knöpfe hielten seine Manschetten zusammen. Seine zierlichen Handgelenke standen in starkem Kontrast zu seinen wurstigen Fingern, die Nagelbetten an den Daumen waren aufgekratzt.

»Sie fahren nach Wien?«, wiederholte er mit seiner Fistelstimme; sein Gesicht sah aus wie poliert.

»Nach Griechenland.«

»Sicher verzeihen Sie mir meine Neugier«, sagte er mit einem glatten Lächeln, »aber warum fliegen Sie nicht?«

Ich tat so, als hätte ich ihn nicht gehört.

»Sie unternehmen also keine Geschäftsreise«, folgerte der Mann aus meinem Schweigen und ließ seinen Blick an mir hinunterwandern. »Sie sind auf der Flucht, stimmt's?«

Er war Anfang fünfzig, roch nach süßem Rasierwasser und stellte sich mir mit dem Namen Sieder vor, Wirtschaftsprüfer aus Dresden, auf dem Rückweg von einem Familienbesuch in Berlin.

»*Sind* Sie auf der Flucht?«, bohrte er weiter.

»Auf der Suche.«

»Ich möchte nicht indiskret sein«, behauptete er, »aber darf ich fragen, wen oder was Sie suchen?«

Ich gab mir einen Ruck und sagte es ihm.

»Ihren unbestimmten Angaben entnehme ich, dass Sie nicht wissen, wo genau sich dieser Brite aufhält?«

Es gab noch mehr, was ich nicht wusste. Zum Beispiel, ob ich mich mit einem Wirtschaftsprüfer aus Dresden über meine Reisepläne unterhalten wollte. Zumal diese recht vage waren. Aber vielleicht klärten sich die Dinge etwas, wenn ich sie in Worte fasste.

»Zu Fuß von Rotterdam nach Konstantinopel?«, rief Sieder aus, als er von Fermors Wanderung erfuhr. »Neunzehnhundertdreiunddreißig?«

»Dass ich ein Reisender wurde und anfing zu schreiben, verdanke ich seinen Büchern«, sagte ich leise und zeigte ihm die beiden Bände. »Und dann hörte ich, dass Patrick Leigh Fermor noch am Leben sei!«

Sieders Augen weiteten sich ungläubig, während sein Wirtschaftsprüfergehirn mühelos eine einfache Rechenaufgabe löste: »Ihr Brite muss fast hundert Jahre alt sein!«

Der Gedanke, ich könnte Fermor – Sir Patrick Leigh Fermor – noch persönlich kennenlernen, hatte mir keine Ruhe gelassen. Ich machte die Verlegerin seiner deutschen Ausgaben in Zürich ausfindig. Als sie mir am Telefon bestätigte, dass Fermor tatsächlich noch lebte, redete ich auf sie ein, sie solle doch bitte den Kontakt herstellen. Ich müsse Fermor unbedingt treffen, unbedingt, beschwor ich sie, und als sie mich nach dem Grund fragte, faselte ich etwas von Seelenverwandtschaft.

»Ihr Seelenverwandter empfängt so gut wie nie Besuch«, hatte die Verlegerin erwidert. »Aber schreiben Sie ihm doch einen Brief, und schicken Sie ihn mir, ich leite ihn weiter in die Mani.«

Im Zug trat einen Moment lang Stille ein. Draußen in der Dunkelheit ging eine Reihenhaussiedlung in ein Gewerbegebiet über. Supermarktketten und Baumärkte ragten wie trutzige Inseln aus leeren, regennassen Asphaltflächen, die an überfrorene Seen erinnerten.

»Sie haben ihm geschrieben?«, fragte Sieder, als ich nicht weitersprach.

»Natürlich!«

»Er erwartet Sie also?«

»Nicht direkt.«

»Er hat Sie abblitzen lassen?«

Ich hatte Fermor geschrieben, ein Treffen mit ihm sei außerordentlich wichtig für mich. Die möglichen Peinlichkeiten eines solchen Briefes hoffte ich zu vermeiden, indem ich meinem Englisch einen geschliffenen Ton verlieh, der Fermor gefallen würde. Ich zählte einige meiner Reisen und Bücher auf, brachte ein *slight presentiment of a congeniality of souls* zum Ausdruck und schickte den Brief mit dem Gefühl ab, der alte Herr werde mir postwendend zurückschreiben.

Monate vergingen, ohne dass eine Antwort kam.

Ich beendete mein mexikanisches Buch und vergaß Fermor wieder. Bis ich mitten in der Nacht erwachte und meine Sachen packte. Ein halbes Jahr nachdem ich den Brief abgeschickt hatte.

»Vor ein paar Stunden also«, sagte ich und versuchte zu lächeln. »Und jetzt bin ich unterwegs nach Griechenland.«

»Sie haben seine Antwort nicht abgewartet?«, fragte Sieder fassungslos. »Sie sind aus dem Bett gestiegen und einfach abgereist? Sie haben nicht einmal seine Adresse?«

Ich hatte einen Nebensatz. Von Fermors Züricher Verlegerin. Hatte sie nicht erwähnt, sie wolle meinen Brief in die Mani weiterleiten? Bedeutete das nicht, dass Fermor in der Mani *lebte*? Die Mani ist eine Gegend auf dem südlichen

Peloponnes. Eine von Tälern und Schluchten zerschnittene, karge Region, wo Bauern in Häusern wohnen, die wie Wehrtürme aussehen. Bis vor Kurzem soll dort noch Blutrache praktiziert worden sein.

Das wusste ich. Mehr nicht.

Sieder sah mich an, als halte er mich für einen Verrückten, einen Zwangsneurotiker, der wegen eines Hirngespinstes quer durch Europa reisen wollte. Er wendete seinen Blick ab und betrachtete sich eine Weile im Zugfenster, und plötzlich sagte er: »Ich muss zugeben, dass ich Sie ein wenig beneide.«

Ich verstand nicht, was er meinte.

»Ich muss meinen Urlaub sechs Monate im Voraus einreichen«, sagte er leise. »Wenn ich einfach in einen Zug steige und wegfahre, bin ich draußen.«

Er erhob sich, murmelte, er brauche jetzt einen starken Kaffee, und ging den Gang hinunter in Richtung Bordrestaurant.

Die Häuser einer Vorstadt blieben zurück, und der Zug trug mich hinaus in ein leicht gewelltes Land. Ein Traktor gravierte rätselhafte Hieroglyphen in die Felder, Krähenschwärme trieben dahin, eine fahle Sonne erhob sich über den Morgendunst. Die Nacht war vorbei.

Kurz vor der Einfahrt nach Dresden entschuldigte sich eine männliche Stimme über Lautsprecher für die Verspätung von drei Minuten, die wegen Bauarbeiten entstanden sei, und wiederholte die Ansage in einem haarsträubenden Englisch. Wenig später fuhr der Zug über die Elbe, und das Ensemble der Dresdner Kirchtürme erhob sich über der Stadt. Sieder, der Wirtschaftsprüfer, kam im letzten Moment aus dem Bordrestaurant zurück. Seine Neugier mir gegenüber schien verflogen. Er nahm Mantel und Tasche und verabschiedete sich, ohne mich anzusehen. Gleich darauf hastete er an meinem Fenster vorbei, den Blick so fest auf den Boden geheftet, als verliefen dort unsichtbare Linien, die ihn einem vorbestimmten Ziel zuführten.

Aus der großen Bahnhofshalle drangen Geräusche wie von Atemschläuchen herein. Ich sah auf ein Plakat mit der Aufschrift: *Hatten Sie so viel Norwegen in Thüringen vermutet?* Das Foto zeigte einen nachkolorierten See, der sich zwischen bewaldete Steilhänge grub und mit etwas Phantasie tatsächlich an einen Fjord erinnerte. Die Landschaft wirkte anziehend auf mich, unversehrt, friedlich. Doch der Verweis auf Norwegen irritierte mich.

Der Zug fuhr los, und ich wusste nicht, welches Land mir mehr leidtat: Thüringen, weil es nichts Typischeres zu bieten hatte als »so viel Norwegen«. Oder Norwegen, weil es ungefragt auf eine Fjordlandschaft reduziert wurde. Als das Plakat meinem Blick entschwand, musste ich an Neil Armstrong denken, der auf den Mond kommt und die Landschaft dort mit dem Grand Canyon vergleicht. Ob er nach seiner Rückkehr zur Erde den Grand Canyon besucht hat, um sich dort an den Mond zu erinnern?

Wenig später fuhr ich durch die Welt von SV Eintracht Dobritz, Modezentrum Kress und SB Möbel Boss, vorbei an den Ruinen der Dresdner Malzwerke, an überwucherten Brachflächen und graffitibesprühten Vorstadtbahnhöfen. In Schrebergärten wehten Fahnen über exakt gezogenen Radieschenbeeten und liebevoll arrangierten Naturkulissen aus dem Baumarkt, während in den Dörfern zwischen Einschusslöchern aus dem Zweiten Weltkrieg der Putz von den Fassaden bröckelte. Wurmstich. Kahle Eichen. Aussiedlerhöfe mit Schweinemassen. Zwei Ruderer in schwarzweißen

Trikots kämpften sich die Elbe hinauf, begleitet von einem knallroten Motorboot.

Bald säumten Schilfwände und Trauerweiden die Ufer, darüber erhoben sich Felsformationen wie Türme, die durch Brücken miteinander verbunden waren. Hoch oben sah ich die Silhouetten von Spaziergängern. Fuhr ich durch das Elbsandsteingebirge? Durch das Erz- oder das Fichtelgebirge? Ich wusste es nicht. Ich kannte mich in der Sahara aus, am Oberlauf des Amazonas, in Indien und der Mongolei. Überall, nur nicht in Deutschland.

Der Zug wurde langsamer, und zwei tschechische Grenzpolizisten kontrollierten meinen Pass.

»Wohin?«

»Nach Griechenland.«

Sie sahen sich an und lachten. Schubleichter pflügten die Elbe hinauf, einer Reihe orangeroter Bojen folgend. Kleine Fähren setzten über den Fluss, weiße Stämme hochgewachsener Birken schimmerten wie gebleichte Knochen aus dem Wald. Bad Schandau ... Schmilka-Hirschmühle ... Schöna. Vor der Kulisse bemooster Riesen stand ein einsames Holzhaus, ein Schild über der Tür zeigte ein rotes Herz mit der Aufschrift *Mary*. Knospen und Blüten – die Bäume erwachten. Wie mochte es dort draußen riechen?

Ich verschlief Prag und wurde erst wach, als mich ein lautes Rascheln aufschreckte. Wo war ich? Dunkelblaue Polstersitze, automatische Türen, darüber in leuchtenden Lettern: *WC*. Im Zug. Du sitzt im Zug. Du bist unterwegs zu Patrick Leigh Fermor. Das Rascheln kam von den Mülltüten, die zwei Männer durch den Gang schleiften. Ich fragte mich gerade, woher der Geruch von Maiglöckchen kommen mochte, da versetzte er mich jäh ins mexikanische Hochland. Am Popocatépetl hatte es genauso gerochen. Monatelang war ich zu Fuß durch die Falten dieses Vulkans gestreift, bis er mein Leben mit einem Schlag veränderte. Mein mexikanisches Erlebnis – ja, nennen wir es vorerst ruhig so –, mein mexikanisches Erlebnis hatte mich an die letzte Grenze geführt, an den äußersten Rand des Daseins und schließlich in eine Zeit voller Schatten und Zweifel und Grübelei, in der alles, woran ich geglaubt und was ich geliebt hatte, allmählich zerbrach und mühsam wieder zusammengesetzt und an seinen Platz gestellt oder verworfen werden musste. Am Ende dieses Geduldspiels haftete dem Reisen ein Makel an. Das leuchtende Gefäß hatte dunkle Flecken und Risse bekommen. Es war, als hätte mich das, was mir am wichtigsten gewesen war – die Stille der Wüste, der Gesang der Wälder, das Dröhnen der Meere, tropische Regenschauer, einsame Nächte auf einem Fluss, einer Straße –, als hätte mich all dies auf gemeinste Art und Weise verraten, indem es sich aus meinem Leben stahl, ohne Abschied, schonungslos, kalt. Und die Verlassenheit, die zurückblieb, dieser finstere Raum im Innern meiner Existenz, überzeugte mich immer nachhaltiger davon, dass es jenseits des Horizonts nichts mehr für mich gab. Nichts mehr. Damals fing das mit meinen Augen an.

… draußen die dunkle Kalligrafie aufgeforsteter Fichten, Hasen, die über Felder hoppeln, Rotwild, Reiher, Auer-, Birk- und Haselhühner … die rauchenden Öfen auf den Balkonen in Svitavy und die Fabrik, die bei Zakaz wie ein verendeter Saurier in der Talsohle liegt … zwischen rostigen Gerippen und verwitterten Schloten reiten Kinder auf glänzend weißen Schwänen … das mag ich am Reisen, genau das: nicht sehen, was andere schon gesehen haben, auch nicht sehen, was du sehen willst, sondern mehr als das, was du sehen *kannst* …

… leck meinen Augapfel, Göttin, auf meinem dickflorigen Teppich aus Marrakesch … sing, heb deinen Arm zum Gruß, und sing, ah, wie schön dein Gesang ist, wie schön die Welt … sing, damit ich in meiner Zelle tanzen kann, mit meinen Schatten, auf Zehenspitzen, zu deinem Lied, in dem alles Bewegung ist, alles Straße, alles Horizont, alles Wind und Regen, draußen … wo es keine Tschechen gibt – die Dörfer, die Gärten und Fußballplätze sind verlassen, Tristesse der Gleise, Tristesse des Asphalts … nein, das stimmt nicht, da ist eine Frau, die gebückt mit einem rostigen Wagen die Saat ausbringt, zwei Reiter galoppieren über eine Wiese, Fahrradfahrer in gelbschwarzen Trikots, ein Angler, der in Gummikleidung bis zur Hüfte in einem Bach steht … man muss sie nur suchen, die Bewohner … im »Kaufland« zwischen Ariel und Jacobs Krönung … im Theater der Grausamkeit, wo sie an ihren Fingern saugen wie an den Brustwarzen der Zeit oder mit vernähten Lippen rufen: *I'm so happy, I'm so happy, unfortunately* …

… verstehst du? … nein? … angenommen, du findest Fermors Haus, ich meine, wir gehen doch davon aus, dass er ein Haus in der Mani besitzt, angenommen also, dieses Haus existiert, und du findest es tatsächlich … und immerzu regnet es, ah, dieser Regen, graue Fäden, die sich zwischen den Äckern und dem kontrastlosen Himmel aufspannen und erbarmungslos die Kirschblüten von den Zweigen reißen … bald bin ich da, mein Lieber, bald lernst du dich kennen … in Blansko … in Adamavo … in Brno reißt der Dauerregen ab, die Sonne bricht für einen Moment durch die Wolken, und der Zug füllt sich mit Reisenden, die sich auf Tschechisch unterhalten – heitere Zischlaute und hohle Os aus dem Alphabet der Gerüche … aus einer Zukunft, in der aus Tintenklecksen Landschaften entstehen.

»Die Beschaffenheit eines Notizbuchs ist die halbe Miete!« … Chatwin hat das einmal zu dir gesagt, erinnerst du dich? … zu Hause in deinen Aufzeichnungen nachschlagen, wie das damals gewesen ist, an der Bar des *Old Alice Inn* in der Todd Street in Alice Springs, dir noch einmal in Erinnerung rufen, wie Bruce in Kakishorts und leichten Wanderstiefeln seinen Montblanc-Füllfederhalter beiseitelegte und über den schwarzen Wachstucheinband seines Notizbuchs strich … wie er »*Carnets moleskines*, die echten, Mike!« zu dir sagte und einen verächtlichen Blick auf dein Ringbuch aus dem Supermarkt warf … wie in Břeclav alle aus dem Zug springen, auf ihre Fahrräder steigen und zwischen gestapelten Eichenstämmen und Fliederbüschen verschwinden … so ist es immer: Vor der Grenze leeren sich die Züge, dahinter füllen sie sich wieder … und dann hinein nach Österreich, in ein unverändert flaches Land, die gleichen Seen, die gleichen Felder und Birken, und dennoch hat man den Eindruck, in einer ganz anderen Gegend zu sein … in Bernhardsthal und Rabensburg, Dürnkrut, Stillfried, Süßenbrunn … ein wenig zu gepflegt, ein wenig zu bieder, zu schön … in Österreich, haha, da scheint die Sonne, da blühen die Gärten, da ist der Holunder dem tschechischen um Wochen voraus … Pappeln, Buchen, Eichen – alles treibt, alles strebt zum Licht.

»Wohin?«

»Nach Griechenland.«

»Dann beten Sie schon mal, beten Sie, dass Sie Ihren Fermor nicht finden … er ist Brite, zweiundneunzig Jahre alt, seine Zeit kostbar, *a difficult man to know*, *you know*?«

Und du kommst unangemeldet, ein Unbekannter.

WIEN

Im Jahr 1933 erblickt eine Reihe berühmter Persönlichkeiten das Licht der Welt: Jean-Paul Belmondo, Philip Roth, Susan Sontag, Yoko Ono, der japanische Kaiser Akihito und der irakische Präsident Talabani, Willie Nelson, Cees Nooteboom, Roman Polanski, der deutsche Serienmörder Joachim Kroll. Agatha Christie schreibt fleißig an ihrem *Mord im Orient-Express,* André Kertész veröffentlicht seine elektrisierenden *Distorsions,* Célines *Voyage au bout de la nuit* erscheint in deutscher Sprache. Die ersten Fernschreiber nehmen ihre Dienste auf, Bernadette Soubirous wird heiliggesprochen, in Chiasso der Schweizerische Bocciaverband gegründet, und in einer Talfurche des nordschottischen Glen More macht ein See von sich reden, weil dort ein Meeresungeheuer gesichtet worden ist.

Auch in den Vereinigten Staaten tut sich 1933 einiges: Das amerikanische Bundesamt für Gefängnisse sucht dringend einen entlegenen Hochsicherheitstrakt für Schwerkriminelle und bekommt die Felseninsel Alcatraz zugeteilt. Neun Millionen Amerikaner haben bei der Bankenkrise der *Great Depression* ihre Ersparnisse verloren, fünfzehn Millionen keine Arbeit. Der Mittlere Westen wird von Dürren geplagt,

Sandstürme verheeren das Land. Franklin Delano Roosevelt wird Präsident und nimmt diplomatische Beziehungen zur Sowjetunion auf.

Gründe für diese Annäherung gibt es genug. 1933 droht die Welt aus den Fugen zu geraten. In Palästina kommt es zu blutigen Auseinandersetzungen zwischen Briten und Arabern, die das sofortige Ende der jüdischen Einwanderung verlangen. Japan tritt aus dem Völkerbund aus. Deutschland ebenfalls. Hitler wird Reichskanzler. Die NSDAP zählt fast anderthalb Millionen Mitglieder. Der Reichstag steht in Flammen. Auf dem Berliner Opernplatz verbrennt das »zersetzende Schrifttum« von marxistischen, pazifistischen und jüdischen Autoren. Jüdische Geschäfte, Anwaltskanzleien und Arztpraxen werden boykottiert. In Dachau entsteht ein Konzentrationslager. Die Gestapo verhaftet Hannah Arendt, Bertolt Brecht flieht ins dänische Skovbostrand und Anne Frank mit ihrer Familie nach Amsterdam, während ein achtzehnjähriger Brite an der holländischen Küste von Bord eines Schiffes geht, um sich in entgegengesetzter Richtung auf den Weg zu machen. Er hat sich in den Kopf gesetzt, quer durch Europa zu wandern, nach Konstantinopel, in ein »drachengrünes«, »schlangenverwunschenes« Byzanz. Sein Name ist Patrick Leigh Fermor.

Wie er im Dezember 1933 über die gefrorenen Felder stapft, könnte er genauso gut ein wandernder Scholar des späten Mittelalters sein, auf dem Weg zu einer entlegenen Universität. Seine politische Einstellung wird er später als naiv und gedankenlos moderat bezeichnen und in der Beschreibung seiner Reise niemals vorgeben, gewusst zu haben, was er nicht wissen konnte. Im niederrheinischen Städtchen Goch sieht der junge Fermor mit Unbehagen zu, wie SA-Männer in ihren Reithosen und steifen braunen

Bergmützen, die Kinnriemen geschlossen wie bei Motorradfahrern, durch die Straßen marschieren. Später in dieser Nacht trifft er sie in einem Wirtshaus wieder. Ohne ihre grässlichen Mützen erscheinen sie ihm nicht mehr so martialisch. Eingenebelt in Zigarrenrauch und den Duft von Sauerkraut werden ihre Volkslieder allmählich leiser, die oberen Stimmen verweben sich, der Gesang klingt weicher, harmonischer, schreibt Fermor, wie *Liebeserklärungen an die Wälder und Wiesen von Westfalen, lange, sehnsüchtige Seufzer, in Noten gesetzt ... bezaubernd ... unmöglich, sich bei so viel Schönheit vorzustellen, dass dieselben Sänger üble Schläger waren, dass sie jüdische Schaufenster zertrümmerten und in nächtlichen Feuern Bücher verbrannten.*

In einer eisigen Nacht Anfang 1934 erreicht Fermor Wien. Mit einer Handvoll Eier, die ihm ein Bauernmädchen geschenkt hat, aber ohne einen Groschen in der Tasche. Er hofft auf die vier Pfundnoten, die er sich jeden Monat von daheim nachsenden lässt und die ihn im britischen Konsulat erwarten sollen. Bei seiner Ankunft in Wien streichen Suchscheinwerfer über die Dächer. Gewehrschüsse und Geschützfeuer grollen durch die Straßen. Was Fermor für einen Putsch der Nazis hält, die seit einiger Zeit auch Österreich in Aufruhr versetzen, stellt sich als Aufmarsch der Armee gegen demonstrierende Sozialdemokraten heraus. Unruhen, die am selben Morgen in Linz begonnen haben und bei denen Hunderte erschossen werden.

In dieser frostklirrenden Nacht landet Fermor in einem Hospiz der Heilsarmee, wo er, in Gesellschaft eines Trupps von Vagabunden, deren *Kleider flatterten wie die Mäntel von Vogelscheuchen*, ein Feldbett in einem riesigen Schlafsaal zugeteilt bekommt. Der Geruch ungewaschener Körper hängt in der Luft. Männer mit wallenden Bärten und irrem Blick wickeln Lappen von ihren zerschundenen Füßen und drücken Zigarettenstummel in Blechdosen aus. Ein Alter hält sich seinen Schuh ans Ohr, um mit strahlendem Gesicht daran zu lauschen wie an einer Muschel. Stimmen schwellen an und verebben in einem Kichern oder Flüstern, in diesem *Schiff einer kahlen, klaren Kathedrale – einer Kathedrale, so fernab von allem, dass es ebenso gut ein Unterseeboot oder der Salon eines Luftschiffes hätte sein können.*

Ich selbst wohnte im *Wombat's*, in der Mariahilfer Straße. In der weiß gefliesten Lobby des Hostels standen schwarze Kunstledersofas zwischen Möbeln aus Teak, Billardtischen und Automaten, aus denen man sich für sechs Euro ein Handtuch und für acht ein Wombat's-T-Shirt ziehen konnte. An Computern riefen junge Gäste ihre E-Mails ab, führten Reisetagebücher im Internet, luden digitale Fotos hoch und verschickten sie online statt Postkarten.

Am Bahnhof hatte ich mich nach einer günstigen Unterkunft erkundigt, denn es war ein sonniger Tag, der erste in diesem Jahr, und ich wollte ihn nicht im Zug verbringen. Die junge Australierin an der Rezeption des Wombat's lächelte freundlich, gab mir eine Chipkarte als Zimmerschlüssel und wies mich auf die Ohrenstöpsel hin, die man bei ihr kaufen konnte. Ich nahm in Plastikfolie eingeschweißtes Bettzeug entgegen, fuhr mit dem Aufzug in den dritten Stock und folgte einem langen Flur mit blau gestrichenen Wänden und Linoleumboden. Es roch nach Desinfektionsmitteln.

Links und rechts reihten sich verschlossene Zimmertüren aneinander. Ich öffnete eine davon mit meiner Chipkarte und betrat einen hellen Raum: drei doppelstöckige Betten, sechs Schließfächer, groß genug für einen Tagesrucksack, unter einer Fensterreihe standen zwei Plastikstühle an einem Klapptisch, im Badezimmer gab es eine Toilette, eine Dusche, ein Waschbecken und sechs Kleiderhaken – alles blitzsauber, alles gut gemeint, aber recht künstlich, dafür abwaschbar und natürlich rauchfrei, ein standardisiertes Gruppenzimmer für 18 Euro die Nacht, in einem Ambiente zwischen Pub, Club-Lounge, Krankenhaus und Massentierhaltung.

In einem der Betten lag Robin aus Montreal und las Stephen Kings *Grüne Meile*. Der schlaksige Jurastudent war seit Monaten in Europa unterwegs. Berlin hatte ihm besonders gut gefallen, statt der vorgesehenen fünf Tage war er zwei Wochen geblieben.

»Das Wombat's dort ist Spitzenklasse«, freute er sich und klappte *Die grüne Meile* zu. »Klasse Essen, klasse Partys, super Livemusik, tolle Frauen – du kommst kaum mehr raus, um dir Berlin anzusehen. Wombat's, *yeah!*«

Der Wombat ist ein australisches Beuteltier, das aussieht wie ein geschrumpfter Braunbär mit Hamsterkopf. Er gräbt lange Gänge in die Erde und zieht sich zurück, sobald etwas sein Misstrauen erregt. Den Großteil des Sommers verbirgt er sich vor der Hitze in seinem dunklen Verlies. Der Wombat ist kein Entdecker, sondern ein Gefangener.

»Wombat's, *yeah!*«, wiederholte Robin und pfiff durch die Zähne.

Ich fuhr ein paar Stationen mit der Straßenbahn, um mir das Hospiz der Heilsarmee anzusehen, wo Fermor gewohnt hatte, *in der Kolonitzgasse im dritten Bezirk, zwischen den Laderampen des Zollhauses, an den rußigen Bögen der Hochbahn.* Trotz der exakten Beschreibung in Fermors Buch hatte ich Mühe, das Haus zu finden. Aus dem einst

verrufenen Viertel war eine begehrte Wohngegend geworden. Durch die oberen Fenster gepflegter Häuser sah ich auf
mit üppigem Stuck verzierte Zimmerdecken. Aus einer der
Wohnungen drangen Violinenklänge – eine Sonate von Bar-
tók? Nirgendwo lag Müll wie zur Zeit Fermors. Die Hochbahn existierte noch, von den Laderampen keine Spur.

»Alles abgerissen, alles neu und modern«, sagte ein Rent-
ner, den ich auf der Straße nach dem Hospiz fragte.

Er unterstrich jedes Wort, indem er die metallbeschlagene
Spitze seines Spazierstocks in den Asphalt rammte. Als ich
ihm die Lagebeschreibung des Hospizes aus Fermors Buch
vorlas, erhöhte er die Schlagzahl.

»Werden Sie nicht mehr finden«, sagte er in einem Anflug
von Nostalgie, obwohl er sich nicht an ein Hospiz erinnerte.
»Alles weg, alles neu und modern, verstehen Sie?«

Eine Frau auf Krücken kam vorbei. Ihr Haar schimmerte
rosa. Sie trug eine silbern glänzende Daunenjacke und erzählte mir von einem Hospiz jenseits der Gleise in der Oberen Viaduktgasse. Es sei vor langer Zeit abgerissen worden,
welche Hausnummer es gehabt hatte, wusste sie nicht mehr.
Niemand im Viertel konnte mir etwas Genaues sagen. Es
schien aussichtslos – doch dann fand ich das alte Zollhaus
aus Fermors Beschreibungen.

Das halb zerfallene Gebäude lag verlassen an den Gleisen. Der Hof diente als Abstellplatz für mobile Toiletten.
Von der verrußten Fassade baumelten Stromleitungen, die
Fensterscheiben waren zersprungen, daneben hing ein ver-
rostetes Blechschild mit der kaum mehr lesbaren Aufschrift
Vorsicht Verschub. Die linke Seite des Zollhauses war weg-
gerissen, an ihrer Stelle erhob sich ein monströses Gebäude
aus Glas und Beton, von Bauzäunen umgeben und noch
nicht bezogen. Es schien, als habe Fermors Schlafstätte dem

zukünftigen Unternehmenssitz einer internationalen Zahlungsfirma weichen müssen.

Seltsam bewegt stand ich zwischen dem Neubau und der Ruine, trat ein paar Schritte zurück und betrachtete ihre Architektur wie ein Gemälde. Ich hielt Fermors aufgeschlagenes Buch in der Hand und stand mit einem Bein in seiner, mit dem anderen in meiner Gegenwart. Für einen Moment verschwamm meine Sicht, und ich fürchtete einen meiner Schübe. Stattdessen breitete sich eine eigenartige Wärme um meinen Bauchnabel aus, die Luft nahm ein blasses Violett an, und mit einem Mal hatte ich das Gefühl, es bestünde eine Verbindung zwischen meiner Reise und den beiden Gebäuden, die in stiller Gemeinschaft vor mir schlummerten, ohne dass ich sagen konnte, wie diese Verbindung aussehen mochte. Gedankenverloren drehte ich mich um – und stieß mit einer Frau zusammen.

Die Wärme um meinen Bauchnabel verpuffte, die Frau wich erschrocken zurück, krümmte sich wie unter Schmerzen und erbrach sich vor meine Füße. Sie roch nach Schnaps und war so betrunken, dass sie sich kaum auf den Beinen halten konnte.

»Mann … arrrgh … schleeeecht«, würgte sie, übergab sich erneut und wischte sich mit dem Handrücken die Tränen aus dem Gesicht.

Der Pudel, den sie an einer Leine hinter sich herzog, leckte ihr Erbrochenes auf. Es sah aus, als erweise er ihr diesen kleinen Dienst aus einer Art Schuldgefühl heraus, vielleicht weil sie immer seine Exkremente aufsammelte. Ich reichte der Frau ein Papiertaschentuch – in stiller Dankbarkeit für diese Reminiszenz an die rüde Vergangenheit des Viertels; dann trat ich den Rückweg ins Wombat's an.

Auf dem Domplatz fiel mir ein junger Mann in Wanderstiefeln auf, der mit einem Reiseführer in der Hand auf einen Bankautomaten zusteuerte. Das erinnerte mich daran, dass Fermor in Wien einen Brief mit vier Pfundnoten aus der Heimat erwartet hatte. Nicht weit von hier, im britischen Konsulat auf dem Platz Am Hof. Als er dort nachfragt, ist das Geld nicht eingegangen. Fermor hält sich über Wasser, indem er von Haus zu Haus zieht, sich als englischer Student ausgibt, der zu Fuß nach Konstantinopel wandert, und für zwei Schillinge amateurhafte Porträts von Opernsängerinnen und Herren mit eckig gestutzten Vollbärten zeichnet, Jägerhut mit Birkhahnfeder inklusive. Erst beim vierten Besuch des Konsulats hat Fermor Glück. Der Sekretär übergibt ihm ein mit blauen Kreidestrichen markiertes Einschreiben. Er nimmt sein Geld entgegen, lässt Wien hinter sich und wandert über die slowakische Grenze nach Bratislava, wo es ihn – *als Zuschauer, nicht als Akteur* – auf den Schlossberg zieht, einen verrufenen Winkel, wo *jede der dicht am Hang klebenden Buden ein Hurennest* ist.

Ich ging den »Graben« hinunter, vorbei an einem Denkmal für die Pest, das mit Maschendraht überhängt war, damit sich keine Tauben darauf niederlassen konnten. Die Wiener Fußgängerzonen sahen genauso aus wie die Berliner Fußgängerzonen und alle anderen europäischen Fußgängerzonen, austauschbare Betonkulissen mit Fast-Food-Ketten und Sushi-Restaurants, den üblichen Brunnen, unbequemen Sitzbänken und einbetonierten Bäumchen, mit Boutiquen und Kaufhäusern, deren Schaufenster – von Anthropologen gestaltet, die dafür bezahlt wurden, unser Einkaufsverhalten zu studieren – überladen waren mit den immergleichen Staubsaugern, Espressomaschinen, Flachbrettbildschirmen und Akkuschraubern, mit ein und denselben Modemarken,

Dessous und Trainingsanzügen – zu bezahlen in europäischer Einheitswährung.

Irgendwo hatte ich einmal gelesen, der Wille, sich in seinem Konsumverhalten vom Durchschnittsbürger zu unterscheiden, sei so etwas wie der Motor, der den Kapitalismus vorantreibe. Wenn das stimmte, hätte der Kapitalismus längst am Ende sein müssen, denn in diesen Fußgängerzonen jagten die Massen einem Individualismus vom Fließband nach, tragbaren, abgepackten Glücksversprechen mit drei Jahren Garantie. Und wie in Berlin oder Paris oder London war man auch in Wien in ständiger Hektik und Eile begriffen, es galt Zeit zu gewinnen, die man nutzte, um noch mehr Zeit zu gewinnen, als ließe sich diese anhäufen wie Geld auf einem Bankkonto, das später ausgegeben würde, im Alter vielleicht, um endlich zu leben – falls einem das verfettete Herz keinen Strich durch die Rechnung machte.

Es war schon dunkel, als ich den Platz Am Hof erreichte. Das britische Konsulat, wo Fermor sein Geld in Empfang genommen hatte, gab es nicht mehr; zumindest fand ich es nicht. Der Platz lag still und verlassen da. Die Fassaden der Bürgerpaläste waren beleuchtet, ihr Widerschein ließ die Pflastersteine in warmen Gelbtönen schimmern, aus denen sich eine Säule erhob. Hoch oben im Nachthimmel lag zu Füßen einer Marienstatue ein Drache; in seinem Hals steckte ein goldener Pfeil. Die Frau sah ich erst, als ich um die Säule herumging. Sie saß am Boden, trug eine graue Perücke und aß ein Sandwich. Ihr Spitzennachthemd war bis zu den Hüften hochgeschoben. Sie erhob sich umständlich, wühlte in einer Mülltonne und trank den Rest aus einer zerbeulten Coladose. Schließlich blieb sie vor mir stehen, sah mich mit einem durchdringenden Blick an und sagte: »Du selbst wirst es sein!«

Bevor ich fragen konnte, was sie damit meinte, rannte sie lachend davon.

Ich kehrte erst nach Mitternacht ins Wombat's zurück. Im Zimmer herrschte völlige Finsternis. Ich machte kein Licht und tastete mich wie ein Blinder an den Schließfächern entlang und um die Plastikstühle herum, bis mein Fuß gegen eine Tasche stieß. Robin, der Jurastudent aus Montreal, schien noch unterwegs zu sein. Auch aus den anderen Betten war kein Geräusch zu hören. Es war totenstill, die Luft verbraucht, kaum zu atmen. Wie lange würde der Sauerstoff in diesem Verlies ausreichen?

»Die Höhle!«, hörte ich mich plötzlich flüstern.

Ich zitterte.

»Verzeihung?«, fragte eine Stimme aus der Dunkelheit.

»Die Höhle in Mexiko!«

»Erzähl mir davon, Pilger«, bat die Stimme.

Ich erstarrte und lauschte in die Nacht. Doch es blieb still. Es war, als sei ich für einen Moment durch den Traum eines anderen gegangen.

Auf meiner Matratze fand ich die Taschenlampe und knipste sie an. Die Betten waren leer. Nur am anderen Ende des Raums wölbte sich ein Leintuch über etwas, das aussah wie ein schlafender Körper. Ich nahm mein Augenkissen von der Heizung – ein kleines Säckchen aus feiner Dupion-Seide, gefüllt mit Amarant, Lavendel, Rosenblüten – und legte es auf meine Lider; bald darauf sank ich in einen tiefen Schlaf.

Die Oberlichter des Frühstücksraums waren aus Milchglas, die Wände in synthetisch wirkenden Grüntönen gehalten. Hinweisschilder in der Küche begannen mit der Feststellung: *Wir sind nicht deine Mutter* und endeten mit der Frage: *Verstanden?* Ich löste den Verschlussgummi des Lederbeutels, den ich immer bei mir trug, entnahm zwei Esslöffel des getrockneten Krautes und übergoss es mit kochendem Wasser. Während ich den Sud in einer abgedeckten Schale ziehen ließ, betrachtete ich einmal mehr das Etikett des Beutels. Es zeigte eine kleine Pflanze mit stark gezahnten Blättern und fein geäderten weißen Blüten: *Euphrasia officinalis,* Augentrost. Im Mittelalter hatte man das Kraut rituell verbrannt, um durch den Rauch Hellsichtigkeit zu erlangen. Mir half es lediglich, meine Schübe in den Griff zu bekommen. Ich goss den Sud durch ein feinmaschiges Sieb und befüllte die Thermosflasche, dann schulterte ich den Seesack und nahm den Stadtbus zum Bahnhof.

Du kannst immer noch umkehren, dachte ich unterwegs und sah durch das Busfenster hinauf zur schweren Wolkendecke, die über Wien lastete. Warum nimmst du statt des Zugs nach Athen nicht einfach den zurück nach Berlin? Heute Nachmittag könntest du wieder zu Hause sein. Niemand würde bemerkt haben, dass du fort warst. Es begann zu regnen. Die Wischblätter quietschten auf der Windschutzscheibe, sogen sich voll und verrichteten schließlich stumm und gefügig ihren Dienst. Auf einmal bezweifelte ich, dass ich Fermor finden würde. Es ist noch nicht zu spät, surrte es in meinem Kopf. Lass es sein. Kehr um. Sei einmal vernünftig, klemm dich hinter deine Arbeit, und such dir eine anständige Wohnung. Gib endlich Ruhe.

Im überfüllten Bus drängten sich sommersprossige Kinder mit kleinen Rucksäcken. Junge Frauen mit kastanienbrauner Haut und vorspringenden Wangenknochen zupften an ihren hellblauen Kopftüchern; sie trugen schwere goldene Ohrringe. Vor mir saß ein orthodoxer Priester mit schwarzer Kappe und Pumphosen zwischen Geschäftsfrauen in taillierten weißen Blusen und Bundfaltenhosen. Eine von ihnen trug ein seidenschimmerndes, rotgrünes Kleid und ein Schultertuch mit silbernen Fransen. Kam sie aus Budapest? Vom Balaton? Der Bus war voller fremder Gesichter, Töne und Gerüche, Vorboten der Gegenden, die ich auf dem Weg nach Griechenland durchqueren würde.

Andererseits, schwang meine innere Stimme um, wenn du Fermor jetzt nicht suchst, wirst du es nie tun. Die Frau, die ich für eine Ungarin hielt, schenkte mir ein strahlendes Lächeln. Immerhin besteht eine gewisse Chance, sagte ich mir, dass du Fermor findest. Sie ist klein, sicher, aber sie existiert. Ich schaute mich im Busfenster an und wunderte mich über die plötzliche Entschlossenheit in meinem Gesicht. Diese Reise passiert dir, ermutigte ich mich, sie stößt dir zu – und das muss triftige Gründe haben. Vielleicht weißt du noch nicht, warum, aber du weißt immerhin, *dass* du Fermor finden musst.

Draußen riss der Regen ab, und mit einem Mal spürte ich, wie sich um meinen Bauchnabel erneut eine eigenartige Wärme ausbreitete. Ich fuhr mit der Hand unter mein Hemd und merkte, dass das Gefühl von innen kam. Im selben Moment stieg ein buckliger Alter zu, öffnete seinen Bauchladen und zeigte mir ein Sortiment aus Messern und Scheren. Er roch nach Schmieröl und Rosenwasser und neigte leicht den Kopf, sodass ich seine Augen nicht sehen konnte. Als er merkte, dass ich nichts kaufen wollte, lachte er laut, ein Geräusch wie das Rasseln einer schweren Kette. Seine Zähne waren bis auf die Stummel verfault. Und erst jetzt sah ich den milchigen Schleier auf seinen Augen. Er war blind und führte ein abgewetztes Birkenstöckchen vor sich her. Wie fand er sich in den Bussen zurecht, die sein Revier zu sein schienen? Wie schaffte er es, mit den scharfen Klingen zu hantieren, ohne sich zu verletzen?

Ich spürte, wie die Wärme in meinem Bauch zunahm, wie sie sich ausbreitete und etwas aus großer Tiefe nach oben drängte, während der Blinde in einer fremden Sprache auf mich einredete, seine milchigen Augen an den Kunstlederhimmel des Busses geheftet. Er hielt kurz inne und sagte noch einmal etwas, wohl zum Abschied, dann tastete er sich mit dem Birkenstöckchen weiter durch den Bus, ohne mit jemandem zusammenzustoßen. Die Wärme in meinem Bauch wuchs sich zu einer beklemmenden Hitze aus, die durch den Brustkorb in meinen Kopf stieg, wo sie mit einem Mal merkwürdige Bilder aufscheinen ließ: eine monumentale Kirche mit grüner Kuppel, hoch über einem Fluss; zwei völlig zerstörte Gebäudetrakte, die auf beiden Seiten einer Straße aufragten wie die Wände einer Schlucht; ein Mann mit Oberlippenbärtchen und himbeerfarbener Nase, der am Ufer eines Sees Akkordeon spielte; eine sich häutende himmelblaue Holztür.

Es war, als erinnerte ich mich an etwas, das mir noch bevorstand – und dann bemerkte ich, dass der Blinde mich ansah. Er hatte sich im Gedränge umgedreht und starrte mir direkt in die Augen. Sein Blick brachte mich aus dem Gleichgewicht. Ich war mir sicher, dass der Mann blind war, und ebenso sicher, dass er mich *sah*. Für den Bruchteil einer Sekunde überkam mich die absurde Vorstellung, dass er es gewesen war, der mit seinem Blick diese Bilder in mir heraufbeschworen hatte. Mein Mund wurde trocken, meine Lippen fühlten sich rissig an, Schweiß trat auf meine Stirn, und im Geist erschien mir, in einer Deutlichkeit, die mich beängstigte, ein weißes Schiff.

Es war verrückt: Ich fuhr im Stadtbus zum Wiener Hauptbahnhof, um den Zug nach Athen zu nehmen, und war mir auf einmal ganz sicher, dass dieses Schiff auf mich wartete.

38

Der Bus fuhr die Rotenturmstraße hinauf, am Schwedenplatz vorbei und fädelte gerade auf eine Donaubrücke ein, da zog sich die Haut an meinem ganzen Körper zusammen: Rechts unten am Flussufer lag ein weißer Katamaran. Auf einer großen Tafel stand: *Twin City Liner: Wien – Bratislava.*

Bratislava! War Fermor nicht von Wien aus dorthin gewandert? Ich sah mich nach dem Blinden um. Er war verschwunden. Die Hitze wurde unerträglich. Wie aus weiter Ferne beobachtete ich, wie meine Hand hochschnellte und den Halteknopf drückte, eine Bewegung, die mir ungewollt zuzustoßen schien. Der Bus bremste, die Tür flog auf, ich drängte mich hinaus und rannte über die Brücke, hinunter zum Katamaran, ein Matrose in weißem Seemannshemd hatte schon die Taue gelöst, der Metallsteg war eingezogen, die Motoren liefen, ich sprang an Bord – und das Schiff legte ab.

BRATISLAVA

Der Katamaran brauste durch den Donaukanal, die Schrauben schäumten karamellfarbenes Wasser auf und ließen lange Wellenreihen ans Ufer branden, mehrere Brückenschatten flogen nacheinander über das Oberdeck, dann spuckte der Kanal das Schiff auf die Donau hinaus. Leuchtend weiße Kiesbänke wuchsen aus dunklen Strudeln, Fischerhütten auf Pfählen säumten die Ufer, Senknetze schaukelten an ihren Aufhängungen im Wind. In den Ästen der Bäume hing das Treibholz vergangener Hochwasser.

Ich genoss den kalten Fahrtwind und die Regentropfen, die mich wie feine Nadeln ins Gesicht stachen, und während ich einer Schar Stockenten nachsah, die mit dem Schiff stromabwärts zogen, dachte ich daran, dass es zwei, drei Tage dauern würde, bis man mein Verschwinden bemerkte. Ich stellte mir vor, wie mein Telefon klingelte und sich der Anrufbeantworter mit Nachrichten füllte, wie Zeitungen und Rechnungen allmählich meinen Briefkasten verstopften und reihenweise E-Mails mit roten Dringlichkeitssymbolen in meinem Postfach aufliefen. Die Hitzewallung aus dem Bus war verebbt. Ich spürte jetzt eine angenehme

Wärme, ein behagliches Gefühl, das meinen Körper bis in die äußersten Spitzen durchströmte.

Der Katamaran strebte flussabwärts, Kormorane sonnten sich auf toten Ästen, die österreichische Fahne flatterte im Wind. Ein orthodoxer Jude hielt mit beiden Händen seinen schwarzen Hut fest, die Schläfenlocken hatte er unter den Rand geschoben, die Handläufe des Schiffs vibrierten, Wellen liefen an die Ufer wie an steinige Strände, Strömungsbrecher aus Geröll griffen in die Donau, davor kochte der Fluss, dahinter ruhten glatt gestrichene, dunkle Becken, über denen sich Buchen und Ebereschen erhoben, erste Blüten tragend, während hoch über den Auwäldern in lichten Pappelkronen kugelförmige Parasitennester hingen.

Bei Hainburg passierte das Schiff die Porta Hungarica, den Durchbruch der Donau zwischen dem österreichischen Braunsberg und dem Thebener Kogel. Am nördlichen Ufer thronte auf einem Felsmassiv die Burg Devín, an deren Fuß ein verträumtes Grenzflüsschen in die Donau mündete. Der Schiffsjunge kämmte sein Haar zurück, strich sein kurzärmeliges weißes Hemd glatt und hisste mit ernster Miene die slowakische Flagge, die weiß-blau-rote Trikolore der slawischen Welt, mit einem silbernen Patriarchenkreuz auf einem blauen Dreiberg; wenig später ging ich in Bratislava von Bord.

Die Hurennester auf dem Schlossberg waren Geschichte. Kein Wunder: Die Burg mit ihren verwitterten Türmen und Aussichtsplattformen ist die wichtigste Sehenswürdigkeit der slowakischen Hauptstadt. Tief unten schoben sich Autos und Lastwagen über eine Spannbrücke wie Pakete über ein Förderband. Jenseits der Donau spiegelte sich das Sonnenlicht in den wabenartigen Fensterreihen der Plattenbauten. Im Süden löste sich das Ungarische Tiefland in malvefarbenem Dunst auf, während ich im Westen den Donaudurchbruch erkannte, ein weit geöffnetes U, in dessen Mitte die Kirchturmspitze von Hainburg aufragte.

Ein Mann trat neben mich und bot mir sein Fernglas an, damit ich die merkwürdige Spirale besser sehen konnte, die sich auf einer einsamen Erhebung in den Himmel schraubte. Ich stellte die Entfernung ein, sah, dass die Spirale ein Aussichtsturm war, gab dem Mann sein Fernglas zurück und fragte ihn, ob er Englisch oder Deutsch verstünde. Er schüttelte den Kopf und sagte etwas auf Slowakisch. Ob ich Russisch spräche, glaubte ich zu verstehen. Jetzt schüttelte ich den Kopf, und wir lachten beide.

Der Mann mochte um die achtzig Jahre alt sein. Seine Augen waren von einem klaren Blau, seine Brillengläser etwas verschmiert, die grauen Haare ordentlich zurückgekämmt. Er presste die Lippen zusammen, was seine Mundwinkel leicht nach unten drückte, während er fieberhaft nachdachte, als suche er im Geist nach einer weit zurückliegenden Erinnerung.

»Nicht schön«, sagte er plötzlich auf Deutsch, zuckte beim Klang der beiden Wörter zusammen und wiederholte sie vorsichtig, während er auf die Plattenbauten zeigte. »Nicht schön! Nicht schön!«

Er hieß Vladimir und stammte aus Bratislava. Als er die rechte Hand zur Brust führte, verstand ich das so, dass er sich freute, weil er nach meinem lang gezogenen »Aaaah! Braaatislava!« annahm, ich wolle damit sagen, seine Stadt gefalle mir. Jetzt stampfte Vladimir im Stechschritt über die Aussichtsplattform, feuerte ein imaginäres Maschinengewehr ab und rief:

»Deutsch sprachen … rattatattata!«

»Sie haben im Krieg etwas Deutsch gelernt?«

»Ja, ja: rattatattata!«

Hinter der Spirale auf der Anhöhe liege »Austria«, erklärte er mir, dann blies Vladimir die Backen auf, zeigte auf die Windräder in der Ebene und ruderte mit den Armen.

»Eklezitöt?«, fragte er und sah mich an wie ein kleiner Junge, der etwas ausgefressen hat.

»Elektrizität«, korrigierte ich sanft.

»Ja, ja: Eklezitöt.«

Ich mochte den alten Vladimir in seiner dunkelgrünen Steppjacke und den Stiefeln, aus denen Hasenfell quoll. Wir standen lange schweigend nebeneinander und sahen der Donau nach, die sich unter vier Brücken hindurchschob, um im Osten zwischen den Schornsteinen einer Raffinerie zu verschwinden.

»Wohin?«, fragte Vladimir schließlich und ließ die Hand über seinem Kopf kreisen.

»Nach Griechenland.«

Ich zeigte ihm Fermors Buch, sagte »1934« und malte die Jahreszahl mit dem Kugelschreiber in meine Handfläche. Dann erzählte ich Vladimir auf Deutsch, sehr langsam, aber in ganz normalem Tonfall: »1934 ist dieser Mann in Bratislava vorbeigekommen. Auf einer Wanderung von Rotterdam nach Konstantinopel. Er ist heute zweiundneunzig Jahre alt und lebt in Griechenland. Ich will ihn besuchen.«

Vladimir schloss die Augen. Im Geist schien er jedes Wort einzeln durchzugehen, dann nickte er, öffnete die Augen wieder und zeigte auf mich.

»Sein Großvater?«

Ich erklärte es ihm. Er nickte erneut, nahm meinen Kugelschreiber und malte »1926« in seine Handfläche, sein Geburtsjahr, wie ich annahm. Wir hielten unsere geöffneten

Hände nebeneinander und betrachteten die beiden Jahreszahlen; dann packte Vladimir sein Fernglas ein, immerzu lächelnd, nahm meine Hände in seine, drückte sie kräftig, sagte: »Gute Reise, Sohn«, und ging davon.

Unten auf der Brücke ließ der Verkehr nach, das Wasser der Donau wurde pastellfarben und schien zu gerinnen, während die Sonne im Donaudurchbruch verschwand wie eine glühende Münze im Schlitz eines Automaten. Bratislava lag bereits im Schatten, nur die Schornsteine der Raffinerie im Osten leuchteten noch, als hätten sie sich mit Sonnenlicht vollgesogen. Mit ihren rotweißen Streifen an den Spitzen sahen sie aus wie Raketen vor dem Abschuss ins Weltall.

Auf dem Rückweg zur Anlegestelle des Katamarans traf ich Miloš, einen völlig ergrauten Mittvierziger, der mir auf Englisch »das billigste Bett in Bratislava« anbot. Es war spät geworden. Zu spät, um nach Wien zurückzukehren, und der Zug nach Athen fuhr auch morgen noch. Miloš hatte am oberen Ende der Karpátska ein Hinterhaus zu einer einfachen Pension umgebaut. Ich war der einzige Gast, mein Zimmer gerade groß genug für ein Doppelbett und einen Pressspanschrank. Vor dem Schlafengehen bemerkte ich, dass in meiner Handfläche neben der »1934«, dem Jahr von Fermors Besuch in Bratislava, noch eine zweite Zahl stand: »1926« – spiegelverkehrt, wie von innen auf meine Haut geschrieben.

Am Morgen weckte mich das Geräusch einzelner Tropfen, die vor meinem Fenster niedergingen. Ich lag da und hörte zu, wie sich ihr Klang veränderte, wie daraus allmählich ein gleichmäßiges Rauschen und dann ein Platschen wurde. Regen. Es regnete schon wieder, es regnete und regnete.

Ich raffte mich auf, zog lustlos den Vorhang zurück und stellte zu meiner Überraschung fest, dass die Sonne durch einen feinen Wolkenschleier schimmerte. Es regnete gar nicht. Miloš drückte mit Daumen und Zeigefinger das Ende eines Schlauches zusammen, um den Wasserstrahl zu dosieren, und berieselte den Garten. In seiner grauen Strickjacke, den braunen, etwas zu kurzen Cordhosen und den Ledersandalen ließ er mich an seine Landsleute denken, wie sie Fermor beschrieben hatte, *flachsblonde Slowaken mit kegelförmigen Filzhüten und Westen aus Schaffell ... an den Füßen trugen sie kanuförmige Mokassins aus Rindsleder. Die Beine steckten in dicken Filzgamaschen ... das waren Männer aus den Sümpfen und Nadelwäldern des Nordens, mit Augen so blau und unergründlich wie unerforschte Seen, umnebelt von Pflaumenschnaps.*

Ich setzte mich auf die Terrasse vor meinem Zimmer, aß Kümmelbrot mit Schafskäse und frische Radieschen und sah Miloš zu, der ganz in seine Arbeit versunken war. Eine Katze strich um meine nackten Füße, Amseln zwitscherten vom Dach, im Nachbarhof schnatterten Gänse. In der Abgeschiedenheit des Gartens klang der Verkehr auf der Karpátska wie eine ferne Meeresbrandung, während sich weit geöffnete Tulpenkelche der zögerlich scheinenden Sonne entgegenstreckten. Ich zählte fünf rote Tulpen und eine gelbe. Neben Rosenbüschen blühte violetter Flieder. Aus dem Erdbeerbeet erhob sich ein Magnolienbaum mit vertrockneten braunen Samenkapseln.

»Die Blüte hast du verpasst«, sagte Miloš, als er mich bemerkte, drehte das Wasser ab und setzte sich zu mir. »Große rosarote Blüten, wundervoll.«

Mit seinem grauen Haar, dem Geflecht aus rotblauen Adern, das sich über seine Nase spannte, und den Schatten unter den Augen hätte er traurig gewirkt, wären da nicht die Augen selbst gewesen. Sie begannen zu leuchten, als er über seinen Garten sprach, über die Farben und Düfte der Blüten, über zuckersüße Himbeeren und Blumenzwiebeln, die er über den Winter im Boden ließ, damit sie ihn im Frühjahr, an einem Tag, der ihnen geeignet erschien, mit den ersten Trieben überraschten.

Miloš stammte aus der Gegend von Nová Baňa, einer Kleinstadt in der Mittelslowakei, und war unter den Kommunisten Apotheker gewesen. Als die Branche nach der Wende privatisiert wurde, veränderten sich die Dinge schnell.

»Früher war Apotheker ein Beruf, in dem man Menschen helfen konnte«, sagte Miloš, und seine Augen verloren etwas von ihrem Glanz. »Heute kommt der Patient mit dem Rezept zu dir, du gibst ihm, was draufsteht, und sorgst dafür, dass er schnell wieder geht, denn du musst dich um die Finanzen kümmern.«

Auf den Gleisen oberhalb des Gartens donnerte ein Güterzug vorbei, rostfarbene Waggons auf dem Weg nach Wien, Prag oder Warschau. Wir sahen den letzten Gliedern der stählernen Kette nach, und das ohrenbetäubende Rattern verstummte, als drehe jemand eilig einen Lautstärkeregler zurück. Einen Moment lang vibrierte die Luft noch wie nach einem Gewitter, dann nahmen sich die Amseln und die Gänse wieder der Stille des Gartens an.

»Keine Zeit mehr für die Menschen«, fuhr Miloš fort, als habe der Zug gar nicht existiert. »Keine Zeit für persönliche Beratung, keine Zeit, keine Zeit. Und dein Arbeitgeber ist ein Baulöwe, ein Bankier oder ein Politiker – ohne Bezug zum Metier, dafür mit Dollarzeichen in den Augen. In der Slowakei hat sich viel verändert.«

Ich wusste über die Slowakei so wenig wie über die anderen Länder, die ich auf dem Weg nach Griechenland durchqueren würde. Meine plötzliche Abreise hatte mir keine Zeit gelassen, mich vorzubereiten. Einen Reiseführer besaß ich nicht. Und nun erfuhr ich von Miloš, dass früher, in der Tschechoslowakei, die Maschinen veraltet, die Löhne und der Lebensstandard niedrig, die Arbeitsplätze jedoch sicher gewesen seien. Bei öffentlichen Anlässen hatten die Slowaken – in eine Art politischer Apathie versunken – ihre wenig verinnerlichte Loyalität zu einem völlig von der Sowjetunion abhängigen Regime zu bekunden. Ich brauchte nicht viel Phantasie, um mir das Unbehagen der Parteifunktionäre vorzustellen, als Gorbatschow mit Zauberworten wie »Glasnost« und »Perestroika« zu jonglieren begann.

Schon bald war es in der ganzen Tschechoslowakei zu Demonstrationen und Protestkundgebungen gekommen, und Miloš erinnerte sich noch gut an die eisigen Novembertage von 1989, als er auf dem Prager Letná-Hügel gestanden hatte, inmitten von 750000 Menschen, um lautstark freie Wahlen und freie Medien zu fordern. Die Menge verlangte, alle politischen Gefangenen freizulassen und den Einmarsch der Truppen des Warschauer Pakts im Jahr 1968 offiziell zu verurteilen. Die Verantwortlichen für die gewaltsame Unterdrückung des Prager Frühlings sollten zurücktreten. Die Kommunistische Partei war am Ende.

»Nach der ersten Freude kam der Schock«, sagte Miloš, und seine Augen wurden matt. »Diese ganzen Freiheiten – was sollten wir damit anfangen? Was sollten wir zuerst machen? Was später? Was lieber lassen? Du kannst dir nicht vorstellen, wie verwirrt viele von uns waren.«

Er knickte eine blauviolette Blütenrispe von einem Fliederstrauch, als müsse er sich daran festhalten, während er von den Schwierigkeiten berichtete, die mit den tief greifenden Veränderungen einhergegangen waren, mit dem Neubeginn eines ganzen Landes, ganz Osteuropas. Dabei strich er unentwegt mit den Fingern über die herzförmigen Blätter des Flieders, ohne dass diese seinen Augen etwas von ihrem Glanz zurückgeben konnten. Und mich überkam das seltsame Gefühl, dass seine Geschichte etwas mit mir zu tun hatte, mit meinem mexikanischen Erlebnis, mit meinem Augenleiden und der Reise zu Patrick Leigh Fermor.

Bald nach dem Umbruch hatte Miloš seinen Beruf aufgegeben. Er bereiste Westeuropa und Neuseeland und schlug sich nach seiner Rückkehr in Prag mit Aushilfsjobs durch. Seit ein paar Jahren führte er die Pension und widmete sich seinem Garten.

»Früher wohnte ich eine knappe Stunde von Wien entfernt und durfte trotzdem nicht hinfahren«, sagte er und lächelte. »Jetzt kann ich gehen, wohin ich will, ich kann tun, was ich will, wann immer ich will.«

Er klang zufrieden, doch die Fliederblüte lag unbeachtet in seiner Hand, und Miloš' kraftloser Blick verriet mir, dass ihn etwas beschäftigte. Hatte die mühevoll errungene Freiheit neue Zwänge heraufbeschworen? Hatte sie sich zuletzt gar als Maske der Unfreiheit erwiesen, als Schattenseite eines entfesselten Kapitalismus? Nach seinen Reisen hatte sich Miloš zwischen Erdbeerbeete und Holunderbüsche zurückgezogen, in eine Oase, in der er die Freiheit genoss, Radieschen oder Möhren oder Tomaten zu pflanzen. Er konnte seinen Apfelbaum stutzen oder nicht, Pflanzenschutzmittel versprühen oder auf ökologische Alternativen setzen, aus dem Rasen ein Kartoffelfeld machen und dieses anschließend, wenn es ihm gefiel, in eine Liegewiese für seine Gäste verwandeln, nur um wenige Monate später an gleicher Stelle ein tiefes Loch zu graben und einen Teich mit Seerosen oder Goldfischen anzulegen.

Und doch war die Freiheit in Miloš' Garten eingeschränkt, beschnitten unter anderem durch die unabänderlichen Vorgaben der Natur, des Bodens, des Klimas. Auf diese Bedingungen hatte Miloš keinen Einfluss. Seine Freiheit bestand darin, Erdbeeren zu pflanzen, wenn er Erdbeeren pflanzen *wollte*. Wenn er »Ja« zu diesen Erdbeeren sagte. Ein »Ja« zu Papayas, zu Ananas oder Mangos ließ das Ausmaß seiner Freiheit nicht zu.

»In der Slowakei wollen heute alle nur Geld machen«, sagte Miloš, als versuche er, die bedingte Freiheit seines Gartens in einen größeren Zusammenhang zu stellen; er schloss die Augen und schnupperte an der Fliederrispe. »Geld, immer noch mehr Geld, so viel und so schnell wie möglich. Und dann: kaufen, kaufen, kaufen.«

Vor dem Umbruch, der durch den Sieg der »samtenen Revolution« über die Kommunistische Partei eingeleitet wurde und 1993 zur friedlichen Teilung des Staates in die Tschechische und die Slowakische Republik führte, war es mitunter schwierig gewesen, das Lebensnotwendige zu beschaffen. Die Slowaken mussten – wie die meisten Menschen auf dieser Seite des Eisernen Vorhangs – viel Zeit und Energie aufwenden, um zu ergattern, was nur schwer zu bekommen war. So gesehen konnte man den vom Konsum bestimmten Lebensstil, den Miloš für die Zeit nach der Wende beschrieb, als eine unbeirrte Fortsetzung dieses Strebens nach Dingen sehen.

»Früher hätten wir unser Leben für einen Škoda gegeben«, murmelte er, während die Fliederblüten leise über seine Bartstoppeln rieben. »Heute nimmt sich der Mercedes unser Leben einfach, ohne zu fragen. Und wir bemerken es nicht einmal.«

Mit der Freiheit zu konsumieren verhielt es sich wie mit der Freiheit in Miloš' Garten. Beide entpuppten sich, wenn sie absolut verstanden wurden, als Illusion. Je mehr du eine solche Freiheit ausschöpfst, dachte ich, während ich mein Frühstück beendete, umso deutlicher lässt sie ihre Grenzen erkennen, die Schemen der Unfreiheit. Vielleicht beginnt echte Freiheit mit dieser Erkenntnis.

Ich verschob meine Rückreise nach Wien um einen Tag und schlenderte ziellos durch Bratislava. Die Fußgängerzonen und Einkaufsstraßen mied ich, so gut es ging, und schaute stattdessen in der Franziskanerkirche vorbei, ursprünglich ein gotischer Bau, der nach seiner Zerstörung im 18. Jahrhundert im barocken Stil wieder aufgebaut worden war. Ich musste in einer der Bankreihen kurz eingenickt sein, denn als ich die Augen öffnete, sah ich mich verwirrt um, bis ich Johannes den Täufer erblickte – ich meine, ein Gemälde, das ihn kurz vor seiner Enthauptung zeigte – und mir wieder einfiel, wo ich mich befand. Ich stand zu schnell auf, und mir wurde schwindlig. Erst als ich aus der Kirche hinaustrat, sah ich wieder klar. Gegenüber erhob sich die schwungvoll dekorierte Fassade des Mirbachpalais. Die vier Flügel dieses stilsicher dem Rokoko nachempfundenen Palastes umschlossen einen ruhigen Hof; in den Fensterquadraten des oberen Stockwerks spiegelten sich die Kumuluswolken über Bratislava.

Ich fragte einen älteren Herrn mit Cordhut nach dem Rückweg zur Karpátska. Als er hörte, dass ich aus Deutschland kam, brach er in spontane Begeisterung über die slowakische Mitgliedschaft in der Europäischen Union aus.

»Zwei meiner Söhne arbeiten jetzt in Irland«, sagte er auf Englisch, glücklich über die monatlichen Überweisungen. »Zehntausende von Slowaken sind nach Irland ausgewandert.«

»Nach Irland?«, fragte ich überrascht. »Wandern die Iren nicht selbst seit Jahrhunderten aus, weil es auf ihrer Insel keine Arbeit gibt?«

»Für uns Slowaken schon«, freute sich der Mann. »Wir Slowaken erledigen jede Arbeit, alles, was die Iren nicht machen wollen: Putzen, Müll, solche Sachen.«

Überall in Bratislava schlug mir eine ungewöhnliche Begeisterung für das vereinte Europa entgegen. Vor allem junge Menschen hoben bei jeder Gelegenheit den Stellenwert ihrer »europäischen Bürgerschaft« hervor. Und dabei schien es ihnen nicht nur um die Vorteile zu gehen, die sie sich von Europa erhofften, sondern vielmehr darum, ein Teil davon zu sein.

»Wir sind Europäer!«, sagte der siebzehnjährige Mato, den ich mit seinem Skateboard unter dem Arm an einer selbst gebauten Halfpipe am Rand der Altstadt traf. »Eurobürger! Wir gehören dazu!«

Im Westen herrscht oft die Ansicht, die Jugend in den postkommunistischen Transformationsländern sei durch die totalitäre Vergangenheit vorbelastet und scheue sich, die Verantwortung für die Folgen ihrer Lebensentscheidungen zu übernehmen. Miklos, der gerade sein Abitur machte und mir auf einer Parkbank seine britischen Brieffreundschaften aufzählte, machte einen anderen Eindruck: »Ich werde in England Jura studieren, komme als Richter zurück und helfe aufräumen.«

In einer rätselhaften Wendung fuhr er fort: »Warhol war auch Slowake!«

»Andy Warhol?«

Er nickte.

»Ich dachte, er sei in Pennsylvania zur Welt gekommen.«

»Kann sein, aber seine Eltern stammten aus einem Dorf im Nordosten der Slowakei.«

Die Slowaken, die ich bei meinem Streifzug durch Bratislava traf, bekamen die Schwierigkeiten des Wechsels von der früheren Planwirtschaft in die Marktwirtschaft täglich zu spüren, und dennoch versäumten sie mir gegenüber nie, im gleichen Atemzug die Vorzüge Europas hervorzuheben.

»Seit wir zur EU gehören, sind Brot und Kartoffeln doppelt so teuer geworden, die Löhne aber gleich geblieben, das Geld reicht gerade so zum Leben«, klagte die drahtige Slavka, eine Erzieherin, die ich in einem Café traf, um sogleich hinzuzufügen: »Trotzdem, in Europa geht es uns besser, ich fühle mich sicherer, irgendwie wertvoller.«

Ein Karpatendeutscher in einem bleichen Anzug erzählte mir, dass seine Vorfahren unter einem ungarischen König im 14. Jahrhundert als Bergleute aus Deutschland in die Slowakei gekommen waren, und fuhr ohne Überleitung fort: »Früher konnten wir wegen des Eisernen Vorhangs nicht in den Westen reisen. Heute können wir nicht in den Westen reisen, weil uns das Geld fehlt. Aber was soll's: Dafür sind wir jetzt wieder wer.«

Und selbst die Kleinsten in Bratislava priesen Europa. Auf der Karpátska zogen Schulmädchen in einer langen Reihe an mir vorbei, hielten sich an den Händen und sangen im Chor: »Euro, Euro, Europapa!«

Auf dem Rückweg zur Pension entluden sich die Wolken. In wenigen Minuten war ich völlig durchnässt. Meine gute Laune schwand. Es regnete. Im regenverhangenen Horizont lief sich die Donau tot, auf regennasser Straße zischten Autoreifen, Regentropfen klatschten gegen heruntergelassene Rollläden und verschlossene Türen und überzogen

Fenster mit Regenschlieren. Regen. Seit meiner Abreise nichts als Regen. Der Wind flößte ihn mir ein wie ein bitteres Getränk.

Als ich klatschnass in die Pension zurückkehrte, saß Miloš mit zwei jungen Griechen auf der überdachten Terrasse. Die beiden reisten mit dem Rucksack durch Europa und waren mit dem Zug aus Prag angekommen. Panos, ein kräftiger Junge mit krausem Haar und glänzenden schwarzen Augen, hatte ein Auslandssemester Wirtschaftswissenschaften in Duisburg studiert. Sein faszinierendstes Erlebnis in Deutschland sei der Herbst gewesen, sagte er, denn wo er herkomme, gebe es nur zwei Jahreszeiten, den Sommer und den Winter. In der Schule habe man ihnen erklärt, dass die Bäume weiter nördlich im Herbst ihre Blätter verlören.

»In Duisburg fallen die Blätter tatsächlich herunter«, rief Panos aus, »in allen Farben, sie trudeln zu Boden wie bunte Papierflugzeuge.«

Natürlich fragte ich die beiden nach Patrick Leigh Fermor. Sie hatten nie von ihm gehört und auch die Mani nie besucht, erzählten mir jedoch von einem maniotischen Tanz aus der Zeit der osmanischen Herrschaft, unter der sich Griechenland nach 1453 für fast vierhundert Jahre befunden hatte. Weil sich die Frauen den türkischen Besatzern nicht ausliefern wollten, tanzten sie sich auf einem Felsplateau in Ekstase und stürzten sich in den Abgrund.

»Lieber Tod als Gefangenschaft«, sagte Panos in einer Mischung aus Bewunderung und Befremden. »So sind sie, diese Manioten.«

Als es aufhörte zu regnen, gingen die beiden schlafen. Miloš und ich saßen noch eine Weile im Garten, um den Fernzügen zu lauschen, die durch die Dunkelheit brausten.

Während die Tulpen im Licht der Sturmlaterne ihre Kelche schlossen, erzählte ich Miloš von den Hurennestern am Schlossberg und dass *Die Zeit der Gaben*, Fermors erster Band über seine Wanderung nach Konstantinopel, auf einer Donaubrücke zwischen der Slowakei und Ungarn endet. Ich holte das Buch aus meinem Zimmer und schlug nach. Die Brücke schien einen slowakischen Ort namens Parkan mit der ungarischen Stadt Esztergom zu verbinden.

»Parnak vielleicht?«, sagte Miloš nachdenklich. »Aber das ist kein tschechisches Wort. Eher ungarisch. Meine Großmutter benutzte es, um den Rand von etwas zu beschreiben. Der Gartenzaun war *parnak*, der Rain eines Feldes war *parnak*.«

Wir sahen auf der Karte nach und fanden heraus, dass der slowakische Name des Ortes Štúrovo war.

»Die alte Brücke wurde im Zweiten Weltkrieg zerstört, aber seit ein paar Jahren gibt es eine neue«, sagte Miloš und tippte mit dem Finger auf die Landkarte. »Mit dem Zug sind es keine zwei Stunden dorthin.«

»Zwei Stunden?«

»Ein kleiner Abstecher, nichts weiter«, sagte Miloš und zwinkerte mir zu. »Von der Brücke führt eine Straße nach Budapest, von dort fährst du weiter nach Griechenland.«

Im Zug nach Štúrovo roch es nach Schmieröl und Urin, die alten Ledersitze waren jedoch sehr bequem und die oberen Fensterdrittel ließen sich kippen. Es war ein einfacher Pendlerzug, der im Schneckentempo von Dorf zu Dorf schaukelte, mit Fahrgästen, die von der Arbeit kamen oder etwas in der Stadt zu erledigen gehabt hatten. Sie stiegen ein und fuhren ein paar Stationen mit – müde Gesichter mit Falten über den Nasenwurzeln, die Augen geschlossen –, um bald darauf wieder auszusteigen und sich in kleinen Weilern zu zerstreuen, wo einfache Häuser von Wiesen umgeben waren, auf denen Löwenzahn und Apfelbäume blühten.

Hinter Pusté Ul'any setzte sich ein Zeitungsverkäufer mit geschwärzten Fingerspitzen neben mich. Lange Zeit schwiegen wir, dann fragte er mich etwas, und als er begriff, dass ich seine Sprache nicht verstand, begann er, in einem weinerlichen Monolog auf mich einzureden. Seine Miene war ernst, die Innenseiten seiner gestikulierenden Hände wiesen nach unten. Mit der geschwärzten Spitze des Zeigefingers klopfte er auf seinen Fahrschein wie ein Specht an einen Baum. Auf dem Ticket war unter dem Preis in Kronen eine mit vier Sternchen durchkreuzte Leerzeile für die noch ausstehende Umstellung auf den Euro eingerichtet. Jetzt hob der Zeitungsverkäufer die Stimme, ballte die Faust und ließ sie auf die Zeitungen in seinem Schoß niederfahren. Klagte er darüber, dass sich sein Geschäft nicht lohnte? Hatte sein Gewimmer etwas mit dem Euro zu tun? Es schien ihm ganz recht, dass ich nichts von dem verstand, was er sagte, denn er machte keine Pause, um mich zu Wort kommen zu lassen, und redete und redete, bis er am Bahnhof von Galanta plötzlich verstummte, sich überrascht umblickte, mir ein dunkelhäutiges Lächeln zuwarf – und aus dem Zug stieg.

Wenig später hielten mir vier Mädchen eine verplombte Spendendose vor die Nase. Wofür sammeln sie? Eine Fünfte wird gerufen. Sie lacht schüchtern, zupft an ihren langen blonden Haaren und sagt schließlich auf Deutsch: »Tag von Kranken, Schwerkranken, verstehst?«

Ich spendete zehn Kronen. Sie steckte mir eine gelbe Plastikblume an den Kragen. Dabei streifte ihr Haar meine Wange; es roch nach Limonen.

… beschreiben, wie es sich anfühlt, auf der Fahrt die Schweißnähte der Gleise zu spüren, wie sie Klanggedichte hervorbringen … *padang padong / padeng dang dong …* und sich gehen lassen, sich davontragen lassen, sich auf das Dach eines VW Käfers nageln lassen wie Chris Burden in Venice, Kalifornien … der Motor heult für dich auf … *für dich für dich / für dich dich dich …* für die im Wahn begangenen Taten des griechischen Helden Aias … für die Strommasten aus rissigem Holz, die Satellitenschüsseln, Gewächshäuser und Weinreben, die Bewässerungsrohre auf Rädern, libellenartig …

… hinter Žitavou frage ich zwei Männer, die von Geburt an blind sind, nach ihrer Vorstellung von Schönheit … ein Sternenhimmel muss schön sein, sagt der eine, Sterne sollen Lichter sein, sagt er, aber vielleicht strahlt ja in Wirklichkeit etwas aus ihrem Inneren … Weiß ist die Farbe der Reinheit, sagt der andere, deshalb glaube ich, dass Weiß schön sein muss … und als ich in den Spiegel des Zugfensters sehe, ist mein Gesicht ganz bleich, wie mit Theaterschminke bedeckt, das Gesicht eines Clowns … siehst du dich? Oder ihn? Oder sieht er dich? … ist die Maske, die du für dich selbst wählst, nicht dein treffendstes Spiegelbild? … ich schließe meine Augen und denke: Schönheit ist, beim Sterben in einen klaren blauen Himmel zu blicken … als ich wieder aufschaue, ist mein Gesicht rot, und ich sehe Felder, überall Felder, ausufernde feuerrote Rechtecke und frisch gepflügte Äcker mit Furchen, die der Puszta zustreben …

… und was, wenn du Fermor nicht findest oder ihn nicht antriffst? … was, wenn er dich nicht empfängt? … schreib, schreib alles auf, wie es kommt, schreib, wie der Zug es schreiben würde, zerrissen, flüchtig, schnell … wie die beiden dicken Männer vor einer zerfallenen Scheune auf ihrer Wolldecke liegen, nackt und umschwärmt von grasenden Gänsen … Topol'nica – der Anfangsbuchstabe auf dem Ortsschild zu einem P gemacht … milchig grüne Flüsschen, der Donau zustrebend … Fasan auf Uferdamm … Šal'a … Trnovec nad Vahom … Ludovitov … ah, wir werden gemeinsame Spaziergänge unternehmen, du und ich, und ich erzähle dir vom alten Zollhaus in der Kolonitzgasse, von den Tulpen in Miloš' Garten und der neuen Donaubrücke zwischen Ungarn und der Slowakei … von den Bahnarbeitern mit ihren orangefarbenen Schutzhelmen, die in Nové Zámky aus den Türen fahrender Züge hängen, rote Fähnchen schwenkend … und von dem seltsamen Alten, der dort draußen im hellblauen Anzug leicht gebeugt über ein frisch bestelltes Feld spaziert und sich unter grandiosen Aquarellwolken mit der Saat unterhält … und natürlich werden wir über unsere liebsten Gegenden sprechen, über die Anden bei Cusco, über die Hinterhöfe Haitis, über die Abruzzen … und die einstöckigen Häuser von Strekov, immergleiche, fast fensterlose Würfel mit Schrägdächern und brüchigen Ziegeln … etwas geschieht hier, der Horizont – er wird unruhig, die Äcker falten sich auf, Hügel wachsen aus der Ebene, Felsen durchbrechen den Wald.

»Was willst du von mir, Junge?«

»…«

»Was, Junge? Ich kann dich nicht verstehen!«

»Ich sagte, wenn ich es wüsste, würde ich es dir verraten, wirklich!«

… in Nová Vieska: der blühende Kirschbaum, wie von Schnee bedeckt … das zerfallene Bauernhaus, der Pappelhain, bewaldete Buckel, Kirchen obendrauf … und mit einen Mal im Osten, genau im Osten, die dunstblaue Kar-

patenwoge und das verschlafene Mužla und dann, ganz unvermittelt, ah –

Im Osten, genau im Osten, bäumten sich die Karpaten auf
wie eine dunstblaue Woge, der Zug passierte den verschlafenen Ort Mužla und dann, ganz unvermittelt, ragte über den
Schienensträngen des Endbahnhofs von Štúrovo, über einem
Wald aus Strommasten, von denen Kabel baumelten wie
Lianen, die mächtige Kuppel einer Kirche auf. Ich konnte
den Blick nicht vom blassen Grün dieses Halbrunds lösen,
das dort in der Ferne leuchtete, als sei es aus dem Himmel
geschnitten. Ich kannte diese Kuppel. Hatte sie schon einmal gesehen. Ganz sicher.

Während ich aus dem Zug ausstieg, kramte ich vergeblich
in meinem Gedächtnis, und erst als ich mit meinem Seesack
die breite Straße hinunterging, die ins Zentrum von Štúrovo
führte, immer in Richtung der Kirche, fiel mir die merkwürdige Hitze wieder ein, die im Wiener Stadtbus all die
unerklärlichen Bilder in mir hatte aufsteigen lassen: die himmelblaue Holztür, der Akkordeonspieler am See, das zerstörte Gebäude, das aussah wie eine Schlucht – und die monumentale Kirche mit der grünen Kuppel, hoch über einem
Fluss. Ich schloss die Augen, um mir dieses letzte Bild in
Erinnerung zu rufen, doch es war, als sähe ich durch meine
Lider hindurch. Egal ob ich sie öffnete oder schloss, es war
ein und dieselbe Kirche; nur der Fluss fehlte.

Wenig später warf ein Grenzbeamter einen flüchtigen
Blick in meinen Pass und winkte mich durch, und als ich die
Donaubrücke betrat, fügte sich das Bild zusammen wie ein
Puzzle, in das man die letzten Teile einsetzt. Kirche, Kup-
pel, Fluss – alles war da, alles passte. Wie war das möglich?
Was geschah mit mir? Für einen Moment überkam mich das

Gefühl, den Boden unter den Füßen zu verlieren, ich spürte, wie ich hilflos in der Luft hing, während der Verkehr die Brücke beben ließ und ich, unfähig mich zu rühren, mit einer Gänsehaut am ganzen Körper die Basilika von Esztergom bestaunte, drüben in Ungarn.

Um mich abzulenken, nahm ich *Die Zeit der Gaben* aus dem Seesack, schlug die letzten Seiten auf und las, wie Fermor vor mehr als sieben Jahrzehnten, am Ende des ersten großen Abschnitts seiner Reise, auf halbem Weg über dem Fluss stehen geblieben war, um *ein paar hunderttausend Tonnen Wasser unter den Gitterstäben der Brücke vorbeirauschen zu lassen*, und wie er beim Anblick der Basilika ein Gefühl der Lähmung verspürt hatte, einen *Augenblick des Zauderns, ein Zurückschrecken vor dem nächsten Schritt; nicht aus Angst, sondern weil mir das, was nun kommen sollte, jetzt da es zum Greifen nah und noch völlig unberührt vor mir lag … so wunderbar und verheißungsvoll schien.* In den letzten Sätzen des Buches ist es bereits dunkel geworden. Fermor steht allein auf der Brücke. Frösche quaken, Eulen rufen, dicht über dem Fluss schwebt ein Reiher stromaufwärts, und schließlich ziehen die Glocken der Basilika den Wanderer hinüber nach Ungarn.

Ich zögerte, Fermors Buch zuzuschlagen. Es war, als stünde ich im Begriff, etwas Vertrautes zurückzulassen. Ich fuhr mit den Fingerspitzen über die beiden Wörter am Ende der letzten Buchseite: *Fortsetzung folgt.* Ja, es wird weitergehen, dachte ich, deine Reise will verlängert werden: weggehen, aufbrechen, ausbrechen, irgendwo ein anderes Leben beginnen, dich wie Melville mitten im Pazifik wiederfinden oder, wie einst Rimbaud, nur diejenigen Orte lieben, an denen du *nicht* bist, um – so oder so – Cendrars' unbändiger Lust zu frönen: alles im Stich lassen, auf und davon gehen, egal wohin, nur weg, weit weg, allein, herumirren, den Kopf verlieren, dich selbst verlieren, gehen, ein bisschen weiter und noch ein bisschen, bis du vergessen hast, wo du aufgebrochen bist. Das geografische Werden – es bestraft und verzeiht, es reinigt und heilt und macht süchtig, es lässt dir keine Ruhe und endet niemals, wie der Wind nicht aufhören kann zu wehen, ohne gleichzeitig aufzuhören, ein Wind zu sein – *Fortsetzung folgt.*

Unter der Brücke konnte ich hören, wie der Fluss sich an den Pfeilern brach und im Kehrwasser leise plätschernd zurücklief. Holzstämme trieben stromabwärts. Fische durchbrachen die Wasseroberfläche, klatschten zurück und ließen konzentrisch sich weitende Kreise in die Donau wachsen. In der Ferne, etwa auf der Höhe eines Pfahlhauses, das vor dem ungarischen Ufer im Wasser stand, zog ein Motorboot einen Schaumschleier über die Donau, während sich das letzte Tageslicht in den Kronen slowakischer Birken und in den Stahlvorhängen verfing, die von den Brückenbögen herabfielen. Um einen Scheinwerfer, der noch nicht eingeschaltet war, flirrten Schnaken, als erwarteten sie das Licht.

Ich mochte die Losgelöstheit der Grenze und die damit verbundene Empfindung, der einzige Bewohner eines Niemandslands über dem Fluss zu sein, weder hüben, noch drüben, nicht hier, nicht dort – dazwischen. Doch dann fiel mein Blick durch eine Ritze im Brückenboden, und mit einem Mal packte mich eine bohrende Einsamkeit, die chronische Verletzung des Heimatlosen, die eiternden Schnitte zahlloser Abschiede und gekappter Verbindungen. Keine Handbreit unter der Betonplatte, auf der ich stand, dort, wo die Stahlbögen auf ihre Sockel stießen, lag ein Vogelküken in seinem Nest. Es hatte die Flügel ausgebreitet und schien auf seine Mutter zu warten, auf Nahrung, Wasser, Wärme.

Doch das Küken rührte sich nicht mehr. Sein Gefieder war aschgrau, vom Regen strähnig, als sprieße es noch immer aus dem toten kleinen Körper.

Es war nicht so sehr der Anblick des verhungerten Kükens, der mich bedrückte, derart bedrückte, dass all die Orte, Landschaften und Gesichter, all die Stimmen und Düfte in meiner Erinnerung nicht genügten, um mich aufzumuntern, sondern die seltsame Gewissheit, dass ich der einzige Mensch war, der dieses Küken je gesehen hatte. Niemand außer mir kannte seine Geschichte.

BUDAPEST

Der 11. Februar ist ein vielversprechender Geburtstag. Im Jahr 1800 erblickt an diesem Tag William Fox Talbot das Licht der Welt; er entwickelt das Negativ-Positiv-Verfahren in der Fotografie und befasst sich als einer der Ersten erfolgreich mit der Entzifferung der Keilschrift. Johann Carl Bodmer, geboren am 11. Februar 1809, unternimmt eine Expedition ins Innere Nordamerikas und wird durch seine detaillierten Indianerdarstellungen bekannt. Josiah Gibbs, 11. Februar 1839, gehört zu den Begründern der modernen Thermodynamik, und Thomas Edison, der genau acht Jahre später zur Welt kommt, meldet mehr als tausend Patente an, darunter das Kohlekörnermikrofon, den Phonograph und die erste brauchbare Glühlampe. Hans-Georg Gadamer, geboren am 11. Februar 1900, entwickelt die »philosophische Hermeneutik«, und Sir Vivian Ernest Fuchs, 11. Februar 1908, durchquert mit seiner Expedition erstmals die gesamte Antarktis auf dem Landweg.

Kurz nachdem Patrick Leigh Fermor am 11. Februar 1915 in London geboren wird, verliert er seine Mutter. Nicht dass sie gestorben wäre, nein, sie lässt ihr Baby in England zurück und geht mit der älteren Tochter nach Indien, wo Pa-

tricks Vater, Sir Lewis Leigh Fermor, als Geologe die karto-
grafische Erfassung des Subkontinents leitet. Bei einem seiner seltenen Heimaturlaube lernt ihn sein Sohn als eine
ungeheuer hagere Gestalt in Pfeffer-und-Salz-Jacke und
Knickerbockern kennen, stets mit Feldstecher und Schmet-
terlingsnetz bewaffnet, als einen Mann, der ganz in seiner
Rolle als Naturforscher aufgeht und stolz auf seine Mitgliedschaft in der Royal Society ist. Dieser fremde Mann,
der sein Vater ist und mit einer Grabesstimme spricht, hat
im Orient ein Mineral entdeckt, das nach ihm benannt
wurde. Auch einen Wurm mit acht Haaren auf dem Rücken
und eine besonders geformte Art von Schneeflocken. Jahre
später, als Patrick Leigh Fermor in den Alpen, den Anden
oder im Himalaja die Schneeflocken umwirbeln, wird er
sich oft fragen, ob die seines Vaters wohl darunter ist.

Im kolonialen England ist es nicht ungewöhnlich, dass
Kinder von ihren Eltern zurückgelassen werden, eines der
Opfer, die zu erbringen sind, um das aufstrebende Empire
zu unterstützen. Die ersten dreieinhalb Jahre seines Lebens
verbringt der kleine Paddy bei einer Familie auf dem Land
in Northamptonshire, wo er sich nach eigenen Worten zu
einem »kleinen Wilden« entwickelt, und dieses Enfant sau-
vage wird auch den gereiften Mann – den Reisenden wie den
Schriftsteller – nie völlig loslassen. Nach dem Ersten Weltkrieg kommen die Mutter und die ältere Schwester, die er als
beautiful strangers beschreibt, zurück, um Paddy abzuholen – doch er läuft über die Felder davon. Nach diesen wunderbar anarchischen Jahren ist er offenbar außerstande,
auch nur das kleinste bisschen Enge zu ertragen, und so
überrascht es wenig, dass die pädagogischen Künste meh-
rerer Schulen bei dem Jungen versagen. Zwei Psychiater
werden konsultiert (auch jener von Virginia Woolf), Patrick

kommt auf eine gemischte Schule für schwer erziehbare Kinder und schafft es später auf die renommierte King's School in Canterbury, die er jedoch wiederum verlassen muss, weil man ihn Händchen haltend mit der Tochter eines Gemüsehändlers erwischt. Er bildet sich selbst weiter, studiert Griechisch und Latein, begeistert sich für Shakespeare und Geschichte, aus der erhofften Laufbahn in der Militärakademie in Sandhurst wird jedoch nichts; Fermor fällt durch die Aufnahmeprüfung.

Nach dieser Enttäuschung führt er in London ein wenig inspiriertes Lotterleben, zieht mit Freunden durch die Kneipen und träumt in seinem engen Zimmer am Shepherd Market von einem Dasein als Schriftsteller. 11. Februar hin oder her – seine Zukunft in England sieht eher düster aus. Bei allem, was nun geschieht, mögen Fluchtimpulse eine Rolle spielen. Vielleicht spürt der junge Fermor aber auch, dass jenseits des Ärmelkanals eine aufregende Welt auf ihn wartet, ein gerade noch blühendes Europa, das bald für immer untergehen wird, die Welt entlegener Bauerndörfer, die sich seit dem Dreißigjährigen Krieg kaum verändert haben, fahrende Sinti und Roma, eine verblassende österreichisch-ungarische Aristokratie, die prosperierenden jüdischen Gemeinden Mitteleuropas.

Während er am Ende eines nasskalten Winternachmittags die eselsohrigen Manuskripte auf seinem Schreibtisch anblickt, kann er nicht wissen, dass es dieses Europa schon bald nicht mehr geben wird. Draußen vor seinem Fenster machen die Laternenanzünder ihre Runde. Die Lichter des Shepherd Market glänzen im Regen. Das Grammophon im Stockwerk unter ihm spielt *Stormy Weather* – und ganz plötzlich hat der Teenager eine Eingebung, ein Plan nimmt Gestalt an, *so rasch, so vollkommen wie eine japanische Pa-*

pierblüte in einem Wasserglas. Er muss fort aus London, fort aus England, um wie ein Landstreicher, ein wandernder Gelehrter, ein Pilger über den europäischen Kontinent zu ziehen. Am 9. Dezember 1933 – *auf Picadilly schimmerten tausend Regenschirme über tausend Bowlerhüten … auf dem Trafalgar Square wirbelte der Wind die Strahlen der Fontänen kreuz und quer wie die Fäden eines Mopps* – lässt Patrick Leigh Fermor alles hinter sich, Familie, Freunde, sein früh ramponiertes Dasein, und kehrt London an Bord eines holländischen Dampfschiffes den Rücken. Eine Reise, von der er – streng genommen – nie mehr heimkehrt. Sie wird ihn ein Leben lang beschäftigen.

Die Bäckerin in Esztergom schloss meine Hand um den Geldschein, den ich ihr hinstreckte, und schenkte mir die Tüte mit den Käsestangen. Als ich sie nach einer günstigen Herberge fragte, zuckte sie mit den Schultern und wünschte mir »Guten Appetit«. Ich hatte seit dem Morgen nichts gegessen, setzte mich am Straßenrand auf meinen Seesack und verschlang die Käsestangen. Gerade als ich zum Flussufer hinuntergehen wollte, um mich dort in meine Decke einzurollen, blieb eine alte Frau vor mir stehen und sagte etwas auf Ungarisch. Als ich ihr zu verstehen gab, dass ich ihre Sprache nicht beherrschte, stellte sich heraus, dass sie Deutsch konnte.

»Ich war elf Jahre alt, als dein Großvater meine Eltern ermordet hat«, sagte sie und sah mir fest in die Augen. »Aber das sind Kriegsgeschichten, alte Sachen, hörst du? Komm jetzt, du schläfst im Zimmer meines Sohnes.«

Die alte Teresa trug ihr graues Haar unter einem durchsichtigen Netz. Ihre Haltung war betont aufrecht, ihre Nase in einem anmutigen Bogen geschwungen. Schwarze Male gruppierten sich um ihre Wangen. Ihre jüdischen Eltern waren von den Nazis gegen Kriegsende nach Auschwitz verschleppt worden, von wo sie nicht mehr zurückkehrten. Vor einiger Zeit war ihr Mann gestorben und im selben Jahr ihr einziger Sohn Györgi. Ich fragte nicht, wie dies geschehen war.

Györgis Zimmer sah aus, als sei er nur eben zu einem Fußballspiel gegangen. Die Vorhänge waren zugezogen, aus dem Schrank quollen Sporttrikots und Trainingsanzüge, in einer Ecke stapelte sich frische Wäsche. Unter der brennenden Leselampe auf dem Tisch lagen verschieden harte Bleistifte auf comicartigen Zeichnungen, die einen halbwüchsigen Helden in Lederjacke auf seinem Motorrad durch eine apokalyptische Welt aus rauchenden, von Tiermenschen bewohnten Ruinen schickten. An den Wänden hingen Poster von Marilyn Manson und dem Papst.

Teresa hatte einen alten Hund, der auf einem Auge blind war und stark hinkte. Er kroch mehr, als er ging. Sie verschwand mit ihm im Gewölbe unter dem Haus, wo eine nackte Glühbirne den Weinkeller erhellte, und kam mit einer verstaubten Flasche zurück. Sie legte eine Schürze an und stellte Schwarzbrot, geräucherten Schinken, Butter und Gurken auf den Küchentisch.

»Der Krieg hat mich zur Mutter und zum Vater gemacht«, sagte sie beim Essen. »Ich war noch ein Kind und musste für drei kleine Geschwister sorgen.«

Sie kaute jeden Bissen gewissenhaft. Bevor sie schluckte, hielt sie einen Moment inne, als spüre sie dem Geschmack des Schinkens nach. Es war nichts Selbstverständliches an ihrer Art zu essen, vielmehr schien sie eine tief verinnerlichte Wertschätzung für Nahrung auszudrücken, wie sie nur Menschen hegen, die schon einmal Hunger gelitten haben.

Ich fragte Teresa nach der Brücke und erfuhr, dass die Mária Valéria híd, zehn Jahre nachdem Fermor auf ihr die Donau überquert hatte, von der sich zurückziehenden Wehrmacht gesprengt worden war.

»Drüben leben mehr Ungarn als Slowaken«, sagte Teresa und füllte zwei einfache Gläser mit Weißwein. »Aber die Slowakei hat ihre Ungarn vor der Wende nicht so gut behandelt, und wir waren nicht so nett zu unseren Slowaken.«

Hier Gulaschkommunismus, dort Sowjetsozialismus – dazwischen die Donau.

In Ungarn hatte sich in den Sechzigern und Siebzigern eine etwas abgemilderte Form des Staatssozialismus entwickelt, der den Magyaren kleine, aber in anderen Ländern des Ostblocks unvorstellbare Freiheiten gewährte. Die Bauern durften auf ihnen zur Verfügung gestellten Flächen für den eigenen Bedarf Obst und Gemüse pflanzen und den Überschuss verkaufen. Arbeiter in den Staatsbetrieben stellten nach Feierabend Ofenrohre, Türklinken oder Fahrradschläuche her und leisteten sich mit den zusätzlichen Einkünften ein Grundstück, ein Wochenendhaus oder ein Auto. Viele Ungarn erhielten eine Sozialwohnung mit Fernheizung und fließend Warmwasser. Und alle drei Jahre durfte man einen Pass beantragen, um ins westliche Ausland zu fahren.

Auf der anderen Seite der Donau betrachteten die sowjetischen Parteimarionetten den bescheidenen Wohlstand und die Freiheiten der Ungarn mit größten Misstrauen. Ging das nicht in Richtung jenes »Sozialismus mit menschlichem Antlitz«, den der Prager Frühling gefordert hatte? Bedrohte dieser Gulaschkommunismus nicht die strenge Ordnung, welche die russischen Panzer in der Nacht vom 20. auf den 21. August 1968 wiederhergestellt hatten, als sie Alexander Dubčeks Reformversuche mit Gewalt niederschlugen?

Konnte der gefährliche ungarische Funke nicht jederzeit über die Donau springen, um die teuren Häuser und gut sortierten Kantinen der Parteifunktionäre abzufackeln?

Die Beziehungen zwischen Ungarn und der Tschechoslowakei seien während des Kalten Krieges »nicht so gut« gewesen, beteuerte Teresa und schenkte mir von dem leichten Weißwein nach, der wunderbar zum Räucherschinken passte, »so wenig gut«, dass es fast sechzig Jahre gedauert habe, bis die Brücke über die Donau wieder aufgebaut worden sei.

»Jetzt ist die Grenze wieder offen«, sagte Teresa, als wir später den Tisch abräumten. »Es kommen Touristen und Pilger, es gibt Industrie, wir essen reichlich und gesund.«

Sie schwieg einen Moment, dann sagte sie: »Am Ende meines Lebens ist doch noch alles gut geworden.«

Györgis Bett war frisch bezogen, das Leinen duftete nach Apfel. Ich schlüpfte unter die Decke und legte mein Augenkissen auf. Mit einem Mal überlief mich ein Schauder. Angst – sie kam genauso plötzlich, wie die Schübe auftraten. Angst vor Blindheit. Vor einem Hirntumor. Auch wenn die Ärzte nichts finden konnten und behaupteten, meine Augen seien gesund. Die Amarantfüllung des Augenkissens hatte sich auf Teresas Herdplatte angenehm aufgewärmt. Der Seidenbezug schmiegte sich weich an meine Lider an. Ich entspannte mich etwas. Dennoch schlief ich unruhig in dieser Nacht. Am Morgen erinnerte ich mich an keinen Traum.

Nach dem Frühstück stieg ich die Treppen hinauf zum »Ungarischen Zion«, wie die alte Teresa den Burgberg von Esztergom nannte. Stephan der Heilige aus dem Geschlecht der Arpaden war dort oben im Jahr 1000 zum ersten christlichen König Ungarns gekrönt worden. An der Schnittstelle des Byzantinischen und des Heiligen Römischen Reiches gründete er das Erzbistum Gran, machte vom Burgberg aus den Einfluss Roms auf seine Kirche geltend und fällte damit eine Entscheidung, die bis heute nachwirkt, denn Ungarn gehört noch immer dem westlichen Christentum an.

Die Treppen waren mit Maikäfern übersät. Ich drehte alle um, die ich auf dem Rücken liegen und noch mit den Beinen strampeln sah. Die meisten kippten wieder um und blieben reglos liegen. Nur wenige breiteten ihre kupferfarbenen Flügel aus und surrten über die Wiesen davon. Drüben im slowakischen Štúrovo drängten sich verwahrloste Plattenbauten bis an den Fluss. Stromaufwärts ragten hinter einem schmalen Waldstreifen die dampfenden Schornsteine einer Industrieanlage auf. Diesseits der Donau bot sich ein ganz anderes Bild. Es gab eine gepflegte Uferpromenade mit Rasenflächen, Radwegen, Sitzbänken und Anlegern für Flussschiffe. Alle Gebäude duckten sich unter Espen und Pappeln. Nur die Basilika und die alten Festungsanlagen durften sich über die Kronen des Auwalds erheben, der auf ungarischer Seite den Fluss säumte, bis dieser im Westen hinter einer Biegung verschwand. Es schien, als hätten die Ungarn sorgfältig darauf geachtet, dieses Panorama nicht durch Neubauten zu zerstören. Die Slowaken hingegen hatten eine Baupolitik betrieben, als wollten sie den Ungarn die Aussicht von der Terrasse ihrer Basilika vermiesen.

Oben angekommen, bestaunte ich die disziplinierte Anordnung der Säulenreihen, die Harmonie der Zylinder, Prismen und Halbkugeln der größten Kirche Ungarns, die von einer mächtigen Kuppel gekrönt war und in ihrer strengen Symmetrie eine anmutige Ruhe ausstrahlte. An der Fassade verkündeten Buchstaben aus vergoldetem Kupfer: *Quae*

Sursum Sunt Quaerite – suchet, was droben ist. Ich ging unter den acht monumentalen Säulen der Vorhalle hindurch und betrat die Basilika, eine ungewöhnlich helle Farbenwelt, in der meine Aufmerksamkeit sofort auf das Bild über dem Hochaltar gelenkt wurde. Ich widersetzte mich dieser Manipulation, indem ich nach links abbog und das Seitenschiff entlangging. Ich war allein, meine Schritte hallten in den Gewölben wider wie im Bauch eines riesigen schlafenden Tiers. Sobald ich stehen blieb, verebbten die Geräusche zwischen seinen Rippen, um einer Stille zu weichen, wie es sie nur in einer Kirche gibt – und in der Wüste.

Ich setzte mich in einer der vorderen Bänke auf ein blaues Schaumstoffkissen, um in Ruhe das Gemälde über dem Hochaltar zu betrachten, dem ich mich beim Eintreten entzogen hatte. Jetzt konnte ich mich darauf einlassen, jetzt war es meine Entscheidung. Ich hatte das Bild schon einmal gesehen, etwas kleiner, wie mir schien, in der Frari-Kirche in Venedig. Es war eine Kopie von Tizians *Assunta*. In der unteren Szene knieten die Apostel um ein leeres Leichentuch und erhoben die Hände zu Maria, die, umgeben von geflügelten Engeln, mit weit ausgebreiteten Armen auf einer Wolke gen Himmel schwebte. Mein Blick wurde unweigerlich auf die oberste Ebene des Gemäldes gezogen, wo ein Mann mit wallendem Bart und langem Haar auf Maria wartete und ihr, umglänzt von goldenem Licht, seine Hände entgegenstreckte. Um den unteren Rand der Kuppel lief in Renaissancelettern auf Latein die Inschrift: *Maria fährt in den Himmel auf, es freuen sich die Engel.*

Durch das Halbrund des östlichen Fensters flutete Sonnenlicht herein und illuminierte die Silberarbeiten am Altar, auf dem weiße Lilien und Gladiolen standen. Auf einmal verschwamm meine Sicht, und ich wollte schon nach Kom-

pressen und Augentrost greifen, um einem Schub vorzu-
beugen, da rastet meine Sehschärfe wieder ein, die blauen
Schaumstoffkissen färben sich scharlachrot, und es ist Oster-
samstag am 31. März 1934 – ein Tag nach Vollmond, zehn
Tage seit der Tagundnachtgleiche, sechsundvierzig seit Fermors neunzehntem Geburtstag und hundertzehn seit seiner
Abreise aus England. Wie auf ein geheimes Signal hin füllt
sich die Basilika mit Menschen, da sind *die Bürger im Sonn-
tagsstaat, die Bauern in Stiefeln und schwarzen Gewändern,
die Mädchen mit ihren kunstvollen Frisuren, den bunten
Röcken und den Blusen mit den bestickten Ärmeln …
schwarze und weiße Dominikaner, etliche Nonnen und hier
und da eine Uniform, und nahe dem großen Portal standen
ein paar Zigeuner an die Kirchenmauer gelehnt und redeten
leise miteinander. Es hätte mich kaum gewundert, wäre einer ihrer Bären aufgetaucht, hätte eine Tatze in das große
muschelförmige Weihwasserbecken getaucht und sich be-
kreuzigt.*

Auf seinem Thron vor dem Hochaltar sitzt Monsignore
Serédy, Erzbischof von Esztergom und Fürstprimas von
Ungarn, in Weiß und Gold gekleidet und umgeben von einer
Schar Ministranten, die seinen Krummstab halten und die
hohe weiße Mitra anheben, sobald die Liturgie dies vor-
schreibt. Neben mir wärmt ein buckliges Männchen mit
seinem Hermelinmantel meine rechte Seite. Seine Hände
liegen auf einem Türkensäbel mit Intarsien aus Elfenbein
am Heft und einer edelsteinbesetzten Scheide. Als er meinen Blick bemerkt, dreht er sich zu mir und lächelt, ohne
dass seine Augen mich erfassen. Mir wird klar, dass er blind
ist, und da entdecke ich auch schon Patrick Leigh Fermor,
ein wenig müde von der Wanderung, sein Bündel zwischen
die Beine geschoben, Schweißflecken auf dem Hemd, das

Haar fettig und zerzaust. Er sitzt ein paar Reihen vor mir inmitten der Würdenträger von Esztergom und bestaunt ihre *bunten Wämser aus Seide und Brokat und Pelz, die goldenen und silbernen Ketten, die Reitstiefel in Blau und Karminrot und Türkis, die vergoldeten Sporen, die Kalpaks aus Bärenfell mit ihren diamantbesetzten Schließen und die hohen Aigretten und die Adler- und Kranichfedern.*

Hört ihr die Orgel? Wie sie nach einem Augenblick der Stille aufbraust? Wie sie die Auferstehung verkündet? Auf der Empore hebt ein vielstimmiger Chor an, ein Halleluja hallt durch das Kirchenschiff, und aus den schwingenden Kesseln der Messdiener steigen Weihrauchwolken auf, steinerne Akanthusblätter umwabernd, während durch die östlichen Fenster Sonnenstrahlen eindringen und sich im Dunst brechen – Säulen aus Licht, die das ganze Altargewölbe tragen.

Dann flog das Hauptportal auf. Das Halleluja riss ab. Menschen mit Sonnenbrillen, wasserabweisenden Umhängetaschen und Wanderstöcken aus Aluminium platzten in die Osterandacht, die scharlachroten Polster der Bänke verwandelten sich in zerschlissene blaue Schaumstoffkissen, der Kardinal, sein Hofstaat, die Würdenträger lösten sich auf, auch Patrick Leigh Fermor verpuffte. Nur die Lichtsäulen standen noch vor dem dunklen Altargewölbe, in einer Ahnung aus Weihrauch flirrend.

Die Störenfriede folgten einem Geistlichen durch den Mittelgang, schoben ihre Sonnenbrillen auf die Stirn und sanken nicht weit von mir auf die Knie. Dann wendeten sie sich dem kleinen Altar am vorderen Ende des Seitenschiffs zu und warfen sich vor einer Figurengruppe nieder.

»Pilger!«, sagte plötzlich eine Stimme neben mir. »Sie wandern, sie suchen ihr Heil.«

Der Blinde aus der Ostermesse war einfach sitzen geblieben. Nur dass er jetzt keinen Hermelinmantel mehr trug, sondern schmutzige graue Hosen. Und statt auf dem Krummschwert lagen seine Hände auf einem abgewetzten Birkenstöckchen.

»Die drei Märtyrer von Kaschau«, sagte er und verfehlte mit seinem verschleierten Blick die Figurengruppe, vor der die Pilger gemeinsam beteten. »Melchior Grodecz, Stephan Pongracz, Markus Stephan Crisinus« – er machte eine vage Handbewegung – »1619 von Heiduckensoldaten gefangen, gefoltert, geköpft.«

In einem silberbeschlagenen Glasschrein waren Reliquien ausgestellt, darunter ein in Tuch gehüllter Totenschädel. Ich fragte mich, wie es dazu gekommen war, dass den Reliquien und Gräbern von Heiligen und Märtyrern übernatürliche Kräfte beigemessen wurden, die Heilung und andere Wunder versprachen. Der Blinde hatte recht: Ob das Reiseziel Jerusalem, Rom oder Santiago de Compostela heißt, Mekka, Kerbela, Varanasi oder Kandy – immer sucht der Pilger sein Heil.

Die Gruppe um den Geistlichen stand jetzt vor einer Kreuzigungsszene über dem Altar am östlichen Ende des Querschiffs, und ihr Führer erklärte ihnen, dass es im Mittelalter üblich gewesen sei, am Fuß des Kreuzes Totenschädel und Gebeine darzustellen. Stattdessen hatte Michelangelo Grogoletti, ein venezianischer Künstler, Adam und Eva in die untere linke Ecke des Gemäldes gesetzt. Adam legt die Hand auf die Stirn und blickt, sich seiner Tat bewusst geworden, voller Schuldgefühl empor. Eva ringt die Hände und sieht mit Tränen in den Augen zum Gekreuzigten auf.

»Pilger!«, sagte der Blinde wieder. »Sie ahnen nicht, wie eng ihr Weg mit diesem Bild verbunden ist.«

»Mit Adam und Eva?«, fragte ich, und eine vage Unruhe stieg in mir auf.

»Mit dem Sündenfall und der Erlösung«, antwortete der Blinde.

Er hatte einen eigenartigen Akzent, mit einem rollenden »R« und den choralartigen Vokalen des Nordens. Offenbar konnte er überhaupt nichts sehen, denn sein Blick galt keinem bestimmten Gegenstand und blieb in der Schwebe. Manchmal verdrehten sich seine Augen, bis nur noch das Weiß zu sehen war.

»*Peregrinus?*«, fragte er und deutet mit der Nasenspitze auf mich.

»Nein, ich bin kein Pilger«, antwortete ich nervös. »Ich will nach Griechenland.«

Er richtete seinen blinden Blick auf meine Augen, und es war, als sähe er durch ein Fenster in mich hinein. Dann lachte er laut, ein Geräusch wie das Rasseln einer schweren Kette; seine Zähne waren bis auf die Stummel verfault.

»Du weißt, was *peregrinus* bedeutet?«

»Es bedeutet Fremder.«

»Es meint den, der sein Heil im Anderswo sucht.«

Ich verstand nicht, was das mit Adam und Eva zu tun hatte.

»Adam und Eva aßen vom Baum der Erkenntnis«, sagte der Blinde. »Zur Strafe wurden sie aus dem Garten Eden vertrieben.«

»Mit unserer Unschuld haben wir unsere Heimat verloren«, führte ich seinen Gedanken fort. »Seither sind wir Fremde, seither sind wir unterwegs.«

»Jetzt hast du es!«, freute er sich, und seine milchigen Augen glänzten. »Die große Reise beginnt mit der Sünde, ihr Ziel ist die Vergebung, dazwischen wandern wir.«

»Ich wandere aus Neugier.«

»Das Erzlaster!«, rief der Blinde aus, und sein Gelächter hallte im Kirchengewölbe wider. »Die Neugier hat Adam und Eva ums Paradies gebracht! Wandert nur, wandert, seid neugierig und wandert – die glückliche Heimkehr bleibt euch verwehrt.«

Die Pilger sahen sich nach uns um und bekreuzigten sich vor dem Altarbild. Einige stellten sich zu einem Erinnerungsfoto auf, andere begannen, in ihre Handys zu flüstern. Schließlich gingen sie hinaus, und wir waren allein.

Der Blinde wechselte in eine fremde Sprache, ins Ungarische, wie ich annahm. Er schien jetzt über die Gemälde und Marmorfiguren in der Kirche zu referieren und gestikulierte dazu wie ein Fremdenführer. Dann schwieg er, und seine blinden Augen sahen mich fordernd an.

»Forint?«, fragte ich, weil ich annahm, er verlange Geld für seine Ausführungen.

Er lächelte und malte astronomische Zahlen in die Luft. Zweien und Dreien mit zahlreichen Nullen. Er redete jetzt mit gedämpfter Stimme und tätschelte meine Schulter. Plötzlich legte er den Mund an mein Ohr und sagte: »Sex!«

Ich rieb mir seinen feuchten Atem von der Wange und starrte auf die Speichelreste in seinen Mundwinkeln.

»Sex!«, wiederholte er und strich mit seiner fleischigen Hand über meine Wange.

Wir saßen in einer Kirche. Eben hatten wir noch über Pilger gesprochen. Über Erlösung und Heil. Was wollte dieser Blinde von mir? Machte er Witze? War er verrückt?

»Sex!«

Er ließ die geöffnete Hand zwischen uns beiden hin- und herwandern, woraufhin ich ihn wütend am Ärmel packte. Er befreite sich mit einem Ruck und eilte, sein Birkenstöckchen vor sich herführend und kichernd, durch den Mittelgang davon. Am Hauptportal drehte er sich noch einmal um.

»Orsova!«, rief der Blinde in die Kirche hinein. »Wandere, Pilger, wandere! Wir sehen uns in Orsova! In Orsova!«

Dann trat er hinaus ins Licht, so schnell, als wolle er den Kardinal und seine Osterschafe einholen.

Die alte Teresa bot mir an, ein paar Tage ihr Gast zu sein, aber ich wollte weiter, und so bestand sie darauf, dass ich wenigstens noch zum Mittagessen blieb. Während sie den Rest Weißwein vom Vorabend eingoss und Gulasch auftrug, das nach Majoran und Kümmel duftete, erzählte ich ihr von Fermor und seiner Wanderung – und plötzlich wurde Teresa kreidebleich.

»Mein Vater kannte auch einen, der zu Fuß nach Konstantinopel ging«, sagte sie und ließ fast das Gulasch über meinen Tellerrand laufen.

Ich sah sie ungläubig an.

»Mein Vater tränkte gerade die Schafe am Flussufer, da traf er den Fremden an der Brücke«, versicherte sie mir. »Ich war damals noch ein Baby, wirklich, der Mann war Holländer.«

Es musste zur selben Zeit gewesen sein, in der Fermor durch Esztergom gekommen war. Ich schlug nach, fand jedoch keine Begegnung mit einem Schäfer. Weder im ersten Band, der auf der Brücke endet, noch im zweiten, der dort beginnt.

»War der Mann nicht Engländer?«, fragte ich aufgeregt.

»Er war Holländer, ganz sicher«, antwortete Teresa und bekreuzigte sich. »Ständig haben sie mir von diesem verrückten Holländer erzählt, der zu Fuß nach Konstantinopel gewandert ist, während die Welt auf den Krieg zusteuerte.«

Teresas Vater hatte sich mit dem Wanderer unterhalten und ihn ein Stück begleitet.

»Bis nach Szob«, sagte sie aufgewühlt, »ich erinnere mich genau, wie mein Vater in der Geschichte mit dem Holländer bis nach Szob geht.«

Ich schlug nach. Hinter Esztergom beschreibt Fermor tatsächlich *die Ziegeldächer und Kirchtürme eines Städtchens mit dem melancholischen Namen Szob*, in der Gegend, wo die slowakisch-ungarische Grenzlinie sich nach Norden wendet und die Donau zum ersten Mal auf beiden Seiten von Ungarn umgeben ist.

»Warum ist dieser Mann so wichtig für dich, Junge?«, fragte Teresa auf einmal besorgt. »Warum reist du seinetwegen quer durch Europa?«

Ich wusste nicht, was ich darauf antworten sollte. Ich wusste es wirklich nicht.

»Was glauben *Sie*?«, fragte ich leise.

Sie sah mich eigenartig an.

»Mein Vater hat den Holländer für seinen Mut bewundert«, sagte Teresa schließlich und sah zu Boden. »Zehn Jahre später haben ihn die Nazis mitgenommen.«

Zum Abschied umarmte sie mich und steckte mir ein Vesperpaket zu. Ich ging durch das verschlafene Esztergom in Richtung Busbahnhof. Um die schweren Gedanken zu vertreiben, die das Schicksal des Schäfers in mir wüten ließ, versuchte ich, mich auf seine Begegnung mit Fermor zu konzentrieren. Es *musste* Fermor gewesen sein. Vielleicht hatte die Geschichte des Briten, der in Holland aufgebrochen war, diesen über Generationen des Erzählens hinweg am Ende selbst zu einem Holländer gemacht. Teresa erinnerte sich nicht mehr an seinen Namen, aber der ihres Vaters war Lazlo gewesen. Ich würde Fermor nach ihm fragen.

Vom sexbesessenen Blinden hatte ich Teresa nichts erzählt. Im Bus nach Budapest fand ich, zwischen Scheibe und Dichtungsgummi eingeklemmt, dann doch noch eine mögliche Erklärung für sein fragwürdiges Angebot. Die Visitenkarte des *Angel House*, das der Skizze nach gleich hinter der Brücke in Štúrovo lag, zeigte eine üppige Schönheit mit gespreizten Beinen; darunter stand: *Striptíz, Topless, Vibrátor Show*.

Selbst wenn der Blinde tatsächlich ein Schlepper gewesen war, der mich zu einem Besuch dieses Etablissements hatte überreden wollen, blieben ein paar Fragen offen. War »Orsova« der Name einer Stadt, eines Dorfes? Wenn ja, warum glaubte der Blinde, wir würden uns dort wiedersehen? Und weshalb ging er ausgerechnet in der Kirche auf Kundenfang für das Angel House?

Esztergom blieb zurück, und bald wehte der Fahrtwind durch die hochgeklappten Oberlichter den Duft frisch gemähten Grases herein. Der Bus, der mich durch die Puszta nach Budapest trug, war eigentlich ein Stadtbus und ein älteres Modell. Ich saß auf dem Platz hinter der Plattform, die sich in den Kurven drehte, während sich die Gummiwände zwischen dem Vorder- und Hinterteil des Fahrzeugs zogen und dehnten wie ein Akkordeon. Bei jeder Unebenheit der Straße schepperte das Blech, die Türen quietschten, und die Fenster schlotterten in ihren Fassungen, während die Fahrerin, eine kräftige Frau mit blondiertem Haar und tätowierten Fingern, die Kurven auf zwei Rädern nahm und vom Schweiß ungezählter Hände entfärbte Haltegriffe von den Stangen baumelten wie Schlingen. Dazu spielten drei stoppelbärtige Männer in schwarzen Baumwollhosen und

dert ankündigten. Die Decke hingegen war verziert mit formschönen Muscheln aus Stuck. An der Basis liefen sie in aufwendig gearbeitete Löwenköpfe aus.

Das Hotel lag im Hochparterre und umschloss einen Patio mit Geländern aus Gusseisen. Der Boden war schwarzweiß gefliest und erinnerte mich an ein trockengelegtes Schwimmbecken. In den Fenstern der oberen Stockwerke brach sich Sonnenlicht, das nach unten hin stetig abnahm, bis es im zweiten Stock ganz erlosch, sodass im Hotel den ganzen Tag über Licht brannte. Im engen Flur saß Simon über seinem Kassenbuch. Immer wenn ich hereinkam, saß er dort, den Blick auf die immergleiche Seite geheftet, einen Kugelschreiber in der einen, die andere Hand auf einen Taschenrechner im Off-Zustand gelegt. Ich hatte keine Ahnung, auf welchem Trip er sich befand. Er begann erst zu atmen, wenn man ihn ansprach.

»O ja!«, sagte er dann. »Entschuldige, was kann ich für dich tun?«

Mein Zimmer war mit Fischgrätenparkett ausgestattet, die Wände leuchteten mintgrün, acht dünne Schaumstoffmatratzen lagen auf hölzernen Sockeln. Das Badezimmer diente auch als Wäschekammer. Von der Decke hingen Bettlaken zum Trocknen. Omelettegroße Stockflecken klebten über dem blinden Spiegel und verbreiteten einen muffigen Geruch, der sich mit dem Lavendelduft des Weichspülers vermischte. Vom Frühstückstisch aus lauschte man den Gewittern im Innern der angrenzenden Toilette. Als ich am Morgen selbst in dieser Zelle saß, hörte ich draußen die Löffel in den Müslischüsseln kratzen. Ich wagte kaum zu atmen, denn die vier Meter hohe Kammer verstärkte jeden Laut, als seien hinter den Deckenblenden Mikrofone eingebaut. Selbst die leisesten Konvulsionen des Darms klangen hier wie Geschosse, die draußen sogar Simon aus seiner Betäubung rissen.

»O ja!«, hörte man ihn dann im Flur sagen. »Entschuldige, was kann ich für dich tun?«

Mein Seesack war gerissen, der Inhalt quoll heraus, und so beschloss ich, einen Tag in Budapest anzuhängen und auf dem Flohmarkt eine Reisetasche zu besorgen. Die Metro hatte scheppernde Wagen, in denen man die Fenster herunterziehen konnte und eine schrille Klingel das Öffnen und Schließen der Türen ankündigte. Vom Mexikoplatz aus durchquerte ich einen Park, die Kanäle waren noch trocken, im Gras sonnten sich Budapester in Badehose und Bikini. Familienväter fuhren ihre Kinder in Mietautos aus Plastik durch die Anlage. Hunde tollten herum, hier und da qualmte ein Grill.

Auf dem Flohmarkt stapelte sich vieles von dem, was die Ungarn zu Fermors Zeit noch am Leib getragen hatten: reich verschnürte, kurze Jacken ohne Schöße, krempenlose, mit rotem Tuch verzierte Lammfellmützen, Blusen mit bestickten, weiten Ärmeln, purpurne und zitronengelbe Rüschenkleider; neben Krummdolchen aus der Zeit der Türkenkriege und heiduckischen Steinschlossgewehren hingen paramilitärische Klamotten und psychedelische Fummel aus den Sechzigern, es gab Schuhe mit Pfennigabsätzen, indischen Billigschmuck, Haschischpfeifen aus Indonesien, russische Pornomagazine, himmelblau bemaltes Porzellan, zerschlissene Ledersessel, Daguerreotypien, Duellierwaffen, Grammophone; Landkarten aus der Zeit Österreich-Ungarns zerbröselten zwischen den Händen der Interessenten, umlagert von alten Handys, Zweimannsägen, Tonbandgeräten, Ersatzteilen für Škodas und chinesische Fahrräder, hinter denen sich die kryptisch verschlüsselte Lyrik von Ady versteckte, Krúdys impressionistische Novellen und die siebenbürgischen Erzählungen von Tamási, jede Menge Zauberwürfel (»in Ungarn erfunden«, wie mir eine Händlerin versicherte), Silberbesteck, hölzerne Türriegel aus Uschgorod in Transkarpatien, Obstschnäpse aus Gyöngyös und Weinkrüge aus Kleinkumanien. Bei einem Händler mit Zähnen, die aussahen wie angefeilt, fand ich eine brauchbare Reisetasche. Der Mann trug seinen Schnauzbart bis ans Kinn gezogen und ließ mich an Attila, den Hunnenkönig, denken. Im Tausch gegen meinen zerrissenen Seesack gab er mir die Tasche zum halben Preis.

Am Nachmittag schlief ich und stieg erst kurz vor Sonnenuntergang den Budaer Burgberg hinauf. Scharen von Touristen kamen mir entgegen, auf dem Weg zum Abendessen in ihren Hotels. Im Café in der Uri utca, der Herrengasse, wo Fermor seinerzeit mit Büchern und Schreibzeug gesessen hatte, hätte er sich heute wahrscheinlich nicht mehr wohlgefühlt. Das *Miró* war ein gesichtsloser Ort mit orangefarben gewischten Wänden, geschmacklos eingerichtet für die Touristenmassen, die hier täglich durchgeschleust wurden. Kein Ort, der zum Verweilen einlud. Ich setzte mich gegenüber am Szent Háromság tér, dem Dreifaltigkeitsplatz, auf eine Steinbank und fragte mich, ob das Haus noch stand, in dem Fermor zu Gast gewesen war, ein Haus voller nützlicher Bücher, mit einer *Encyclopædia Britannica*, *Meyers Konversationslexikon* und einem Lehrbuch für Ungarisch, mit dem er vergeblich versucht hatte, sich an diese Sprache heranzutasten.

Fermor reiste sozusagen auf Empfehlung des Adels. In einer Jugendherberge in München hatte ihm ein Bursche mit Akne im Gesicht, *a pickliger bua*, den Rucksack gestohlen, in dem sich nicht nur sein Pass und vier neue Pfundnoten befanden, sondern auch sein Notizbuch, *all die Tausende von Zeilen, die blumigen Beschreibungen, die* pensées, *die philosophischen Höhenflüge, die Skizzen und die Verse! Alles fort.*

Fermor bleiben drei Mark und fünfundzwanzig Pfennig und ein Empfehlungsschreiben, das er auf seiner Wanderung durch Deutschland erhalten hat. Es ist an einen Baron Rheinhard von Liphart-Ratshoff gerichtet. Noch am selben Abend speist Fermor in Gräfeling, ein wenig außerhalb von München, an der Tafel der weißrussischen Adelsfamilie, die ihre Burg in Estland im Ersten Weltkrieg verloren und sich hier niedergelassen hat. Der Baron bringt Fermor bei sich unter, versorgt ihn mit einem Rucksack und dem Notwendigsten, und als er nach fünf Tagen weiterziehen will, breitet Herr von Liphart-Ratshoff eine Landkarte vor ihm aus, um ihm die Landhäuser von Freunden zu zeigen, an die er schreiben will, damit der Wanderer unterwegs hier und da eine komfortable Unterkunft und ein Bad bekomme. Und so wird Fermor quer durch Mitteleuropa weitergereicht, von Herrenhaus zu Herrenhaus, von Salon zu Salon, er, der bei seiner Ankunft stets einer *wandelnden Säule aus Staub und Schweiß* gleicht, raucht Wasserpfeifen mit Grafen und Erzherzögen, erörtert mit einem Baron den Einfluss von *Don Juan* auf *Eugen Onegin*, den Niedergang der deutschen Literatur und die wechselnden Moden in Frankreich und spielt Fahrradpolo in einem Schlossgarten in Südungarn, in einem Europa, in dem Hitler bereits seine Angriffspläne und Gräueltaten vorbereitet und das wenige Jahre später in Schutt und Asche fallen wird.

Ich saß noch immer an dem kleinen Platz, von dem gerade András Hadik zu mir herübersah. Er lächelte freundlich, obwohl ein paar Touristen auf seinen Sockel kletterten und seinem Bronzepferd in die Hoden kniffen. Die Reise-leiterin, eine magere Frau, die ein rotes Fähnchen schwenkte, hatte sich einen Lautsprecher um den Bauch gebunden und beschallte die Straße auf Spanisch mit Hadiks Geschichte: Im Siebenjährigen Krieg gegen Preußen schlüpft der legen-däre Budaer Stadtkommandant mit seinen Husaren durch die Linien Friedrichs des Großen, fällt in Berlin ein, besetzt die Stadt für einen Tag und prescht mit seiner Beute – sechs preußische Fahnen und ein Dutzend mit dem Berliner Stadtwappen bestickte Damenhandschuhe – wieder davon. Die Reiterstatue wiege exakt 985 Kilogramm, behauptete die Frau mit dem roten Fähnchen.

Ich war wieder zu Gast bei Baronen, las ich in Fermors Buch und lehnte den Rücken an die Hausfassade, die noch warm war von der Sonne. *Die Annehmlichkeiten, die mich dort erwarteten, verdankte ich, um ein oder zwei Ecken, meinen baltisch-russischen Freunden in München, deren Freundlichkeit mir in den Wochen meiner beschwerlichen Reise immer wieder solche Oasen beschert hatte.* Die Oase auf dem Burgberg war nicht näher beschrieben, und so fand ich nicht heraus, wo genau Fermor gewohnt hatte. Das Haus gehörte einem gewissen Tibor, Hauptmann in einem Regi-ment der berittenen Artillerie, und seiner hochgewachse-nen, amüsanten und oft sarkastischen Frau Berta, die eine Vorliebe für Tweedkostüme hatte. Während sie Fermor mit ihrem Auto durch Budapest kutschiert, schwärmt sie ihm von Fiume vor, dem ehemals ungarischen Außenposten am Adriatischen Meer, wo ihr Vater, ein Graf, vor dem Krieg Gouverneur gewesen ist. Wie für viele Angehörige des Landadels sind die Zeiten auch für Berta und Tibor schon besser gewesen. Sie müssen einen Teil ihres Hauses vermieten, um über die Runden zu kommen. Was Fermors Freude über seine luxuriöse Unterkunft nicht trübt, denn er genießt *all dies mit der Miene eines Seehunds, der einen Hering zugeworfen bekommt.*

Die spanische Reisegruppe zog weiter, der Lautsprecher verstummte, das Geklapper von Geschirr im Café verebbte, die letzten klackenden Stöckelschuhe in einer Seitengasse, irgendwo bellte ein Hund, dann waren die Läden geschlossen, die Menschen verschwunden, und selbst die Tauben hatten sich in Luft aufgelöst. Auf gedrehten Masten glommen Laternen, zwischen Ahornreihen leuchtete der Turm der Krönungskirche in der Nacht. Die Fischerbastei: verlassen und aschfahl. An den Straßenecken dampfte der Dung, den die Kutschpferde zurückgelassen hatten.

Ich saß lange auf der Bank, tat nichts, dachte nichts, ließ nur die Stille auf mich wirken, in der sich, hoch über der Rastlosigkeit und dem Lärm der Stadt, das geheime Wesen des Burgbergs preiszugeben schien; dann stieg ich hinunter und flanierte über die Váci utca, nur um wieder einmal in den Genuss einer Einkaufsmeile zu kommen. Am oberen Ende, am Kristóf tér, sprachen mich zwei hübsche Ungarinnen an, vom Land, wie sie sagten, zum ersten Mal in der Hauptstadt. Sie hatten sich verlaufen und baten mich, auf meinem Stadtplan nachzusehen, ob ich die Straße finden könnte, in der sie mit ein paar Freundinnen zum Bier verabredet waren. Ich fand die Straße, und als sie mich fragten, ob ich mich ihnen anschließen wolle, hörte ich mich antworten, ich sei selbst gleich verabredet. Wir verabschiedeten uns, und zweihundert Meter weiter sprachen mich zwei noch hübschere Ungarinnen an, die ebenfalls vom Land waren, ebenfalls zum ersten Mal in der Hauptstadt, auch sie hatten sich verlaufen und baten nun ihrerseits um einen

Blick in meinen Stadtplan, und weil die eine mich auszufragen begann – woher, wohin, allein? –, während sich ihre Brüste an meinem Arm rieben, ahnte ich, dass sich auf diese Weise anbahnte, was Adam, ein junger Kanadier, am folgenden Morgen im Green Bridge Hotel in seiner reizenden Art den *Budapest Pussy Scam* nennen würde.

Adam musste es wissen. Immerhin studierte er in Linz internationale Geschäftsbeziehungen. Er war rundlich und klein und trug ein zeltartiges, blau glänzendes Baseballhemd. Seine Familie stammte aus Krakau.

»Immer wenn sie mich nach dem Stadtplan fragen«, sagte er beim Frühstück, »antworte ich auf Polnisch, und weil bei Polen nichts zu holen ist, ziehen die Nutten sofort Leine.«

Dann erläuterte er die Spielarten des *Budapest Pussy Scam* und was demjenigen blühte, der die verirrten ungarischen Prachtbäuerinnen in das Café ihrer Wahl begleitete: »Ein Bier kostet dort 500 Euro.«

»Wie das?«

»Plötzlich stehen ein paar sehr kräftige Ungarn neben dir und begleiten dich zum Bankautomaten.«

»Natürlich.«

»Und das Schlimmste beim *Budapest Pussy Scam* ist«, sagte Adam, »dass du gar keine Pussy zu Gesicht bekommst.«

Er schlug mit der Faust auf den Tisch. Die Tassen klirrten.

»O ja!«, sagte Simon draußen im Flur. »Entschuldige, was kann ich für dich tun?«

Im Bahnhof von Budapest boten sich mir zwei Möglichkeiten. Der Zug nach Belgrad fuhr gleich, der über Belgrad nach Athen erst in viereinhalb Stunden. Weil ich nicht so lang warten wollte, beschloss ich, nur bis Belgrad zu lösen, um mich dort ein wenig umzusehen und dann den Anschluss nach Athen zu nehmen. Als der Zug stadtauswärts fuhr, ließ ich Fermors Wanderroute hinter mir. Sein Weg hatte ihn auf Malek – einem schönen Braunen *mit langer Mähne und wehendem Schweif, einer einzelnen weißen Fessel, einer Blesse und, der Kopfform nach zu urteilen, mehr als ein paar Tropfen Araberblut in den Adern* – durch die Große Ungarische Tiefebene geführt, und dann weiter durch die transsilvanischen Marschen ins Hochland der Karpaten. Ich hingegen folgte der Donau südwärts. Fermor wollte über Rumänien und Bulgarien nach Konstantinopel, ich über Serbien und Mazedonien nach Griechenland. Damit trennten sich unsere Wege endgültig. Zumindest glaubte ich das.

Das Land südöstlich von Budapest war flach und endlos wie die argentinische Pampa. Es schien, als bräuchte ich mich nur aus meinem Sitz zu erheben, um hinter den Horizont zu blicken. Schwere Wolken zogen wie die Segel einer finsteren Flotte über die Ebene. Regen und Sonnenschein wechselten in einem Turnus, der dem Fahrtwind kaum genügend Zeit ließ, die Schlieren an den Fenstern zu trocknen. Ich genoss die Monotonie der Bahnfahrt. Es passierte nichts, es gab nichts zu sehen, nichts in mein Notizbuch zu schreiben. Die anfängliche Nervosität, die diese Ereignislosigkeit in mir auslöste, ging allmählich in eine vage Melancholie und schließlich in eine Flut von Erinnerungen über, bis das Denken einfach aussetzte und ich nur noch unterwegs war.

Als ich aus diesem tranceartigen Zustand erwachte und mich auf die Ereignislosigkeit selbst konzentrierte, verflüchtigte sie sich mit einem Mal und wich einer überraschenden Fülle von Eindrücken, die mir bis dahin entgangen waren:

Kiebitze, die Scheinangriffe gegen den Zug flogen und kurz vor meinem Fenster abdrehten; einzelne Wolken, die am Himmel Tierfiguren bildeten, während der Wind ihre Schatten über die Ebene trieb und sie schließlich auflöste; Kunszentmiklós, Szabadszállás, Apostag – weit verstreute Dörfer, einzelne Gehöfte unter Pappeln, Weinstöcke, die sich an horizontal gespannten Drähten rankten. Ich sah in die Rebzeilen, die im rechten Winkel auf die Schienen zuliefen, und die Art, wie sie an meinem Fenster vorüberflogen, erinnerte mich an Buchseiten, die unter dem Daumen dahinblättern; dazwischen blühten Schlüsselblumen.

Diese Ebene, die immergleich neben dem Zug herzulaufen schien, reicht von den Karpaten im Nordosten bis zum Plattensee im Südwesten. Erst jenseits der Donau und der Save stößt sie auf die nächsten Hügel. Es ist ein fruchtbares Land, von Entwässerungsgräben durchzogen und mit Dörfern besiedelt, deren Namen man bei Google eingeben kann, ohne einen einzigen Treffer zu erzielen. Gehöfte, die sich wie Inseln in der Weite der Felder verlieren. Ihre Häuser drängen sich dicht aneinander. Bäume spenden ihnen Schatten und Schutz gegen den Wind, den *severac*, der in den Wintermonaten eisig, trocken und ungebremst aus dem Norden über die Ebene fegt.

Jetzt war es windstill. Die Sonne schien. Bauern standen auf ihre Stöcke gestützt im Feld und unterhielten sich; ihre Fahrräder lagen in den frisch geöffneten Furchen. Durch mein Fenster sah das sehr idyllisch aus. Ich ahnte jedoch, dass der Alltag dort draußen hart sein musste. Darin liegt eine Eigenheit von Zugreisen: So genau man von seinem Platz aus auch alles beobachten mag, die Wahrnehmung bleibt an einer Oberfläche haften, die man selbst beschichtet und koloriert. Ich konnte den Zug nicht anhalten, um die

Bäuerin zu fragen, ob ihr Rücken schmerzte, ob ihr Käse und ihre Eier genug einbrachten, um über die Runden zu kommen, ob ihre Söhne und Töchter noch zu Hause waren oder in der Stadt ihr Glück suchten. Ich atmete nicht den Stall- und Schweißgeruch, spürte nicht die Schwielen an den Händen, die mir dort draußen zum Gruß gereicht worden wären, weshalb meine Eindrücke und die Schlüsse, die ich daraus zog, nicht mehr mit der Wirklichkeit dieser Menschen zu tun hatten, als wenn einer träumt, er sei aufgewacht. Ich sah all diese Gegenden, ohne selbst gesehen zu werden. Und dabei kam ich den Dingen nicht näher, als die Zugfenster dies zuließen. Ich war der Betrachter eines Gemäldes, das auf einer Leinwand an mir vorbeigekurbelt wurde, ein unwissender Augenzeuge der Welt.

Der österreichische Zug, in dem ich saß, verkehrte auf ebender Strecke, die ich genommen hätte, wäre ich von Wien aus wie geplant über Budapest und Belgrad nach Athen gefahren, statt den Umweg über Bratislava und Esztergom zu machen. Wien! Das Wombat's! Das alte Zollhaus! Wie lange war das her? Wochen? Monate? *Jetzt neu: Echtzeitinformation!*, stand auf der ersten Seite des Zugbegleiters. Ich nahm das Faltblatt aus der Sitztasche und erfuhr, dass ich die Zugnummer per SMS verschicken konnte, um den nächsten Halt und die aktuelle Reisezeit mitgeteilt zu bekommen. *Sagt mir lieber, wie lange es her ist, dass ich in Wien gewesen bin*, schrieb ich an die angegebene Nummer. Ich erhielt keine Antwort.

In Kiskunhalas, einem größeren Bahnhof mit separaten Gleisen für Güterzüge, setzte sich eine Frau neben mich. Sie trug einen blauen Schal und ein dunkles Blumenkleid. Das Wasser in ihren Beinen ließ die Knöchel über die Ränder ihrer Halbschuhe quellen. Wir sprachen keine gemeinsame Sprache, doch die Frau redete trotzdem unablässig auf mich ein. Ich versuchte, mich mit Handzeichen und Wörtern aus mir bekannten Sprachen mit ihr zu verständigen, die Frau nahm jedoch keinerlei Notiz von mir. Dabei riss ihr Wortschwall keine Sekunde ab. Ich vertrat mir im Gang ein wenig die Beine, sie sprach einfach weiter, und als ich an meinen Platz zurückkehrte, redete sie noch immer.

»Es tut mir sehr leid«, sagte ich freundlich, aber bestimmt. »Glauben Sie mir, ich verstehe Ihre Sprache wirklich nicht!«

Ich sagte es auf Deutsch und auf Englisch. Vorsichtshalber auch auf Französisch. Sie lächelte mich an, kramte einen Apfel aus ihrer Tasche, reichte ihn mir – und redete weiter.

Ich aß den Apfel und nickte hier und da oder gab einen zustimmenden Laut von mir, wenn es mir angebracht erschien. Schließlich flüchtete ich mich in die Aussicht: morsche Lattenzäune, Misthaufen und im Stallgemäuer rostige Ventilatoren, die Kühen und Schweinen frische Luft zufächelten; über den Dächern hingen Wasserspeicher wie Golfbälle, die auf den Abschlag warteten – und die Frau fand einfach kein Ende. Wollte sie, dass ich aufstand? Dass ich meinen Platz überließ, damit sie am Fenster sitzen konnte? Ich schlug Fermors Buch auf und hörte ganz einfach nicht mehr hin, denn *zwischen den Stämmen huschten jetzt Rotschwänzchen und Schwarzkehlchen mit ihren auffälligen Bäuchen … im offenen Gelände flogen Haubenlerchen aus dem Gras auf … und sangen hoch oben am Himmel … das Leben war vollkommen –*

»Das freut mich, Patrick, dass dein Leben immerzu vollkommen ist. Egal an welcher Stelle man deine Bücher aufschlägt.«

Jeder Tag im Dorf war ein Festtag, ein Feiertag, eine Hochzeit –

»Natürlich! Aber wenn es dir nichts ausmacht, blättere ich schon mal weiter.«

Was für ein Hochgefühl, als am nächsten Morgen –

In diesen Wochen seligen Müßiggangs –

Wir waren wie berauscht, unsere Stimmung hielt den ganzen Tag an und –

»Nicht auszuhalten, Patrick!«

Reisen wie diese erzeugen ein Hochgefühl, das die Seele zum Schwingen bringt, und gepaart mit der Freude –

»Ist ja gut, Patrick, aber was ist mit dem richtigen Leben? Mit der dunklen Seite des Reisens? Gibt es in deinen Büchern auch mal einen Schatten? Etwas richtig Finsteres? Bist du nie einsam? Oder so müde, dass du nicht mehr weitergehen willst? Hast du das Herumziehen niemals satt, richtig satt, ich meine, hast du niemals Zweifel? Bist du am Ende gar kein Mensch?«

Meine Glieder wurden schwer wie Blei. Meine Augen ebenfalls. Ich spürte, wie sich einer meiner Schübe anbahnte, und versuchte, es zu ignorieren. Aber das war nicht gerade einfach. Ich konnte nicht wegsehen. Es waren nun mal meine Augen.

»Und was ist mit den Symptomen, Patrick? Was, wenn die Droge nachlässt und jede Faser in dir nach dem Horizont schreit?«

Ich legte Kompressen und Augentrost bereit, blätterte noch einmal zwanzig, dreißig Seiten um und legte den Finger wahllos auf eine weitere Textstelle.

Der Leser mag hier den Eindruck gewinnen, dass ich mich allzu lange mit diesen Seiten aufhalte –

»Mit den Sonnenseiten, ja! Aber war es in Wahrheit nicht

auch anders? Hast du dich nie gefragt, was du dort draußen machst? Als du abends durch ein Fenster schautest, hinter dem eine Familie gemeinsam am Tisch saß, aß und lachte, während du auf der Straße diesen Schmerz in der Brust spürtest? War es nicht so, dass du dich manchmal nach Ruhe und Sesshaftigkeit sehntest, aber nicht dazu fähig warst? Weil du Angst hattest? Angst, daran zu sterben?«

Mein Blick begann zu verschwimmen. Ich schaute im Zugfenster in mein Gesicht und erschrak, als ich dahinter vorbeirasende Landschaften und Dörfer erahnte, in einer Geschwindigkeit, die alles zerfetzte und die sich nicht anhalten ließ. Was sollte diese Reise bringen? Was konnte mir dieser Fermor schon geben? Ich blätterte noch einmal hundert Seiten um, mindestens.

»War es nicht so, Patrick? Sag schon, war es nicht so?«

Gleich würde ich nichts mehr sehen können. Ich kniff die Augen zusammen, um eine der Zeilen zu entziffern.

Ja. Genauso war es. Es gab viel Zeit zum Nachdenken.

Ich schloss die Augen, rollte meinen Pullover zusammen, legte ihn in meinen Nacken und begann mit der Behandlung. Allmählich stabilisierten die Flavonoide meine Gefäße. Es fühlte sich an, als machten sich Myriaden mikroskopischer Luftpumpen auf subtile Weise an jeder einzelnen Augenzelle zu schaffen, bis ich sie gefährlich knistern hörte und mein Kopf sich anfühlte wie ein Gasballon, der mich nur deshalb nicht vom Sitz hob, weil meine Füße eingehakt waren. Die Stimme der Dauerrednerin rückte in weite Ferne und verschmolz schließlich mit dem Rattern des Zuges. Als ich später erwachte und die Kompressen abnahm, war die Frau verschwunden. Ich musterte den leeren Sitz neben mir und sah die gelben Punkte auf dem blauen Stoff, die doppelten Zackennähte und faserigen Flusen, die Brosamen und

Zuckerkristalle, jeden einzeln und gestochen scharf. *Es gab viel Zeit zum Nachdenken.*

Und mit einem Mal ahnte ich, warum ich Patrick Leigh Fermor finden wollte. Als Reisender hatte er ein ähnliches Leben geführt wie ich. Nur dass er ein halbes Jahrhundert älter war. Bildete ich mir ein, ich könnte die Zweifel entkräften, die mein mexikanisches Erlebnis aufgeworfen hatte, die Zweifel an meinem rastlosen Dasein, indem ich mir von Fermor – sozusagen aus meiner eigenen Zukunft heraus – die passenden Ratschläge einflüstern ließ? Unternahm ich diese Reise, um die Zeit zu überlisten? Meine Zeit?

Natürlich war das unmöglich. Und doch wünschte ich mir Klarheit, nein, nicht nur Klarheit, ich brauchte jemanden, der mich ermutigte und mir versicherte, dass mein Umherschweifen keine verschwendete Lebenszeit war, einen, der mich zurückholte in die Welt, ins Licht. Ich brauchte Absolution, um von vorn zu beginnen. Und wer wäre besser geeignet gewesen, mir diese Absolution zu erteilen, als der älteste schreibende Vagabund auf unserem Planeten.

… wenn du etwas machen willst, das mir ähnelt, denke wie ein Unschuldiger und beobachte mich genau … von wem ist das noch mal? … an den einsamen Stränden von Lovcenac schwingen nackte Mädchen Hulareifen … unter dem stahlblauen Himmel des »Stillen Ostens« kreisen ihre Hüften zum Rauschen der Wogen und die schwarze Flagge ihrer Scham kräuselt sich im Wind … wenn du also etwas machen willst, das ihnen ähnelt, denke wie ein Unschuldiger und beobachte sie genau … aber so was machen wir nie nie nie machen wir so was … beim Stängel des Wundenmannes und der heiligen Persephone samt ihrem Höllenpersonal … und beim Grenzpolizisten in Subotica, jenem streng blickenden

Serben, der den ersten Stempel dieser Reise in meinen Pass drückt ... wie winzig dieser Stempel ist, haha, mit zu wenig Tinte nur zur Hälfte abgedruckt: *16. IV*, steht dort, schwarz umrundet, und in der linken unteren Ecke ist eine lustige kleine Lokomotive zu sehen ... und irgendwann wachst du auf, Patrick, es ist ein frischer, klarer Morgen, und du willst dir heute eine Tätowierung stechen lassen oder deine neue Festanstellung antreten oder heiraten, doch leider sind mit dir auch die Treiberameisen unter der Haut erwacht, und ein paar Stunden später bist du schon auf halber Strecke nach Mombasa ...

... erinnert dich das nicht auch an den türkischen Gemüsehändler in Kreuzberg? Tomaten und Paprika wie aus Wachs und immer frische Minze, ein solider Mann in den Fünfzigern, klagte über brennende Augen und gab an, er sähe verschwommen ... immer wenn er in Urlaub fuhr, »nach Heimat Kappadokien«, waren die Beschwerden weg, kaum kehrte er nach Berlin zurück, kamen sie wieder ... und angebaut wird nicht Raps, sondern alles, was man essen kann ... zersprungenes Glas, starre Förderbänder, überwucherte Schienen, Rost ... der Seelenzustand dieses Landes? Mein eigener? ...

... und in der Ecke eines Bahnhofs kauert Rimbaud, eine Spritze im Arm, das Gesicht zu einer Maske erstarrt, den Mund leicht geöffnet, als wolle er sagen: *I love you I love you / I love you you you* ... in seiner Hand liegt ein Reiseführer für den Hades, mit dem Geheimcode für die Insel der Seligen ... du bist doch in die bacchinischen Mysterien eingeweiht, Arthur? ... im Elysium jedenfalls plagt niemand die schmerzhafte Erinnerung an sein vergangenes Leben, das Wasser des Lethe gewährt ewiges Vergessen ... gesegnet seien die Urgroßväter der Zukunft ...

… lese gerade das Buch, Patrick, dein zweites Buch, steht etwas über einen Ort mit einem seltsamen Namen drin … konzentriere mich ganz auf dieses dunkel klingende Wort – und plötzlich überläuft mich eine Gänsehaut … Orşova! … mit Cedille geschrieben … das Wort, das der Blinde in die Kirche von Esztergom rief, Patrick … und du hast die ganze Zeit gewusst, dass es der Name einer Kleinstadt in Rumänien ist.

»Gut, dass du nicht bis Athen gelöst hast!«

»Ich müsste den Rest des Tickets verfallen lassen, um …«

»… um nach Orşova zu reisen?«

»Ist natürlich blanker Unsinn …«

»… aber wer weiß, vielleicht …«

»… wartet der Blinde ja wirklich auf dich.«

Petrovaradin … Beška … Stara Pazova – eine Stunde noch bis Belgrad.

BELGRAD

Das Goethe-Institut lag zwischen Boutiquen und Cafés in der Knez Mihailova, der Flaniermeile im Zentrum von Belgrad. Neben der Tür spielte ein Roma mit dunkler Haut und weißen Koteletten auf seinem Akkordeon; vor ihm stand ein Schuhkarton mit Münzen. Er lächelte und nickte mir zu.

Ich legte einen Geldschein in den Karton, klopfte an das Schaufenster des Instituts und erklärte der Frau, die mir öffnete, ich sei auf der Durchreise nach Griechenland und suche jemanden, der mir ein wenig Belgrad zeigen könne.

»Ich würde das wirklich gern selbst übernehmen«, sagte sie mit ehrlichem Bedauern. »Leider stapelt sich die Arbeit auf meinem Schreibtisch. Aber kommen Sie doch herein, ich werde sehen, was ich für Sie tun kann.«

Sie war eine blasse Frau mit dunklen Ringen unter den Augen. Ihre Mund- und Augenwinkel zeigten nach unten. Die modische Brille hätte ein anderes Gesicht verjüngt, in ihrem Fall wirkte das glänzend blaue Gestell seltsam fehl am Platz. Es schien, als sei die Frau in kürzester Zeit gealtert, während die mädchenhafte Brille einfach auf ihrer Nase sitzen geblieben war.

»Ich bin alt geworden in diesen Jahren«, sagte sie, als habe sie meine Gedanken erraten; ihre Stimme war kratzig und rau. »Das Embargo hat mir die schönste Zeit meines Lebens genommen. Ich bemühe mich, dieses Jahrzehnt zu vergessen, die Angst, die leeren Geschäfte, dass ich unser Essen in Budapest und den Kinderwagen in Bukarest kaufen musste. Und dann die Stromsperren, täglich trennten sie uns für mehrere Stunden vom Netz« – sie nahm die Brille ab und sah mich an – »in Europa hat das niemanden interessiert, für Ihre Presse gab es nur Schwarz und Weiß, keine Grautöne, man hat uns Serben gezeichnet wie blutrünstige Teufel!«

Das alles sei ihre persönliche Meinung und habe nichts mit dem Institut zu tun, betonte sie, während sie ihr Adressbuch durchblätterte, um jemanden zu finden, der ihr geeignet schien, mich durch die Stadt zu führen. Sie habe viele Freunde in Deutschland, sagte sie, und als ich mir Notizen machte, wollte sie nicht, dass ich ihren Namen aufschrieb. Ludmilla hätte gut zu ihr gepasst.

»Wir leben in Europa, wir sind Europäer«, sagte Ludmilla, die ihre Brille noch immer in der Hand hielt. »Und wir werden von unseren Nachbarn bombardiert. Von Italienern, Franzosen, Engländern, Spaniern – auch von den Deutschen. Was ist Europa wert, wenn Europäer Bomben auf Europäer werfen?«

Während sie mir Tee einschenkte und dann zum Telefonhörer griff, rief ich mir in Erinnerung, wie sich schon bald nach Titos Tod im Jahr 1980 gezeigt hatte, dass es der charismatische Partisanenführer selbst gewesen war, der für die Einigkeit des Vielvölkerstaates stand. Tito war Jugoslawien. Jugoslawien war Tito. Nach ihm gab es niemanden, der die sozialen und ökonomischen Spannungen eindämmen und die nationalistischen Bewegungen stoppen konnte.

Zwar hielt Serbien, die größte Teilrepublik Jugoslawiens, an der Vorherrschaft über nichtserbische Bevölkerungsgruppen fest, 1991 erklärten Slowenien und Kroatien jedoch ihre Unabhängigkeit. Wenige Monate später weiteten sich in Kroatien ethnische Konflikte zum Krieg aus. Auf der einen Seite kämpften kroatische Milizen für die Unabhängigkeit, auf der anderen Seite serbische Milizen und die serbisch dominierte Jugoslawische Volksarmee für den Zusammenschluss aller serbisch besiedelten Gebiete.

Nur ein Jahr später erklärte Bosnien und Herzegowina ebenfalls seine Unabhängigkeit – als multiethnischer Staat mit bosnischer, serbischer und kroatischer Bevölkerung. Bald kämpften bosnische Serben für einen serbischen und bosnische Kroaten für einen kroatischen Staat innerhalb der Republik Bosnien-Herzegowina. Die Lage wurde noch unübersichtlicher, als Bosniaken und Kroaten zeitweilig gemeinsam gegen die Serben kämpften, dann gegeneinander, dann wieder gemeinsam gegen die Serben, die bis zum Mai 1992 mehr als zwei Drittel von Bosnien und Herzegowina unter ihre Kontrolle gebracht und Sarajevo vollständig eingeschlossen hatten. Noch im selben Monat verhängten die Vereinten Nationen gegen das auf Serbien und Montenegro geschrumpfte Restjugoslawien jene Wirtschaftssanktionen, deren Auswirkungen mir Ludmilla beschrieben hatte.

Sie rief eine Nummer nach der anderen an, während sich mir Bilder aus den Jugoslawienkriegen aufdrängten – die Explosionen in den Dörfern der Krajina, als die Kroaten alles daransetzten, die Rückkehr ihrer vertriebenen serbischen Nachbarn zu verhindern; die verkohlten Bücher, deren Seiten nach dem Brand der Nationalbibliothek durch die Straßen von Sarajevo wehten; das Fabrikgelände bei Srebrenica, von wo aus serbische Truppen unter General Mladić Tausende muslimischer Jungen und Männer abtransportierten und ermordeten. Das schwerste Massaker des Bosnienkrieges spielt sich in unmittelbarer Nähe des Quartiers niederländischer Blauhelme ab. Die sogenannten UN-Schutztruppen sehen tatenlos zu. Kurz darauf verstärkt die NATO ihre Luftschläge gegen serbische Stellungen in Bosnien und fordert den ultimativen Rückzug der bosnischen Serben. Ende 1995 wird der Friedensvertrag von Dayton geschlossen, der im Grunde die durch Krieg und Vertreibung erzwungene ethnische Aufteilung der Region besiegelt.

Angesichts des serbischen Machtgewinns verliert die mehrheitlich albanische Bevölkerung im Kosovo den Glauben an ihre Politik der Gewaltfreiheit. Vom Serbenführer Milošević in ein Schattendasein abseits des staatlichen Bildungs- und Gesundheitswesens gedrängt, werden die Kosovo-Albaner immer ungeduldiger, bis sie schließlich ebenfalls die Unabhängigkeit fordern. Die Radikalen unter ihnen träumen bald von einem Großalbanien. Es kommt zu politisch und ethnisch motivierten Verhaftungen, Misshandlungen und Folterungen. Kosovo-albanische Häftlinge sterben unter mysteriösen Umständen in serbischen Gefängnissen.

Die *Befreiungs-Armee des Kosovo*, die UÇK, beginnt mit ihren Terroraktionen und Angriffen auf serbische Einrichtungen. Die Situation eskaliert. Milošević startet mehrere Großoffensiven im Kosovo. Hunderttausende sind auf der Flucht. Die NATO schaltet sich ein. Um eine humanitäre Katastrophe abzuwenden, wie es heißt. B-52-Bomber und Kampfflugzeuge der NATO greifen militärische und zivile Ziele im gesamten Gebiet Restjugoslawiens an; in der Adria feuern U-Boote Marschflugkörper ab. Erst als sich die jugoslawischen Truppen aus dem Kosovo zurückziehen, stellt die NATO ihre Bombardements ein.

»Die Zeit der Luftangriffe war die schlimmste meines Lebens«, sagte Ludmilla, nachdem sie den Hörer aufgelegt hatte. »Mein Sohn war damals ein Jahr alt. Erst letzten Monat, bei einem Manöver der Luftwaffe, warf er sich im Wohnzimmer auf den Boden und schrie: ›Mami, jetzt wieder?‹«

Ich sah aus dem Fenster auf die Mihailova. Mitten in der Fußgängerzone teilte ein Café wie eine Insel den Strom der Passanten: Geschäftsleute in eleganten Anzügen, Jugendliche in Baseballhemden, Mütter mit Kinderwagen, Flaneure, die ihre Haltung korrigierten und sich durch das Haar strichen oder ihr Hemd zurechtrückten, sobald sie sich im Spiegel des Institutsfensters erblickten.

»Es sieht alles so normal aus«, sagte ich. »Seit damals muss sich viel verändert haben.«

»Ich erzähle Ihnen zwei Geschichten, aus denen Sie selbst schließen können, wie viel sich hier wirklich verändert hat«, sagte Ludmilla, und das Kratzen in ihrer Stimme wurde heftiger.

1991 war sie mit dem Auto durch Slowenien gefahren, um eine Freundin in Graz zu besuchen. Ludmilla war damals vierunddreißig Jahre alt, Tito seit elf Jahren tot, Milošević im zweiten Jahr Präsident. Wenige Monate nach ihrer Reise würde Slowenien seine Unabhängigkeit erklären und in Kroatien der Krieg ausbrechen.

»Es war am 23. Februar 1991«, sagte Ludmilla, und ihre Stimmbänder schienen jetzt zum Zerreißen gespannt. »In der Nähe von Maribor stieß ich frontal mit einem betrunkenen slowenischen Polizisten zusammen. Meine Kiefer waren völlig zertrümmert – ich dachte, mich würde nie mehr ein Mann ansehen. Und stellen Sie sich vor, im slowenischen Krankenhaus wollte kein Arzt die Serbin operieren! Sie stritten sich, wer diesen lästigen Job erledigen sollte!«

Sie räusperte sich, ihre Stimme wurde aber nicht weicher. Es schien, als böte sie enorme Kräfte auf, um noch ein Wort hervorzubringen. Über ihren Monitor lief ein Schriftband: *Willkommen im Goethe-Institut Belgrad.*

»Vorletztes Frühjahr machte ich Urlaub in Athen«, fuhr sie fort. »Der Nachtportier war Kosovo-Albaner und sehr freundlich – solange wir Deutsch gesprochen haben. Erst bei der Abreise, als er mir meinen Pass gibt, sieht er, dass ich Serbin bin. Wenn er das gewusst hätte, flüstert er mir zu, hätte er sich etwas ganz Besonderes für mich einfallen lassen.«

Seither fuhr Ludmilla nicht mehr nach Griechenland. Aus Angst vor Albanern und Erdbeben.

»Uns ist viel versprochen worden, auch von der Europäischen Union«, sagte sie, setzte ihre Brille wieder auf und schrieb etwas auf ein Stück Papier. »Doch für ein Visum brauchen wir noch immer tausend Papiere: Bestätigung eines festen Arbeitsplatzes, Bestätigung über Urlaub und Höhe des Gehalts, Arbeitsbuch kopiert, Original dazu, eingezahlte Sozialabgaben, schriftliche Einladung, Antragsformulare, Fotos und so weiter, und so weiter.«

Sie schob mir den Zettel hin, auf dem die Namen von zwei Jurastudenten standen. Sie kamen regelmäßig ins Institut, sprachen Deutsch und wollten sich am Nachmittag mit mir treffen.

»Das da draußen sind hochbegabte junge Menschen, modern, zivilisiert, gebildet, gut informiert und erzogen«, sagte Ludmilla und zeigte durch das Fenster auf die Mihailova. »Und Europa behandelt sie wie Wilde.«

Sie begleitete mich zur Tür und reichte mir zum Abschied die Hand. Ich hatte eine raue Haut erwartet, eine Haut, die zu ihrer Stimme passte, ihre Hand war jedoch angenehm weich und warm. Ich drückte sie, nicht zu fest, und zum ersten Mal lächelte Ludmilla. Normalerweise faltet sich dabei die Haut um Augen und Mund, ihre hingegen straffte sich, und für einen Moment passte die blaue Brille perfekt in ihr Gesicht.

»Wenn Sie in die Dreifaltigkeitskirche gehen«, sagte sie, obwohl ich gar nicht vorhatte, in die Dreifaltigkeitskirche zu gehen, »dann zünden Sie eine Kerze an, eine Kerze für Serbien.«

Ich mochte Belgrad sofort. Es war eine Metropole zum Anfassen, nicht wie das kulissenhafte Wien oder das von Touristen überlaufene Budapest. Belgrad war eine Stadt, in der die Eisverkäuferinnen ihren Kunden die Verpackung öffneten und den Stil zum Herausnehmen anboten. Die sozialistische Architektur war verrußt, unter den Fenstern hingen die verbeulten Blechkästen der Klimaanlagen wie Zecken an den Fassaden. Braune Rollläden, verschieden weit heruntergezogen, wirkten wie Codes, die hoch über den Straßen geheime Nachrichten übermittelten. Straßencafés von gewaltigen Ausmaßen breiteten sich auf weitläufigen Plätzen aus, auf denen Birken einbetoniert waren bis an die Stämme. Während in den westlich gelegenen Donaumetropolen nachts jedes Detail wie in einem Schaufenster künstlich ausgeleuchtet wurde, wirkte Belgrad – eine der ältesten Städte Europas – im spärlichen Licht seiner Straßenlaternen ehrlich und geheimnisvoll.

Tagsüber herrschte eine Ordnung, die sich auf ein System nachlässiger Strenge zu stützen schien, nicht schön im herkömmlichen Sinn und deshalb auf ganz besondere Weise anziehend. In Belgrad fühlte ich mich als Mensch unter Menschen. Meine vordringlichste Aufgabe schien nicht darin zu bestehen, in einem Hotel zu übernachten, eine Stadtrundfahrt zu buchen, im Restaurant zu essen und überflüssige Souvenirs zu kaufen. Zum ersten Mal auf dieser Reise kam ich mir in einer Hauptstadt nicht wie ein Produktionsfaktor vor.

Ich spazierte durch den Stadtpark, vorbei an rauchenden Männern mit Oberlippenbärtchen, gestreiften Sakkos und Schildmützen, die im Schatten von Eichen und Buchen Dame spielten. Während ich zur Kalemegdan-Festung hinaufstieg, fiel mir ein, dass der Name der Stadt aus zwei Teilen bestand, aus *beo* – weiß – und dem slawischen *grad* für Stadt oder Burg. Die Festung liegt auf einem Felsvorsprung hoch über der Stelle, wo die Save in die Donau mündet, an der Pforte des Balkans, und von hier aus sah die »weiße Stadt« eher grau aus, eine wild wuchernde Arabeske aus Asphalt und Beton, in die sich zahlreiche Wälder einfügten wie stilisiertes, dunkelgrün bemaltes Blattwerk. Am rechten Donauufer, wo Kaffeehäuser, Kneipen und Clubs auf Hausbooten festgemacht waren, lag das alte Zentrum und genau im Winkel zwischen den beiden Flüssen die Neustadt. Ein Passagierschiff ankerte in der Strömung, im Hafen machten schwer beladene Frachter einen Zwischenstopp auf ihrer Reise aus dem Schwarzen Meer in die Nordsee oder den Atlantik. Im Norden der Stadt begann bereits das Banat mit der Pannonischen Tiefebene und ihren großen Getreide- und Maisfeldern. Im Süden dominierten Obst- und Weingärten. Dahinter erstreckten sich die Wälder der Šumadija bis an den Horizont.

Nachmittags traf ich im Goethe-Institut wie verabredet Bogdan, Mitte zwanzig, ein stämmiger Junge mit rahmenloser Brille und zitronengelbem Strickpullover, aus dem ein blauweiß karierter Hemdkragen schaute. Bogdan hatte an mehreren Austauschprogrammen seiner Universität in Deutschland teilgenommen und stand kurz vor dem Abschluss des Jurastudiums. Sein Vater war Serbe, seine Mutter Syrerin. Sie hatten sich bei einem Urlaub in Kroatien kennengelernt und waren zusammen nach Kuwait gegangen, wo Bogdan geboren wurde und die ersten Jahre aufwuchs. Als der Irak Kuwait überfiel und damit den zweiten Golfkrieg auslöste, war Bogdans Familie nach Belgrad zurückgekehrt, das wenig später in eine ebenso schwere Krise geriet.

»So ist das Leben«, sagte Bogdan mit stoischer Gelassenheit.

Wir schlenderten die viel befahrene Knez Miloša hinunter. Ein altes Wahlplakat zeigte das gepuderte Lächeln des Premierministers Vojislav Koštunica, wie immer mit leicht gequälter Miene. Wir gingen gerade an serbischen Familienvätern vorbei, die an Straßenständen Billigwaren verscherbelten, um ihre Miete zu bezahlen – da erstarrte ich plötzlich und spürte, wie die Farbe aus meinem Gesicht wich. Direkt vor mir erhoben sich auf beiden Seiten der Straße zwei völlig zerstörte Gebäudetrakte. Wie die Wände einer Schlucht. Es bestand kein Zweifel: Es war das Bild, das ich im Wiener Stadtbus gesehen hatte – das Bild aus meiner Vision.

Mir wurde schwindlig. Jemand rief etwas über die Straße, Taxis hupten, gaben Gas oder bremsten, ein Zeitungsfetzen wehte über den Bordstein, an den Bäumen hingen Orangen wie poröse Weihnachtskugeln. Ich spürte, wie meine Knie nachgaben. Bogdan ergriff meinen Arm, wir setzten uns auf eine Mauer.

»Alles in Ordnung?«

»Mir geht es gut, danke … es ist nur –«

Ich starrte auf das zerstörte Gebäude.

»NATO-Bomben!«, sagte Bogdan leise. »Das war einmal der Sitz unseres Generalstabs.«

Zuerst die Basilika von Esztergom. Und jetzt das zerbombte Generalstabsgebäude in Belgrad. Wie war das möglich? Wie konnte es sein, dass ich diese Orte schon in Wien vorausgesehen hatte?

Ich saß auf der Mauer, Bogdan hielt meinen Arm, und mit einem Mal ahnte ich, dass diese Bilder ein Geheimnis hüteten. Ich rief mir die beiden fehlenden Motive in Erinnerung. Sie hatten nichts von der Monumentalität der Ruine und der Basilika, nichts von ihrer unantastbaren Starre: eine sich häutende himmelblaue Holztür und ein Mann mit Oberlippenbärtchen und himbeerfarbener Nase, der am Ufer eines Sees Akkordeon spielt.

In Gedanken sprach ich mit dem Mann. Du, sagte ich. Du wartest auf mich. Irgendwo dort draußen, an einem Ufer. Du weißt es noch nicht, aber bald komme ich vorbei. Du wirst sehen, Mann am See, Seemann, Akkordeon spielender Wassermann, du und ich, wir –

Mein Kopf glühte. Es war nicht sehr heiß, aber ich setzte trotzdem meinen Hut auf. Man konnte nie wissen. Ein Sonnenstich ist eine üble Sache.

Der Wind wirbelte Staub in den Ruinen des Generalstabsgebäudes auf. Es sah aus, als sinke die Wolke, welche die Bomben vor acht Jahren entfesselt hatten, gerade erst zu Boden. Allmählich legte sich mein Schwindelgefühl. Zwischen den zerstörten Fassaden fuhr eine Tram hinunter zum Hauptbahnhof. Wir gingen ein Stück und fanden weitere Ruinen. Auch der ehemalige Sitz der Bundespolizei wirkte, als hätten die Fliegerbomben erst kürzlich die Stockwerke durchschlagen und einen Trichter in die Fußböden gerissen. Hinter zersplitterten Fenstern flatterten aschgraue Vorhänge. In verkohlten Räumen standen noch Aktenordner in den Regalen. Von der Decke hingen Betonbrocken. Über dem Eingangsportal prangte unversehrt das Wappen der Sozialistischen Föderativen Republik Jugoslawien.

»Wenn ich diese Häuser sehe, denke ich nicht daran, wie sie einmal ausgesehen haben«, sagte Bogdan. »Ich denke daran, was ich gerade gemacht habe, als sie bombardiert wurden.«

Bogdan wohnte nicht weit von hier. Er hatte die Explosionen gehört und alles stehen und liegen lassen, um sich in den Keller zu retten. Dort wartete er. Stundenlang. Es sei furchtbar gewesen. Vor den Angriffen hatten die Leute die Supermärkte leer gekauft: Wasser, Nahrungsmittel, Medikamente, Schutzkleidung, Gasmasken. Die NATO-Bomber zerstörten Regierungsgebäude, Fernseh- und Radiosender und zivile Einrichtungen wie Elektrizitäts- und Wasserwerke, Telefonleitungen, Brücken und Straßen. Mitunter trafen die sogenannten Präzisionswaffen auch Schulen, Krankenhäuser, Wohngebäude und Flüchtlingstrecks. Die NATO setzte tonnenweise höchst umstrittene Uranmunition ein und tötete mit ihren Cluster- und Splitterbomben zahlreiche Zivilisten.

»Nach den Bomben setzte ich mich an meinen Computer, um im Internet zu surfen«, erinnerte sich Bogdan. »Du siehst all die schrecklichen Bilder von Verletzten und Toten, das Blut, das Chaos, die Zerstörung, und du kannst nicht begreifen, dass das in deiner Stadt passiert sein soll, ein paar Hundert Meter vor deiner Haustür.«

Bogdan schloss die Augen. Er stand am Straßenrand, mitten in der Hektik Belgrads, umgeben von eiligen Passanten und hupenden Autos, seine zitternden Lider dem zerstörten Generalstabsgebäude zugewandt, als wolle er die

Gegenwart nicht sehen, und auch nicht die Vergangenheit, aus der sie kam, oder die Zukunft, die aus ihr erwuchs. Bogdan stand da wie ein Kind, das die Hände vor die Augen legt, um etwas Schlimmes nicht zu sehen. Als ob es dann nicht existierte. Es war, als wollten die Augen sein Gehirn vor dem Anblick der Kriegsruinen schützen. Eine Strategie des Körpers, mit der sich Bogdan gegen etwas verteidigte, das ihm bedrohlicher schien als die Wehrlosigkeit, die mit der selbst gewählten Blindheit einherging, gegen alles, worüber er enttäuscht und wütend war, was er an seinem Leben nicht mochte und nicht mit ansehen wollte.

»Wir haben eine Leukämie-Welle im Land«, flüsterte er und öffnete langsam die Augen, langsamer noch, als ich dies nach einer Behandlung mit dem Augentrost tat. »Das Golf-Syndrom, mitten in Europa.«

Wir sahen uns noch die – versehentlich von GPS-gesteuerten Raketen der NATO zerbombte – chinesische Botschaft an, deren Ruine sich in Neu-Belgrad wie eine vergessene Kulisse hinter pompösen Bankgebäuden erhob. Dann fuhren wir zurück ins Zentrum, gingen durch ruhige Wohnstraßen und setzten uns im Tašmajdan-Park in ein Café. Bogdan kam oft mit Freunden her, wenn sie die Uni schwänzten. Es roch nach Popcorn. Die tief stehende Sonne goss warmes Licht unter die Kiefern. Spielende Kinder, herumtollende Hunde, Eisverkäufer, Luftballons; die Terrasse war voller Studenten.

»In der Zeit der Bombardierungen gab es keine Vorlesungen und keinen Unterricht an den Schulen«, sagte Bogdan und bestellte Bier für uns. »Damals waren die Cafés noch voller als heute.«

Ich sah ihn überrascht an.

»Nach ein paar Wochen gewöhnst du dich an die Sirenen

und die anfliegenden Bomber«, sagte er und lehnte sich entspannt zurück. »Zuerst rennst du in den Keller, später sagst du: ›Die schon wieder!‹ Und du lebst einfach weiter.«

Er überlegte einen Moment.

»Oder du stirbst eben!«

Später stieß Anica zu uns, eine quirlige und ausgesprochen hübsche Serbin mit geflochtenem rotblondem Haar. Sie studierte ebenfalls Jura, war jedoch das genaue Gegenteil von Bogdan. Während er nicht bei Rot über die Ampel ging, selbst wenn weit und breit kein Auto zu sehen war, lotste uns Anica am Abend in eine illegale Bar. Nicht weit vom Platz der Republik stiegen wir durch ein dunkles Treppenhaus in die oberste Etage eines Plattenbaus und durchquerten zwei leere Wohnungen. Anica hämmerte ihre Fingerknöchel gegen eine Tür. Ein großzügig tätowierter Mann im Unterhemd öffnete einen Spaltbreit und warf Bogdan und mir einen skeptischen Blick zu; dann sah er Anica, umarmte sie und bat uns herein. Für eine illegale Bar war der Laden erstaunlich gut eingerichtet: polierte Holztische und Ledersessel. Aus den Boxen dröhnte Speedmetal. Über der Theke stand der Name der Bar: *Freedom*.

Wir tranken serbisches Bier und Rakia, der sich seinen Weg in den Magen bahnte wie ein Lavastrom. Anica – schwarze Bluse, schwarze Jeans, schwarze Stiefel – wohnte im Zentrum unweit der Mihailova bei ihren Eltern, sprach gut Deutsch und liebte Berlin für seinen kulturellen Untergrund. Mit Wien und München konnte sie nichts anfangen.

»Städte für Leute ab sechzig«, sagte sie und zündete sich eine Zigarette an. »Langweilig, künstlich, schick.«

Wiener und Münchner zuckten oft zusammen, wenn sie hörten, dass Anica Serbin war.

»Dann sage ich: ›Keine Angst, ich bringe dich schon nicht um.‹«

Im Gegensatz zu Bogdan war sie während der Bombardements nie in einem Bunker gewesen.

»Wenn die Kampfjets kamen, saßen wir mit den Nachbarn auf dem Dach unseres Hauses, tranken Bier, knabberten Chips und riefen: ›Vorwärts Serbien, vorwärts!‹«

Die Musik riss keine Sekunde ab, ein Stück verschmolz mit dem nächsten, alle in der gleichen erbarmungslosen Lautstärke und Geschwindigkeit. *Destroy! Destroy! Destroy!* – der Refrain des Songs ließ den Rakia in meinem Glas zittern – *Don't you fucking stop to destroy!* – ich kippte ihn hinunter, bevor er überschwappte – *Don't you fucking dare!* – er quoll durch meine Speiseröhre und explodierte auf halbem Weg in meinen Bauch – *Aaargh!* – ich schüttelte mich und – *Aaarhg! Aaargh!*

Bogdan wirkte beunruhigt. Sein Gehirn schien unablässig ein einziges Wort zu reproduzieren: illegal – illegal – illegal, während sich hinter seiner Stirn unerfreuliche Szenen abspielten, Szenen, in denen Polizeimannschaften mit entsicherten Schnellfeuergewehren das Freedom stürmten, uns in Handschellen abführten und seiner Richterkarriere ein Ende setzten, bevor sie begonnen hatte.

Anica sah ihn an, und die kleine Narbe über ihrer linken Augenbraue zuckte amüsiert. Ihr Vater war Chirurg in einem Belgrader Krankenhaus, ihre Mutter Ingenieurin für Hänge- und Bogenbrücken, ihr Großvater ein jüdischer Tuchhändler, der seinen Namen im Zweiten Weltkrieg kurz vor der deutschen Besatzung in Janković geändert hatte.

»Er wollte einen typisch serbischen Familiennamen haben«, sagte Anica Janković und winkte ab, als sei sie wenig stolz darauf.

Ich fragte sie danach. Sie erzählte, wie zu einem Festival, das sie mit organisierte, ein Videokünstler aus dem Kosovo eingeladen worden war. Alle Gäste sollten einen Sticker mit Namen und Herkunftsland tragen. Die einen forderten, der Videokünstler müsse aus dem »Kosovo« kommen, die anderen bestanden auf »Serbien«. Ein heftiger Streit entbrannte, woraufhin man den Kosovaren wieder auslud.

»Ich verstehe nicht, was das mit deinem Namen zu tun hat«, sagte ich laut genug, dass sie mich durch die Gitarrenriffs hindurch verstehen konnte.

»Es gibt keinen Grund, sich über einen serbischen Familiennamen zu freuen«, rief Anica aus.

Bogdan sah sich erschrocken um, niemand im Freedom schien jedoch ein Problem mit Anicas Meinung zu haben.

»Die gekränkte Volksseele!«, rief sie noch lauter. »Zu viele von denen dort draußen träumen immer noch von Großserbien.«

Nach Slowenien, Kroatien, Bosnien und Herzegowina hatte zuletzt auch Montenegro den Staatenbund mit Serbien aufgelöst und seine Unabhängigkeit erklärt. Damit war vom großserbischen Traum nur noch das Kosovo übrig. Und das befand sich seit Jahren unter UN-Verwaltung. Es konnte nicht mehr lange dauern, bis sich auch die Kosovaren von Serbien lösten.

»Serbien funktioniert wie Nokia«, rief Anica und hielt ihr Handy in die verrauchte Luft. »Jedes neue Modell ist kleiner als sein Vorgänger.«

Mir kamen die Menschen in den Sinn, denen wir bei unserem Spaziergang begegnet waren, Roma, Slowaken, Ruthenen; in Serbien leben auch Rumänen, Bulgaren, Ungarn, Banat-Deutsche und im Süden eine bedeutende albanische Minderheit. Eine der Eigentümlichkeiten des Nokia-Verfahrens scheint es zu sein, dass Serbien nach seiner Schrumpfung noch immer zu jenen Ländern des Balkans zählt, welche die meisten Ethnien auf ihrem Staatsgebiet versammeln.

Anica griff nach meinem Hemdkragen und zog mich zu sich herüber.

»Kein friedlich kreatives Multikulti wie in Berlin!«, raunte sie in mein Ohr. »Jede Gruppe grenzt sich streng von den anderen ab. Sie glauben, sie lösen sich sonst in Luft auf.«

Beim dritten Bier – die Rakias zählten wir nicht, sie kamen von irgendwo angeflogen – berichtete ich den beiden von meiner spontanen Abreise aus Berlin, und Bogdan sagte: »Als Serbe hättest du Monate auf ein Visum warten müssen …«

»… und mit etwas Glück dann auch eins bekommen«, setzte Anica nach.

Unter Tito konnten Jugoslawen ohne Visum in Europa reisen. Jetzt fühlten sie sich von der Welt isoliert und schikaniert.

»Warum ist Europa gegen mich? Was hat der kleine Bogdan Europa denn getan?«

Er taute allmählich auf. Der Rakia schien das Wort, das die ganze Zeit schon in seinem Kopf kreiste, einer Metamorphose zu unterziehen: illegal – legal – egal; doch dann sagte er ernst: »Europa genügt es, dass ich Serbe bin, um mich auszugrenzen.«

Und Anica meinte: »Wir sitzen alle im Knast, weil Mladić und Karadžić frei sind.«

Ratko Mladić und Radovan Karadžić – die Europäische Union warf Belgrad vor, nicht genügend zu tun, um die beiden Kriegsverbrecher festzusetzen.

»Wie kommt ihr damit klar?«

Ein Mann mit zerrissener Stimme antwortete an ihrer Stelle. Er brüllte aus den Lautsprechern, seine Geduld sei lange genug strapaziert worden, sie sei jetzt »am Ende, am Ende, ganz am Ende, versteht ihr mich, ihr Wichser? Hört ihr, was ich sage? Am Ende, am …« Drei, vier Dutzend junge Leute saßen hoch über Belgrad, der spärlich beleuchteten serbischen Kapitale, in Ledersesseln an Mahagoni-imitaten in einer illegalen Bar namens Freedom, rauchten Dope, tranken Rakia und wiegten mit geschlossenen Augen die Köpfe im Rhythmus dieser rasenden Musik, zum Gebrüll dieses Mannes, der am Ende, ganz am Ende seiner Geduld angekommen war, während wir uns über Kreuzberger Hausbesetzer und Konsumverweigerung unterhielten, über Anicas Wunsch, für eine Hilfsorganisation in Mali zu arbeiten, über ein Konzert von Therapy!, Titos Gummistrümpfe und Sava, den serbischen Nationalheiligen, der eigentlich Rastko hieß und jahrelang als Mönch auf dem Athos gelebt hatte – und natürlich unterhielten wir uns über Djindjić.

Wenn Anica und Bogdan diesen Namen aussprachen, stellte der Glanz ihrer Augen die farbigen Lichter, die von der Decke des Freedom über ihre Gesichter strömten, in den Schatten. Zoran Djindjić, der serbische Philosoph – ich erinnerte mich an sein Bild in den Medien, an seine Augen, die Augen eines Vogels, schwarz, seltsam bekümmert; manchmal schienen sie leicht zu schielen, als blicke er gleichzeitig in zwei unterschiedliche Welten. Djindjić hatte in Frankfurt am Main und in Konstanz studiert und im Oktober 2000 an der Spitze der »friedlichen Revolution« gestanden, die Milošević zu Fall brachte. Er wurde der erste nichtkommunistische Ministerpräsident Serbiens seit dem Zweiten Weltkrieg. Ich sah noch genau vor mir, wie er als eine seiner ersten Amtshandlungen Milošević hatte festnehmen lassen, um ihn an das Internationale Strafgericht in Den Haag auszuliefern. Demokratisierung. Reformen. Djindjićs erklärtes Ziel war die Annäherung an die Europäische Union gewesen. Alles hatte gut ausgesehen für Serbien.

»Sie erschossen ihn am 12. März 2003«, sagte Anica, und ihre Augen erloschen. »Wir stehen wieder ganz am Anfang, dort, wo wir vor Jahren begonnen haben.«

Gitarren wimmern, Bässe dröhnen, und der brüllende Mann, dessen Geduld am Ende ist, behauptet nichts weniger, als dass die Welt sich verändere und neu werde, bald. Wird es ein Anfang sein, eine Geburt? ... »am Ende, am Ende, ihr Wichser, ganz am Ende« ... Freiheit ..., die grenzenlose Freiheit, sich die Gedärme aus dem Leib zu schreien ... *freedom*, ja ... aber wovon? Und zu welchem Preis?

Der Rakia wirkte. Die Bar drehte sich. Anica und Bogdan tanzten ausgelassen. Als Tito starb, waren sie noch nicht auf der Welt gewesen. Als die Jugoslawienkriege begannen, lernten sie Fahrradfahren, und ihre Milchzähne machten Platz für ein dauerhaftes, festes Gebiss. Als die NATO ihre Stadt bombardierte, gingen sie zur Uni, um Jura zu studieren, die Wissenschaft vom Recht, und schon bald würden Leute wie sie darüber entscheiden, wohin die serbische Reise geht.

»Wir fahren nach Kroatien, um Kroaten kennenzulernen«, sagte Bogdan, lauter als die Gitarren. »Wir treffen Bosnier in Bosnien und Kosovaren im Kosovo ...«

»... Menschen wie wir«, sagte Anica; Lichtsplitter flirrten über ihr Gesicht. »Opfer der Politik.«

Und die Zukunft?

»Weiterleben, das Beste daraus machen, hoffen – und mit anpacken.«

Das Innere der Dreifaltigkeitskirche wirkte seltsam fremd. Ich war der Vielfalt der orthodoxen Kirchen im Libanon, in Syrien und der Türkei begegnet, im koptischen Viertel von Kairo, im Niltal zwischen El-Minja und Kena und im Amharen-Hochland von Äthiopien. Und jedes Mal wenn ich eine dieser Kirchen betrat, erstaunte mich ihre scheinbare Leere von Neuem. Auch in der Kathedrale von Belgrad gab es keine Bänke, denn die Orthodoxen feiern ihre ausgedehnten Messen stehend. Eine Gruppe von Kindern sprach ein Gebet, das ich für das Vaterunser hielt. Ihre Stimmen hallten von den großflächigen Panoramen biblischer Szenen an der Gewölbedecke wider. Durch die östliche Fensterreihe ließ die Morgensonne die Kirchenpatriarchen aufleuchten, die Wände waren mit Ikonen geschmückt.

Wenig später verstummten die Kinder und verließen mit ihrer Lehrerin die Kirche. Eine Frau in weinrotem Arbeitskittel reinigte gerade die Glasrahmen der drei Ikonen, die auf Stehpulten auslagen, als ein Mann durch das Hauptportal eintrat. Er trug einen schwarzen Umhang, den Hut in der einen, ein Stöckchen in der anderen Hand – ein abgewetztes Birkenstöckchen. Mir stockte der Atem, meine Hände wurden feucht. Es war der Blinde, der Blinde aus der Kirche von Esztergom. Er kam über den schmalen roten Teppich, der auf den Bodenmosaiken lag, direkt auf mich zu. Ich trat einen Schritt zur Seite, sonst wäre er durch mich hindurchgegangen.

Am Ende des roten Teppichs blieb er vor einer Ikone stehen. Sie zeigte Jesus Christus, der barfuß auf einer Wolke saß. Ein ovales Licht umrahmte seine Gestalt, in der linken Hand hielt er einen Hirtenstab, die rechte streckte er dem Blinden entgegen, der sich mehrmals bekreuzigte, um sich dann hinunterzubeugen und den frisch gereinigten Bilderrahmen zu küssen. Für einen Augenblick beschlug das Glas, dann verflüchtigte sich der Abdruck seiner Lippen.

Ich hätte ihn ansprechen können. Warum verfolgen Sie mich? Was zum Teufel wollen Sie von mir? Er hätte mich nicht verstanden. Als er einen Geldschein in das Pult steckte und zur nächsten Ikone ging, um sein Ritual zu wiederholen, drehte er sich ins Profil. Licht fiel auf sein Gesicht. Es war jemand anderes. Ein sehr viel jüngerer Mann, der seinen Mantel über die Schultern gelegt hatte und die leeren Ärmel baumeln ließ. Sein Stock war ein einfacher Gehstock, wie ihn viele Serben führen.

Ich ging hinaus in die Vorhalle. Links und rechts in einer goldgerahmten Sandwanne brannten zahlreiche Kerzen. Es sah aus, als stünden sich zwei fackeltragende Spielzeugarmeen gegenüber; die Mitte war völlig frei.

»Wenn Sie in die Dreifaltigkeitskirche gehen«, hatte Ludmilla gesagt, obwohl ich gar nicht vorgehabt hatte, in die Dreifaltigkeitskirche zu gehen, »dann zünden Sie eine Kerze an, eine Kerze für Serbien.«

»Im Geschichtsunterricht bringen sie uns bei«, hatte Bogdan auf dem Heimweg erzählt, »dass wir unser Haus an einer Kreuzung gebaut haben – hier wird es nie Ruhe geben.«

»Als die Veranstalter des *EXIT*, des größten serbischen Popfestivals, eine Schweigeminute für die Opfer von Srebrenica einlegen wollten«, hatte sich Anica empört, »drohte die Bürgermeisterin von Novi Sad, das Festival abzublasen.«

Ich zündete meine Kerze an. Für die Serben. Und für die Bosnier, Kroaten und Slowenen, für die Mazedonier, Montenegriner, Kosovaren und Albaner, auch für die Ruthenen, die Banat-Deutschen und Roma und Rumänen, die Bulgaren und Ungarn und für die, die mir gerade nicht einfallen wollten. Eine Kerze für alle. Ich steckte sie genau in die Mitte. Der Sand knirschte leise und lief von den Seiten nach, bis das kleine Loch gefüllt war und die Kerze sicher stand. Am Portal drückte mir eine Frau zwei bemalte Eier in die Hand. Ich bedankte mich und trat hinaus ins Licht.

ORŞOVA

Ich erwachte, als der Bus bei Paračin die Autobahn verließ, um in östlicher Richtung in die Berge zu fahren. Auf meinem Schoß lagen zwei vertrocknete Kompressen. Der Augentrost hatte Flecken auf meiner Hose hinterlassen. Zögernd richtete ich meinen Blick in die Ferne und stellte erleichtert fest, dass ich scharf sah: Ein Bauer brachte die erste Heuernte ein, sein Transistorradio hing in einer Esche am Feldrand, kleine Dörfer mit verwitterten Gehöften, weiß blühender Flieder, Wolkenbäusche trieben über weit geöffneten Tälern, durch die sich Landstraßen schlängelten. Die Hänge waren von einem frischen Grün, weiter oben traten Felsen hervor, vielleicht Granit, weiß wie Schneefelder.

Eine Handvoll Fahrgäste teilten sich den modernen Linienbus. Die Toiletten waren verschlossen, die beiden Fernsehbildschirme blieben schwarz, aus den Lautsprechern erklang serbische Volksmusik, die kein Geheimnis aus ihren osmanischen Einflüssen machte. Nach zwei Stunden hielten wir an einer einsamen Raststätte, aßen Gegrilltes und tranken Bier. Hundewelpen balgten sich auf dem leeren Parkplatz. Die Luft war klar und kühl.

»Wohin?«

Die Frau am Fahrkartenschalter in Belgrad hatte mir die übliche Frage gestellt, und es war ihr reichlich schwergefallen, das rumänische Orşova auf dem Weg nach Griechenland anzusiedeln, selbst wenn sie die Bedeutung des Wortes »Weg« sehr großzügig fasste. Die übliche Route führte über die südserbische Stadt Niš nach Mazedonien und von dort weiter nach Thessaloniki und Athen – immer Richtung Süden. Orşova hingegen lag weit im Osten, am äußersten rumänischen Zipfel des Karpatenbogens, wo das Banat auf die Große Walachei stößt.

Während der Bus an Gehöften vorbeifuhr, unter deren Dächern sich Maisstroh stapelte, durchströmte mich die seltsame Gewissheit, dass mein Weg nach Griechenland sehr wohl über Orşova führte. Fermors zweiter Band *Zwischen Wasser und Wäldern* endet dort. Und es schien, als wäre ich noch nicht so weit, ganz ohne seine Begleitung zu reisen, als müsste ich mich noch einmal an seinem Weg festhalten. Ich dachte daran, dass das Wort »Weg« im Sanskrit mit »*vah*« denselben Ursprung hat wie »Wagen« und »Vehikel« und dass diese Herkunft auch im englischen »*way*« und im französischen »*voie*« weiterlebt. Damit entwächst der Weg eindeutig der Be-*weg*-ung, dem Reisen. Und seine Anfänge liegen in Afrika, in der Gegend zwischen dem äthiopischen Omo-Becken, der Olduvai-Schlucht und dem südafrikanischen Sterkfontein, denn kaum konnten Herr *Homo rudolphensis* und Herr *Homo habilis* gewohnheitsmäßig aufrecht gehen, da brachen sie auch schon auf, um in, sagen wir, ein paar Hunderttausend Jahren die gesamte Erde zu erwandern. Natürlich konnten sie das vorher nicht wissen. Sie gingen einfach los. Sie wollten weg. Auch ohne Weg. Es schien mir äußerst unwahrscheinlich, dass diese beiden Wörter – »weg« und »Weg« – zufällig die gleichen sind. Die

Reihenfolge lag auf der Hand. Zuerst wollte jemand weg. Der Weg kam später, im Gehen. Der Weg ist keine Route, keine Strecke, sondern eine Erinnerung an die Freiheit, aus einer Richtung zu kommen und in eine andere zu gehen. Ohne Ziel. Niemand geht irgendwohin.

Dieser Gedanke ließ mich für einen Moment die dünn besiedelten Ausläufer der Südkarpaten vergessen, die vor dem Busfenster vorüberzogen. Stattdessen dachte ich an die alten englischen Grafschaften und ihre häufig benutzten Wege, die jahrtausendelang unverändert geblieben sind, während sich alles um sie herum wandelte. Scheinbar sinnlose Biegungen und Knicke, die man heute für Umwege halten muss, sind meist nichts anderes als Überreste eines längst verschwundenen Hindernisses, eines ausgetrockneten Sees, eines verhexten Ortes, vielleicht auch nur eines umgefallenen Baums. Und wer kann schon wissen, dachte ich, während der Bus in eine Bodenwelle krachte und die Sitze quietschten wie Meerschweinchen, wer kann schon wissen, welches Hindernis dich ausgerechnet über Orşova nach Griechenland führt. Das wiederum brachte mich auf zwei große Rs.

Rimbaud: »So irrten wir umher, genährt vom ... Zwieback der Landstraße.«

Und Rilke: »Es trinkt mich ein Weg im Stillen.«

Während ich im Bus an ebendiesem Zwieback knabberte und mich dabei sorglos trinken ließ, stieg in Boljevac ein Fahrkartenkontrolleur zu, ein wuchtiger Mann in schwarzer Lederjacke und Armeehosen.

»Wohin?«, fragte er, als ich an der Reihe war.

»Nach Griechenland.«

Er riss mein Ticket ab und ging weiter.

Kalakonje … Osnič … Šarbanovac … in Zaječar, dem Verwaltungszentrum dieser ländlichen Gegend, legten wir eine weitere Rast ein. An den Fenstern der Wartehalle klebten Computerausdrucke mit Reisezielen und Preisen: *Bor 120 Dinara, Niš 200 Dinara*. Drinnen rollten Bauern in braunen Anzügen – die Schuhe staubig, die Hosen zu kurz, die Gesichter stoppelig und sonnengegerbt – mit kräftigen Fingern Tabak in Zeitungspapier. In den Ritzen der Schwielen, die ihre Handflächen bedeckten, klemmten Reste von Ackerboden. Es waren Männer, die sich genau zu überlegen schienen, wann sie an ihren Zigaretten zogen. Da war nichts Beiläufiges in ihren Bewegungen, nichts Abwesendes in ihren Gesichtern. Sie nahmen sich vor, die Hand zu heben, und hoben die Hand; dann führten sie die Zigarette zum Mund, öffneten ihre Lippen und schlossen sie um das Filterpapier mit dem Tabak, um endlich – was für ein Moment! – daran zu ziehen. Der Rauch füllte nicht nur ihre Lungen, er füllte auch die Zeit und belohnte die Bauern für die Stunden auf dem Feld, harte Stunden, auf die sie jetzt zufrieden zurückblicken konnten, während sie den Rauch tief einatmeten und ihn eine Weile in der Brust hielten, um ihn schließlich in sparsamen Wolken in die Halle zu entlassen.

Ihre Frauen trugen Kopftücher, riesige Brillen und flaumige Oberlippenbärtchen. Die unteren Enden ihrer schwarzen Wollstrümpfe verschwanden in Filzpantoffeln. Sie saßen zwischen Säcken voller Paprika und Lauchzwiebeln und rupften an Weißbrotfladen oder schleckten rosarotes Softeis. Aus Lautsprechern scheppterte serbische Musik, ein heiterer Gesang, zu dem auf Instrumenten gezupft wurde, die ich für Kniegeigen hielt. Von draußen zogen das Geschrei des angrenzenden Marktes und der Qualm der Grills herein. Zum ersten Mal auf dieser Reise hatte ich das Gefühl, das mir vertraute Europa verlassen zu haben. Mir schien, als hätte mich der Atem des Orients erfasst, ein Wind aus Byzanz.

Der Bus fuhr weiter, ich nickte kurz ein und schreckte auf, als mein Kopf in einem Schlagloch gegen die Scheibe knallte. Immer häufiger ertappte ich mich dabei, wie ich im Halbschlaf englische Sätze formulierte, Sätze, die ich in dem Moment aufsagen würde, in dem Patrick Leigh Fermor mir in Griechenland die Tür öffnete und mich fragend ansah. Ziel all dieser kunstvollen Formulierungen war es, ihm mit wenigen Worten zu verdeutlichen, dass ich nicht gerade in der Nähe Urlaub machte und ein Gerücht über einen Schriftsteller aufgeschnappt hatte, sondern quer durch Europa gereist war, um ihn zu finden. Meine Sätze begannen mit »Verzeihen Sie die Störung ...« oder »Ich weiß, Sie sind sehr beschäftigt ...« oder »Ich habe Ihnen geschrieben ...«. Und dann verwarf ich sie allesamt, um mir neue auszudenken und diese wieder zu verwerfen und so fort.

In Nikoličevo setzte sich ein Serbe mit zurückgekämmtem Haar und gefütterter Cordjacke neben mich, gab mir die Hand und stellte sich mit Ratko vor. Ich schätzte ihn auf Ende fünfzig. In den Siebzigerjahren hatte er bei Mannesmann in Düsseldorf am Fließband gestanden, war aus familiären Gründen zurückgekehrt, hatte im Krieg zwei Söhne verloren und zuletzt in einem Kohlenwerk im Banat gearbeitet.

»Fabrik jetzt privat«, sagte Ratko verbittert. »Arbeit verlore, viele Kollege Arbeit verlore, alles verlore, alles.«

Wie Zehntausende von Serben war er am Übergang von der Staatswirtschaft zur freien Marktwirtschaft entlassen worden. Ich hatte die *gubitnici u tranziciji*, die »Verlierer des Übergangs«, in Belgrad vor ausländischen Konsulaten

Schlange stehen und am Straßenrand ihren Hausrat verkaufen sehen, um nicht vollends unter die Räder zu geraten.

»Serbie wieder stark sei!«, sagte Ratko, nickte unentwegt und legte seine Hände auf die Armlehnen, als koste ihn diese Geste der Ruhe unendlich viel Kraft. »Kosovo muss Serbie bleibe! Überall, wo Serbe lebe, muss zurück nach Serbie! Unsre Leut. Unsre Kirche. Unsre Gräber. Was soll Srebrenica? Nix gewese in Srebrenica! Alles Blödsinn, Propaganda, kaputt mache Serbie, sonst nix! Kaputt mache!«

Ich traf in diesen Tagen viele Serben, die sechs Jahre nach dem Sturz von Milošević bitter enttäuscht waren. Gründe gab es genug: Korruption, Arbeitslosigkeit, Armut und dürftige Perspektiven. Hunderttausende serbischer Kriegsflüchtlinge aus den unabhängig gewordenen Teilrepubliken verschärften die Misere zusätzlich. Und so sorgten Enttäuschte wie Ratko für kräftigen Zulauf bei der rechtsnationalen Serbischen Radikalen Partei, wo man den Witz mit dem Nokia-Handy überhaupt nicht komisch fand und stattdessen lieber die »Srebrenica-Lüge« geißelte und auf die »Haager Tyrannei« fluchte, das UN-Kriegsverbrechertribunal, das Milošević unter anderem wegen Völkermord angeklagt hatte und weiterhin nach Mladić und Karadžić fahnden ließ.

Während ich zusah, wie Frauen draußen auf einer Verkehrsinsel, die einmal ein Dorfplatz gewesen sein mochte, an einem Brunnen ihre Wassereimer füllten, und an den Stämmen von Kastanien Todesanzeigen mit Bildern der Verstorbenen bemerkte, kam es mir wie die tragische Ironie der jüngsten Geschichte Serbiens vor, dass diejenigen, die am ärgsten unter den Kriegen und ihren Folgen litten, nun in ihrer Verzweiflung und Wut ausgerechnet jene Eiferer und Fanatiker unterstützten, die diese Kriege wegen ihrer Vision von einem Großserbien mitzuverantworten hatten.

»Serbie wieder stark sei!«, sagte Ratko, als der Bus in Negotin die Endstation erreichte.

Wir stiegen aus. Er schüttelte mir die Hand. Als ich mich noch einmal umdrehte, umarmte ihn zur Begrüßung eine Frau. Er beachtete sie gar nicht, sondern sah mich über ihre Schulter hinweg mit einem seltsam verzerrten Gesicht an und hielt mir beide Fäuste entgegen, während seine Lippen unablässig das stumme Credo wiederholten, das seine einzige Hoffnung für eine bessere Zukunft zu sein schien.

Ich stieg in einen kleineren Bus um. An der Scheibe stand in roter Schrift: *I Nødstilfælde Træk i Håndtaget og Nødutgang Åbnes.* Der Bus musste in Skandinavien ausgemustert und dann irgendwie nach Serbien gelangt sein. Das Rauchverbot galt nicht für den Fahrer, der sich eine Zigarette an der anderen anzündete, während der ausgeschaltete Fernseher über ihm das Spiegelbild leerer Sitzreihen zeigte, die mit ihren weißen Hauben wie ein Ausflug von Dorfmütterchen aussahen. Die Straße war holprig, hochgeklappte Tische trommelten zur Musik von Abba an die Rückenlehnen. In verschlafenen Dörfern saßen zahnlose Alte mit Bauernhüten und Strickpullovern in verrosteten Bushaltestellen und sahen zu, wie die Autos vorbeischlichen, meist Yugos, robuste kleine Blechkisten, die mich an Trabis erinnerten.

Wir fuhren gerade auf einer Brücke über ein schmales Flüsschen, da weitete sich die Landschaft und gab tief unten in der walachischen Ebene den Blick auf die Donau frei, eine gewaltige Wasserfläche von ozeanischem Ultramarin, an der sich Serbien, Rumänien und Bulgarien treffen. Während ich mich noch wunderte, wie die Donau mit einem Mal so breit geworden war, sah ich in einer Kurve, die sich weit in die Landschaft hinauslegte, in der Ferne einen Damm.

Der Stausee war randvoll und ergoss sich über die Seiten-
arme in die Wälder. Hölzerne Nachen glitten durch das Wasser, kleine Kiesstrände, verlassene Wohnwagen, Ackerland
hinter Deichen, und jenseits des gegenüberliegenden Ufers,
weit im Norden, konnte ich deutlich die verschneiten Gipfel
der Karpaten erkennen, die sich aus den rumänischen Wäldern erhoben. So klar war die Sicht! Unglaublich klar!

Von Kladovo ging es nur per Taxi weiter. Ein rüstiger
Siebzigjähriger kutschierte mich in seinem feuerroten Opel
Kapitän zu dem Staudamm, über den man nach Rumänien
gelangte. Er drückte seine Brust ans Lenkrad und hielt es
mit beiden Händen fest, als hinge sein Leben davon ab.
Während wir mit fünfunddreißig Sachen die Straße hinun-
terschossen, klopfte der schwarze Plastikschild seiner
Mütze bei jeder Bodenwelle an die Windschutzscheibe, und
jedes Mal sagte er: »*Opel, datsch! Opel, datsch! Opel from
Datschland!*«

Er fuhr durch Kladušnica und Davidovac, nahm eine
Schlange, die ich für eine Pfeilnatter hielt, zwischen die Räder und bremste wenige Meter vor der serbischen Grenz-
schranke.

»*Opel from Datschland!*«, sagte der alte Herr, drückte
mir die Hand und raste davon.

Wie sich herausstellte, war es verboten, den Damm zu
Fuß zu überqueren. Der serbische Grenzbeamte wollte
mich gerade zurückschicken, als ein Yugo mit drei jungen Frauen anrollte, die mich herbeiwinkten. Ich stieg ein,
sie lachten und kreischten »*amor*« und »*misses*« und »*fuck
fuck fuck*« und fuhren ein paar Meter zu dem Platz, an dem
der serbische Zöllner vierzig Minuten lang jeden Winkel
meines Gepäcks durchsuchte. Die Frauen waren stark ge-
schminkt, hatten rot gefärbtes Haar mit Strähnen und war-

teten geduldig, worüber ich mich wunderte. Wenn der Beamte nicht hinsah, zwinkerten sie mir verschwörerisch zu.

Ich bekam meinen Pass gestempelt zurück, und während wir über den Damm hinüber nach Rumänien fuhren, stopften die Frauen Zigarettenstangen, Parfümflaschen und Wodka in meine Reisetasche und in meine Kleider. Auf der rumänischen Seite wurden *sie* gefilzt. Mir hingegen schüttelte der Grenzbeamte nur freundlich die Hand. Als wir durch die Kontrolle waren, rupften die Frauen die geschmuggelten Sachen wieder aus meinem Gepäck, meiner Jacke, meinen Hosentaschen, kicherten, strichen mir übers Haar und setzten mich auf die Straße. Bevor ich verstand, was passiert war, sah ich nur noch den qualmenden Auspuff des Yugo und drei Hände mit fünfzehn rot lackierten Fingernägeln, die aus den Seitenfenstern winkten.

Fermors Orşova, das Orşova, das mich von Belgrad nach Rumänien gelockt hatte, lag auf dem Grund des Stausees, 40 Meter tief, unerreichbar. Nach dem Bau der Talsperre, die 1971 als jugoslawisch-rumänisches Gemeinschaftsprojekt fertiggestellt wurde, war der Wasserspiegel um ein Vielfaches angestiegen und der 150 Kilometer lange Đerdap-See entstanden. An beiden Ufern gab es Kraftwerke. Durch das Eiserne Tor, eine senkrechte Kerbe zwischen den rumänischen Südkarpaten und dem serbischen Erzgebirge, einst für die Schifffahrt der gefährlichste Abschnitt der gesamten Donau, zogen jetzt fünftausend Tonnen schwere Frachter, nachdem sie die Schleusen passiert hatten, ungehindert hinauf nach Belgrad; den ursprünglichen Verlauf der Donau konnte ich nur noch erahnen.

Ich ging mit Fermors Buch in der Hand durch das neue Orşova, das in eine höhere Lage versetzt worden war, und suchte nach einem Anhaltspunkt dafür, dass der alte Ort tatsächlich existiert hatte, nach etwas zum Anfassen, etwas, das mir half, Fermors Gegenwart mit meiner eigenen zu verbinden, doch es war, als wollte man sich mit einem Reiseführer für die Bretagne in einem Bergdorf bei Florenz zurechtfinden. Und während ich so durch Orşova irrte, wurde mir endgültig klar, dass uns Patrick Leigh Fermor in seiner *recherche du temps perdu* eine Welt von gestern vergegenwärtigt, dass seine Bücher so etwas wie eine poetische Würdigung dessen sind, was für immer verloren ist.

Die Zeit der Gaben erschien in der englischen Originalausgabe erst 1977, neun Jahre später folgte *Zwischen Wäldern und Wasser*. Ein halbes Jahrhundert war seit Fermors Wanderung nach Konstantinopel vergangen, er selbst schon einundsiebzig Jahre alt. Der lange Zeitabstand zwischen den Ereignissen und der Publikation hatte mit dem Verlust von Fermors Reisetagebüchern zu tun, die viele Jahre später in einem Schloss in Rumänien wiedergefunden wurden. Diesem glücklichen Umstand verdanken Fermors Bücher ihre charmante Mischung aus dem Ungestüm eines Achtzehnjährigen inmitten seines großen Abenteuers und den rückblickenden Reflexionen des erfahrenen, hochgebildeten Weltbürgers, der seine lange zurückliegenden Erlebnisse, befeuert von einer außergewöhnlichen Erinnerungsgabe und unbändigen Vorstellungskraft, in ungebrochener Vitalität heraufzubeschwören vermag. *Letzter Teil folgt*, verspricht Fermor am Ende des zweiten Bandes. Aber der letzte Teil folgte nicht. Niemand kennt den Weg, den Fermor vom Eisernen Tor aus genommen hat, niemand weiß, wie seine Wanderung an den Bosporus ausgegangen ist. Einem Gerücht zufolge arbeitete Fermor seit über zwanzig Jahren am letzten Band seiner Trilogie.

Im Bürgermeisteramt von Orşova erkundigte ich mich nach Überresten der versunkenen Stadt. Ion, ein klein gewachsener Mann mit rosarotem Hemd und Drahtbrille, hatte in Nordrumänien Verwaltungswirtschaft studiert und war hocherfreut über die Gelegenheit, sein Englisch hervorzuholen. Er war 1980 geboren und kannte das alte Orşova nur noch aus den Erzählungen seiner Eltern. Ihre Berichte waren schon in seiner frühesten Kindheit immer spärlicher geworden, um schließlich ganz abzureißen.

»Zur Zeit Ceauşescus war der Staudamm eine gefeierte Errungenschaft des Sozialismus«, sagte Ion, der Mühe hatte, seine fahrigen Hände zu kontrollieren. »Das versunkene Orşova zu betrauern, wäre so etwas wie Gotteslästerung gewesen.«

Er zeigte mir auf einer Karte den lokalen Abschnitt des Eisernen Tors, das auf Rumänisch *Porţile de Fier* und auf Serbisch *Đerdap* hieß. Seine gefährlichste Passage hatte in etwa dort gelegen, wo der Damm heute das Tal blockiert. Ich erfuhr auch, dass das alte Orşova nicht einfach nur ein wenig tiefer als der neue Ort, sondern auch ein Stück flussaufwärts gelegen hatte.

»Ist von damals etwas gerettet worden?«

»Ceauşescu wollte vergessen.«

»Aber irgendetwas muss es doch geben!«

Ion bedeutete mir mit einer seiner nervösen Handbewegungen, ihm zu folgen. Wir verließen das Bürgermeisteramt durch die Hintertür und gingen durch die Höfe heruntergekommener Plattenbauten, an deren Fassaden Rost- und Schmutzwasser bizarre Zeichnungen hinterlassen hatten. Hier und da brachen von innen Ofenrohre durch das bröckelnde Mauerwerk. Wäsche hing zum Trocknen aus den Fenstern, manche Scheiben waren zersprungen oder mit

Reise ins Ungewisse

Österreich – In der Gegend von Süßenbrunn

Ungarn – Stromabwärts auf der Donau

Slowakei – Atempause in Bratislava

Serbien – Östlich von Belgrad

Rumänien – Auf dem Weg zum Eisernen Tor

Bulgarien – Nicht weit von Vidin

Südserbien – Zwischen Niš und der
mazedonischen Grenze

Mazedonien – Imbissstube in Skopje

Albanien – Schaufenster in Pogradec

Griechenland – Bucht auf dem Peloponnes

Mani – Wo geht es zu Patrick Leigh Fermor?

Plastikfolien verklebt, daneben Satellitenschüsseln festgebohrt, die sich alle nach Westen öffneten, unterschiedlich hoch saßen und von der Seite betrachtet an Noten auf einem Blatt erinnerten – die stumme Orchestrierung postsozialistischer Tristesse.

Ein Stück die Straße hinunter erkannte ich kleine Häuser mit Schindeldächern, Spitzengardinen und Blumen vor den Fenstern. Sie sahen aus wie die Überreste eines hübschen Dorfes, das bei der Umsiedlung mit den Plattenbauten verunstaltet worden war.

»Die Plattenbauten waren zuerst hier«, korrigierte mich Ion; seine Hände schienen gegeneinander zu kämpfen und er steckte sie in die Hosentasche, um sie zu beruhigen. »Die Privathäuser, die Sie meinen, kamen nach und nach hinzu, wenn jemand sich ein Eigenheim leisten konnte.«

Wir gingen an ein paar Frauen mit rostrotem Haar vorbei. Es war später Nachmittag, aber sie saßen in geblümten Morgenmänteln auf einer niedrigen Mauer, rauchten, unterhielten sich mit krächzenden Stimmen und schauten ihren Kindern beim Spielen auf dem abschüssigen Asphalt zu. Über ihnen spannten sich Stromleitungen von Haus zu Haus wie ein Geflecht aus Kletterpflanzen.

Ich folgte Ion durch einen schmalen Eingang und fand mich in der Gemeindebibliothek wieder. Die Bücher verströmten einen muffigen Geruch. Zwischen den Regalen saß ein junger Mann mit rotbrauner Lederjacke, modischem Kurzhaarschnitt und auffallend spitzer Nase an einem Schreibtisch.

»Unser Herr Bibliothekar«, sagte Ion mit der Geste eines Kapellmeisters beim Auftakt eines Stücks.

Wir reichten uns die Hand, die beiden redeten eine Weile miteinander, dann fuhr der Bibliothekar seinen Computer hoch, an dem ein Kreis aus zwölf goldgelben Sternen auf blauem Grund klebte, das Symbol europäischer Einheit und Vollkommenheit, und ich kam in den Genuss einer multimedialen Fassung der tausendjährigen Geschichte Orşovas. Sie dauerte nur wenige Minuten. Der größte Teil wurde von der neuen Stadt beansprucht, die Zeit vor dem Dammbau mit ein paar nachkolorierten Fotos abgedeckt.

»Ich verstehe nicht recht«, sagte ich und sah Ion fragend an.

»Sie wollten wissen, was von dem alten Orşova übrig geblieben ist.«

»Eine PowerPoint-Präsentation?«

Sie nickten und brannten mir eine DVD.

Wenig später tauchte ich am Ufer meine Hände in den See. Das Wasser war kalt und schwappte gegen die Böschung, dicht über der Oberfläche flirrten Insekten, Fische sprangen, um nach ihnen zu schnappen. Während das serbische Ufer noch in der Abendsonne leuchtete, hüllten mich die Karpaten allmählich in ihren Schatten. Es liegt etwas Beängstigendes in dem Moment, wenn der eigene Schatten sich in einem größeren auflöst. Dies kann bewirken, dass man auf einmal nicht mehr weiß, was man will, dass einem die schwer erarbeitete Vertrautheit mit seinen Plänen und Zielen abhandenkommt, dass sich – aus dem Nichts heraus – eine seltsame Verlorenheit einstellt. Der Verlust des eigenen Schattens kann mühelos Gewissheiten auflösen, Gewissheiten, wie etwa meine noch vor wenigen Stunden im Bus gehegte Überzeugung, mein Weg nach Griechenland *müsse* einfach über Orşova führen. Jetzt, meines Schattens beraubt, fragte ich mich: Warum bist du nicht auf der direkten, schnellsten, ganz normalen Route nach Griechenland gefahren? Warum lässt du zu, dass dein Ziel sich dir stetig entzieht, je näher du ihm kommst? Warum zögerst du es hinaus? Und was in aller Welt machst du hier? Sieh dich um, Mann, was hast du in diesem gottverlassenen Kaff verloren?

Draußen auf dem Đerdap zog ein slowakischer Schubleichter, von seiner Ladung tief ins Wasser gedrückt, leise gurgelnd nach Westen. Ich sah ihm seltsam gerührt nach und ertappte mich dabei, wie ich den Mann hinter dem Steuer beneidete. Er hat ein klares Ziel vor Augen, dachte ich, vermutlich hat er in Rumänien oder Bulgarien seine Ladung aufgenommen, um sie in Österreich oder in Ungarn abzuliefern. Er weiß, wohin er fährt und warum, und der Fluss bringt ihn an sein Ziel.

Ich erinnerte mich daran, wie ich in Mexico City – nur wenige Wochen vor meinem Erlebnis am Vulkan – einmal stundenlang ziellos mit einem Linienbus durch die Stadt gefahren war, wie leicht ich mich dabei gefühlt hatte und wie der Busfahrer, ein beleibter Mann, der sich an jeder Kirche bekreuzigte, über seine Schulter hinweg darauf beharrt hatte, dass ich doch irgendein Ziel haben müsste.

»Dann steige ich eben in vier Stationen aus«, sagte ich. »Nein, in fünf.«

»Esmeralda«, sagte er. »Eine gute Station.«

»Ja«, sagte ich. »Sehr gut.«

In Esmeralda war ich ausgestiegen, nur um mich am zufriedenen Lächeln des Busfahrers zu erfreuen.

Jetzt fühlte ich mich alles andere als leicht. Blei quoll durch meine Adern, und während ich dem Schubleichter nachsah, den die Donau – *seine* Donau – seiner Bestimmung entgegentrug, spürte ich, wie mich ein alter Schmerz beschlich, eine Einsamkeit, die nicht von der Abwesenheit von Menschen rührt, die einem etwas bedeuten und denen man selbst etwas bedeutet, nein, es war eine Einsamkeit, die eher etwas mit den Bäumen zu tun hatte, die drüben am serbischen Ufer aus dem See stiegen und zu den Gipfeln hinaufstrebten, wo Lichtungen im Wald klafften wie Wunden und einzelne Feuer dichte Rauchwolken in den Himmel sandten, eine Einsamkeit, die in den Lichtern der Hafenanlagen von Orşova aufflackerte, mit den Stahlrümpfen reglos auf der Schräge der Werft lag und sich noch deutlicher in den Armen der Ladekräne offenbarte, die dort drüben in verschiedene Himmelsrichtungen zeigten. Es war eine Einsamkeit, wie ich sie damals gespürt hatte. In Mexiko.

Eine Weile kämpfte ich gegen die Erinnerung an. Als ich merkte, dass ich nichts gegen die Kraft ausrichten konnte, mit der sie nach oben drängte, ließ ich widerwillig zu, dass sie mich davontrug. An den Popocatépetl. Über die Baumgrenze. Obwohl ich weiß, was gleich geschehen wird, zucke ich bei der Explosion zusammen. Eine Bö schlägt mir entgegen wie die Druckwelle einer Bombe und wirft mich zu Boden. Steinbrocken regnen vom Himmel. Ich finde gerade noch Schutz in einer Höhle. Da erbebt die Erde. Felsen krachen herab. Sie verschließen den Ausgang. Es wird stockdunkel. Und still. So still, dass ich ernsthaft glaube, ich wäre tot. Aber ich lebe. In den nächsten Stunden werde ich das bedauern – diese Machtlosigkeit, die Angst zu ersticken. Im eisigen Wasser des Đerdap-Sees begannen meine Hände zu schmerzen, und ich spürte die gleiche Einsamkeit wie damals, als der Popocatépetl mich lebendig begraben hatte.

Der Schubleichter löste sich auf. Nicht dass er draußen auf dem See hinter einer Biegung oder einer Insel verschwunden wäre – er entzog sich meinem Blick. Ich kniff die Augen zusammen, schaute sehr genau hin, wollte das Schiff *sehen*, meine Brennweite war jedoch eingerastet, während der

Leichter einfach weiterfuhr. Ich lief ihm am Ufer nach, um ihn in meinen Schärfebereich zurückzuholen; es war zwecklos. Ich verlor ihn aus den Augen. So beginnen die Schübe. Genau so. Deine Augenmuskeln versagen ihren Dienst. Auf einmal siehst du unscharf. Obwohl du – und das ist eigenartig – den Scherben auf der Straße und dem abgeknickten Verkehrsschild ausweichst, während du deinem Schiff nachläufst, und auch sonst ganz anders reagierst als einer, der schlecht sieht. Am Ende ist der Leichter ein Fliegendreck auf deinen Linsen.

Ich ließ das Schiff ziehen, setzte mich auf einen Stein und dachte, um mich abzulenken, an Patrick Leigh Fermor. Zuletzt hatten sich unsere Wege in Budapest gekreuzt. Budapest! Wie lange mochte das –? Ich verlor allmählich jedes Zeitgefühl und glitt durch die Jahre zurück, die Lichter der Werft erloschen, das Geräusch der Hämmer und Metallsägen und die Stimmen des Sees verebbten, und ich merkte, wie sich die Luft um mich herum in dem Maße purpurn färbte, in dem meine Gegenwart entschwand, bis mich eine silbergraue Stille umfing, am 13. April 1934, dem Tag, an dem Patrick Leigh Fermor seinen braunen Malek besteigt, um auf dem Hengst *mit langer Mähne und wehendem Schweif* durch die Große Ungarische Tiefebene zu reiten und dann – die Haare von der Sonne gebleicht, die Haut dunkel wie Teakholz – in weiten Bögen und Schlenkern durch die transsilvanischen Marschen zu ziehen. *Die Nägel an den Militärstiefeln waren nur leicht angewetzt … die alten Kniehosen vom vielen Tragen und Waschen weich geworden, die Nähte bestens intakt; nur die grauen Gamaschen hatten ein wenig gelitten.* In seinem Rucksack befindet sich neben Klamotten, Waschbeutel, Kompass, Taschenmesser, Pfeife und Tabak auch eine Flasche mit *Whisky,*

Bols, Schnaps, Barack, Tzuica, Slibowitz, Arrak oder Tzi-poro – je nachdem, welche Gegend er gerade durchquert. Nicht zu vergessen: sein Notizbuch, ein Skizzenblock, Landkarten, Aldous Huxleys *Antic Hay*, ein in Köln gekaufter *Hamlet* in der Übersetzung von Schlegel und Tieck sowie *eine immer gut eingewickelte, wunderschöne Horaz-Ausgabe im Duodezformat, gedruckt im siebzehnten Jahrhundert in Amsterdam.*

Auf diese Weise gut gerüstet, gelangt Fermor ins Hochland der Karpaten und, auf den Tag genau vier Monate nach dem Beginn seiner Bekanntschaft mit Malek, dem ungarischen Hengst, schließlich nach Orşova, wo er auf dem Postamt ein Bündel Briefe und auch den Leinenumschlag mit der blauen Kreidemarkierung entgegennimmt, der die vier monatlichen Pfundnoten aus England enthält. Er setzt sich mit den Briefen in ein Café an der Uferpromenade, Briefe seines Vaters, der von seinem Fenster in Simla auf den westlichen Teil des Himalaja und die schneebedeckten Gipfel Tibets blickt, und von seiner Mutter, der Fermor einmal die Woche über den Stand seiner Reise berichtet. Nachdem die wichtigsten Briefe beantwortet sind, *war die Sonne untergegangen, und der Fluss lag blassgrau wie Zink in der Dämmerung.*

Ein stumpfer Lärm bohrte sich plötzlich in meinen Kopf. Für eine Weile sah ich zwei Bilder, die übereinanderlagen und sich gegenseitig durchdrangen: Fermor in diesem Ufercafé mit den Briefen vor sich auf dem Tisch, entspannt zurückgelehnt, den Blick hinaus auf die Donau gerichtet – und zugleich umflirrt von Lichtern einer Werft und einer Reihe heruntergekommener Plattenbauten; dann löste das Dröhnen in meinem Kopf das Bild von Fermor auf, und zurück blieben nur die Lichter und die Wohnsilos an der Bucht des neuen Orşova.

Ich begriff, dass der Lärm, der mich in die Gegenwart zu-
rückgezwungen hatte, von einem Zug stammte. Er schoss
aus einem Tunnel, und sein weithin hörbares Donnern hallte
zwischen den Hängen wider; es klang wie eine Lawine oder
ein Felsrutsch. Und tatsächlich lag der Fluss nun *blassgrau
wie Zink in der Dämmerung*, nur dass dieser Fluss jetzt ein
See war, in dessen Tiefen die alte Uferpromenade samt Postamt und Café die verschlammte Kulisse eines Unterwasser-
theaters bildete, in dem Graskarpfen und halbblinde Aale
die einzigen Zuschauer waren.

Ich ging in eins der neuen Ufercafés. Vor dem Fenster
goss der fast volle Mond sein kühles Licht über dem See aus.
Im Hintergrund sangen Barclay James Harvest ihr melan-
cholisches *Alone in the Night*, während die Stürmer von
Dynamo Bukarest auf einer Leinwand gegen die hoffnungs-
los überforderte Verteidigung des FC Brasov anrannten. Jeder Tisch war besetzt, niemand auch nur entfernt alt genug,
um in Fermors Orşova gelebt zu haben.

Ich aß Spaghetti und trank zwei gezapfte *Ursus*. Alle waren ins Spiel vertieft, das mich nicht interessierte. Ich wollte
allein sein, bezahlte und fand ein Hotel am Busbahnhof, wo
ich für 80 Lei ein stickiges Zimmer bezog. Meine Finanzen
machten mir Sorgen. Jedes Mal wenn ich meine Kreditkarte
in den Schlitz eines Bankautomaten steckte, fürchtete ich, er
könnte sie einbehalten. Ich hatte keinen Überblick, wo ich
stand, wusste nur, es musste ganz unten sein.

Vom Bett aus sah ich durch das geöffnete Fenster, wie am
serbischen Ufer die Feuer in der Dunkelheit glommen, als
strömte Lava die Hänge hinab zum See. Ich legte das Augenkissen auf meine Lider. In den Lavendelduft der Seide mischte
sich der Geruch von verbranntem Holz, der von draußen he-
reinzog. Die ganze Nacht über donnerten Züge durch die

Tunnels, und die Karpaten verstärkten die metallischen Gewitter, als brülle der Fluss, unten am Eisernen Tor.

Ich renne mit einer Gruppe von Menschen über eine gewaltige Eisfläche. Wir halten uns an den Händen und lachen. Plötzlich bin ich allein, weit draußen, unfähig, mich zu rühren, und sehe mir mit einem seltsamen Blick in die Augen, ohne zu ahnen, dass ich mich träume, während die Sonne das Eis unter meinen Füßen schmelzen lässt – am Morgen fühlte ich mich kraftlos und flau. Insgeheim hoffte ich auf ein Hundewetter, das mir keine andere Wahl ließe, als den Tag im Bett zu verbringen. Aber es regnete nicht. Die ganze Reise über hatte das schlechte Wetter auf meine Stimmung gedrückt; jetzt stand kein Wölkchen am Himmel, die Sonne schien. Ich raffte mich auf, duschte, betupfte meine Lider mit Augentrost und entdeckte im Hotelprospekt ein Foto von einer Steintafel, kaum größer als eine Briefmarke, in Wirklichkeit jedoch tonnenschwer wie ein Anker, der an einer Kette auf dem Grund der Zeit lag und ein Schiff, mein Schiff, in der Strömung hielt. Auf einmal wusste ich, dass ich die Tabula Traiana, die Steintafel des römischen Kaisers Trajan, finden musste.

Die *Flamingo* lag an einer künstlich aufgeschütteten Halbinsel vor dem Stadtpark von Orşova. Für mich allein wollte niemand das Ausflugsschiff in Gang setzen. Ich fragte an der Uferstraße herum und fand einen Fischer, der sich dazu bereit erklärte, mich gegen Bezahlung seeaufwärts zur Tafel zu bringen. Er ließ mich eine Ewigkeit in einem Aluminiumboot warten und kam schließlich mit einem Kofferraum voller schwerer Säcke zurück.

Wie viele Männer seiner Generation trug er den Vornamen von Gheorghe Gheorghiu-Dej, jenes rumänischen

Politikers, der nach dem Zweiten Weltkrieg entscheidenden Anteil an der Umgestaltung des Landes in einen kommunistischen Staat gehabt hatte. Gheorghe war ein sehniger Mittfünfziger mit niedrigem Haaransatz und beträchtlich vorspringendem Kehlkopf. Eine filterlose Zigarette klemmte zwischen seinen Lippen, während er mit mir Rumänisch und ich mit ihm eine Mischung aus Spanisch und Portugiesisch sprach. Wir verstanden uns halbwegs und verstauten die Säcke im Bug. Gheorghe wollte unsere Fahrt dazu nutzen, die Kartoffeln in einem der Dörfer oberhalb der Trajan-Tafel abzuliefern.

Wir stießen das Boot vom Anleger ab, der Motor sprang an und Gheorghe steuerte dicht am rumänischen Ufer entlang auf die Schlucht zu, die sich oberhalb von Orşova aus dem Wasser erhob. Allmählich blieben das Hämmern und Schleifen der Werft zurück, bis nur noch das monotone Gurgeln des Außenbordmotors zu hören war; dann verschluckte uns der Kazan. Oder was noch vom spektakulärsten Teil des Taldurchbruches übrig war. Denn Gheorghe steuerte sein Boot gut dreißig Meter hoch über die Quarz-, Granit- und Schieferriffe hinweg, *Felsen so spitz wie Drachenzähne*, durch die Fermor seinerzeit mit einem Flussdampfer gekommen war, *während hinter den Windungen der düsteren Schlucht der Morgen dämmerte und die Strahlen der aufgehenden Sonne den Himmel erhellten wie auf der japanischen Kriegsflagge.*

Obwohl das Wasser nicht mehr wie damals reißend talwärts schoss, stiegen die Wände des Felsenkorridors, in dem der See ruhte, noch immer steil hinauf, weiße Granitwände, überwuchert mit kugeligem Buschwerk und hier und da durchbrochen von schorfigen Nasen, auf denen nichts gedieh. Direkt über der Wasserlinie schlängelte sich ein heller

Streifen, eine poröse Grenze zwischen den Elementen, die suggerierte, dass die beiden Ufer sich in der Ferne träfen. Sobald wir uns jedoch der vermeintlichen Stelle näherten, öffnete sich ein neuer Kessel, eine Stille hinter der Stille, im Niemandsland zwischen Rumänien und Serbien, das nur vom Wasser her zu erreichen war.

Während wir so einen Kessel nach dem anderen durchquerten, drängten sich allmählich die Steilufer zusammen, und *eine achthundert Fuß hohe Felssäule ragte bis in die Mitte des Stroms: Da, wo das Wasser auf ihre Flanke traf, wurde es nach Süden hin abgelenkt ... auf serbischer Seite gegen eine sechzehnhundert Fuß hohe senkrechte Felswand ... die Nähe der Klippen ... die Wirbel und Strudel zwischen den unsichtbaren Riffen und Gräben ... der Fluss ... wutschäumend ... wir gelangten ins Freie ... der Korridor weitete sich, der Fluss strömte wieder gleichmäßiger dahin ... in einer Art friedlichem Amphitheater ... einer weiten, glasklaren Wasserfläche* – und die ganze Zeit über hoffte ich, dass was immer ich mir von der Steintafel des römischen Kaisers versprach, auch wirklich eintreten mochte.

Das Wasser des Sees war matt, die Luft in den Kesseln vom Rauch der Waldbrände getrübt. An der Bootswand klebten silberne Schuppen und das Blut ausgeweideter Fische. Zerschnittene Angelschnüre wirbelten um meine Füße. Im Westen zogen schwere Wolken auf, und in der Thermik zitterte ein Wanderfalke, als am serbischen Ufer die Tabula Traiana in Sicht kam, eine große rechteckige Steintafel, dicht über der Wasserlinie, völlig verlassen.

Gheorghe fuhr mit dem Boot bis an den Sockel, und ich konnte die schwebenden Delfine berühren, die zu beiden Seiten der doppelt geränderten Tafel eingemeißelt waren. Ein kaiserlicher Adler breitete seine Schwingen aus, rechts und links waren je drei sechsblättrige Rosen als Reliefs in den Stein gehauen. Ich wusste über die Tafel nur, was ich im Hotelprospekt gelesen hatte. Im Jahre 100 ließ Trajan sie ins Eiserne Tor schlagen. Ihr verwitterter Text rühmt eine damals vollendete Heeresstraße, die hoch über dem Fluss in den Fels gehauen und von römischen Legionen für einen Feldzug gegen die Daker benutzt worden war. Bevor die alte Straße im Stausee versank, hatte man die Tabula Traiana aus dem Fels geschnitten und über den Wasserspiegel versetzt.

Gheorghe drängte zum Aufbruch. Er hatte ein gutes Stück weiter seine Kartoffeln abzuliefern und wollte vor Einbruch der Dunkelheit zurück in Orşova sein. Doch ich konnte mich nicht von der Tafel losreißen. Etwas hielt mich hier, etwas musste noch geschehen. Aber es geschah nichts. Vielleicht liegt es daran, dachte ich, während Gheorghe nervös am Gasgriff des Außenbordmotors drehte, dass dies ein Ort ist, den man für sich allein haben muss.

Neben der Tafel, eine Handbreit über der Wasserlinie, entdeckte ich einen Felsvorsprung. Ich bat Gheorghe, mich dort abzusetzen und mich, nachdem er seine Kartoffeln abgeliefert hatte, auf dem Rückweg wieder mitzunehmen. Er schaute mich ungläubig an, aber als ich darauf bestand, setzte er mich ab, ohne weitere Fragen zu stellen, schüttelte mir die Hand, versprach, bald zurück zu sein, stieß das Boot ab und drehte den Motor auf. Wenig später sah ich nur noch die Wellen, die trichterförmig in der Weite des Sees ausliefen.

Ich wartete. Weit draußen durchbrach ein dunkler Rücken die Wasseroberfläche, um gleich darauf wieder in die Tiefe zu sinken, als lauere ein Delfin darauf, dass seine Artgenossen auf der Steintafel wie durch ein Wunder zum Leben erwachten. Ich wartete. Auf dem Felsvorsprung war es still, sehr still. Die Sonne durchlief den Zenit und verschwand hinter den dunklen Wolken, die sich über der Schlucht zusammenballten. Ich wartete und stellte mir vor, wie es wäre, wenn Gheorghe nicht zurückkäme. Was, wenn er mich einfach hier vergäße? Mein Gedankenspiel funktionierte so gut, dass ich mir nach einer Weile sicher war, auf dem Felsen festzusitzen. Anstatt bei dieser Aussicht in Panik zu geraten, stellte ich zu meiner großen Erleichterung fest, dass mein Gehirn fieberhaft nach Auswegen suchte, nach Möglichkeiten, doch noch nach Orşova zurückzukehren, nach Orşova, ja, in das gottverlassene Kaff namens Orşova – erst dann geriet ich in Panik.

Jetzt wartete ich nicht mehr. Ich saß auf diesem Felsen fest. Wie jene Frau, die ein Pascha weiter oben im Kazan einst wegen ihrer Flatterhaftigkeit in Ketten gelegt und dem Hungertod überlassen hatte. Wie Prometheus auf seiner kaukasischen Klippe. Ich stand auf einem Felsen, der kaum größer war als zwei Tischtennisplatten, allein, im Rücken vierhundert Meter senkrechten Granits und vor mir siebzig Billionen Liter Wasser, in dessen Spiegel ich mir mit einem seltsamen Blick in die Augen sah. Ich versuchte mich davon zu überzeugen, dass ich träumte. Aber ich träumte nicht. Ich war hellwach. Und ich verstand, was mein gespiegelter Blick mir sagen wollte. Er sagte: Hier ist deine Reise zu Ende.

»... allein, im Rücken vierhundert Meter senkrechten Granits und vor mir siebzig Billionen Liter Wasser«, las ich mit leiser Stimme die Passage in meinem Notizbuch, »... mir mit einem seltsamen Blick in die Augen sah.«
»Du glaubst also, du hättest dich *gesehen*.«
»Richtig.«
»Nein, seitenverkehrt.«

»Spielt das denn eine Rolle?«

Ein Moment der Stille trat ein. Ich spürte, wie die Kälte des Granits durch die Fußsohlen in meinen Körper drang.

»Ja, Pilger, es *spielt* eine Rolle!«

Es war dieselbe Männerstimme. Nur kam sie jetzt nicht mehr aus meinem Kopf, sondern von der Felswand in meinem Rücken. Und sie sprach auf einmal mit einem rollenden R, mit den choralartigen Vokalen des Nordens. Ich hielt den Atem an. Und gerade als ich mir sagte, dass da niemand sein könne, hörte ich hinter mir auf dem Granit das »Teck! Teck! Teck!« des Birkenstöckchens. Es war der Blinde, der Blinde aus der Kirche in Esztergom.

»Das Eis ist geschmolzen«, sagte er, lachte sein rasselndes Lachen und griff von hinten nach meinem Arm.

»Was willst du von mir?«

»Was willst *du* von *mir*?«

Ich spürte seinen Blick in meinem Nacken und drehte mich langsam um. Der Blinde hielt noch immer meinen Arm. Er lächelte knapp an mir vorbei. Sein Buckel war verschwunden, er stand aufrecht, und was seine verfaulten Zahnstummel betraf, musste mir das Licht in der Basilika von Esztergom einen Streich gespielt haben: Seine Zähne waren vollständig und unversehrt. Statt der schmutzigen grauen Hose bedeckte ein schwarzer Umhang seinen gesamten Körper. Nur seine schorfigen Füße waren zu sehen; sie steckten in ledernen Sandalen.

»Ich habe dich im Auge behalten.«

»Du bist blind, alter Mann.«

»Das sehe ich.«

Er ließ meinen Arm los, drehte sich auf dem Felsvorsprung um die eigene Achse und schlug sein Birkenstöckchen gegen die Kante über dem Wasser.

»Was machst du hier draußen, Pilger?«

»Ich warte.«

»Auf dein Boot?«

»Dass etwas geschieht.«

»Ich an deiner Stelle würde auf das Boot warten«, sagte der Blinde und kicherte. »Aber du wartest ja nur darauf, dass etwas geschieht, irgendetwas.«

»Das Boot kommt sowieso.«

»Siehst du?«

»Ja, alter Mann, *ich* sehe!«

Ich wollte nicht auf seiner Blindheit herumreiten, aber mit seiner Fragerei drängte er mich in die Enge.

»Als ich ein Junge war, ging mein Vater fort«, begann er auf einmal. »Er ging in ein Land im Osten, um dort zu arbeiten, und ließ mich allein zurück. Damals war das nichts Besonderes, ich meine, dass man seine Kinder bei Verwandten oder Bekannten ließ, um woanders neu anzufangen. Aber ich habe das meinem Vater nie verziehen.«

»Das tut mir leid«, sagte ich mit aufrichtigem Bedauern. »Warum erzählst du mir das?«

»Einmal im Monat kam ein Brief von ihm«, fuhr der Blinde fort. »Ich schrieb auf den Umschlag: *Empfänger verzogen, zurück an Absender*, öffnete ihn kurz, schlüpfte im Geist hinein und verschloss ihn wieder; dann wartete ich.«

»Auf den Briefträger?«

»Dass etwas geschah, irgendetwas.«

Das Wasser des Sees schwappte über die Felskante und lief unter meine Schuhe. Stieg es?

»Aber es geschah nichts, Pilger«, sagte der Blinde leise. »Hätte ich auf den Briefträger gewartet, wer weiß …«

Die Sonne brach durch bedrohlich schwarze Wolken, balancierte auf einem Grat im Westen und verschwand hinter dem Bergrücken. Schatten wuchsen nach oben, und kalte Luftschichten sanken herab, als hätten sie sich tagsüber in den Felsnischen verkrochen, als spürten sie nun, dass ihre Zeit gekommen war.

»Damals ging das mit meinen Augen los«, sagte der Blinde und rollte die Bälle zwischen seinen Lidern, bis nur noch ihr Weiß zu sehen war. »Odysseus sucht seine Heimat, Telemachos sucht Odysseus.«

»Und wer sucht Telemachos?«, fragte ich nervös; in meinem Kopf drehte es sich. »Und wo soll das alles hinführen? Nach Orşova? Auf einen Felsvorsprung? Ich könnte längst in Griechenland sein.«

»Du scheinst dich lieber auf etwas hinzubewegen«, kicherte der Blinde, »als dort auch wirklich anzukommen.«

»Ich bewege mich nirgendwohin!«, sagte ich trotzig. »Auf diesem Felsen endet meine Reise!«

»Wovor hast du Angst, Pilger?«

Das, diese einfache Frage, genügte, damit ich auf das Wasser hinaussah und tief durchatmete. Und plötzlich umwogte mich eine Gewissheit, die im Schaum der Wellen zwischen meinen Füßen eine Einsicht zurückließ: Ich war wie dieser See. Seit ich in der Höhle am Popocatépetl verschüttet gewesen war, staute ich mich hinter einem Damm, ein ruhiggestellter Fluss, eingeklemmt zwischen steilen Felswänden und einer Mauer aus Stahlbeton. Ich brauchte nur ins Wasser zu schauen, um mich darin zu erkennen – seitenverkehrt. Die ganze Zeit über hatte ich in meinem Kessel gelegen und gewartet, dass etwas geschah, irgendetwas.

»Wovor hast du Angst, Pilger?«, wiederholte der Blinde; seine milchigen Augen sahen mich durchdringend an, die Spitze des Birkenstöckchens zeigte auf meine Brust.

Ja, wovor eigentlich?

Die Angst, die mir der Popocatépetl eingejagt hatte, schien mir auf einmal wie der Knick in einem dieser alten englischen Wege. Das Hindernis war verschwunden, der Knick noch da. Die Gefahr in der Höhle war längst überstanden, und ich lag immer noch hinter der Staumauer und wartete. Eines Tages würde ich lange genug gewartet haben, um mich nicht mehr an den Grund meines Wartens zu erinnern. Hier und da würden unterirdische Zuflüsse kräftige Strömungen auslösen und eine schmerzhafte Ahnung davon entfachen, wie es sich einmal angefühlt haben muss, in Bewegung zu sein. Am deutlichsten würde sich mein Zustand in den Eisschichten offenbaren, die den See im Winter erstarren ließen. Doch so weit war es nicht gekommen. Frühjahr für Frühjahr war immer mehr Wasser aus den Bergen nachgeströmt und hatte den Druck auf den Damm anwachsen, so gefährlich anwachsen lassen, dass der oberste Ingenieur des Stauwerks – um eine Katastrophe zu verhindern – entschieden hatte, die Falltore zu öffnen. In der Nacht zum Ostermontag. Seither strömte mein Wasser wieder. Nach Griechenland, zum Meer.

»Du musst den Mann mit dem Akkordeon finden«, sagte der Blinde auf einmal. »Finde den Mann am See!«

»Den Mann aus dem Wiener Stadtbus?«, fragte ich erstaunt. »Das dritte Bild meiner Vision?«

»Finde den Akkordeonspieler, dann wanderst du zu Fuß weiter, geh bis zur großen Kreuzung. Ich werde dort sein.«

Er trat vor mich und streckte seine Hand so lange schweigend nach Westen aus, bis vor der Spitze seines Zeigefingers ein schwarzer Punkt aus der Leere des Sees wuchs und ich in der Ferne Gheorghes Boot erkannte.

»Und nenn mich nicht ›alter Mann‹«, sagte der Blinde, als er seinen Arm wieder sinken ließ. »Mein Name ist Michalis.«

»Ein griechischer Name?«

»Der Name des Erzengels, Pilger.«

»Aber warum griechisch?«

Er verbeugte sich kurz und legte die Hand zum Gruß auf die Brust, und obwohl uns nur wenige Meter von der Granitwand trennten, schien es, als folge er mit seinem Birkenstöckchen einer schnurgeraden Straße, auf der er sich allmählich auflöste.

Als Gheorghe wenig später mit dem Boot anlegte und ich von meinem Felsen an Bord sprang, war ich ganz sicher, dass mich mein ursprüngliches Gefühl nicht getäuscht hatte. Orşova *lag* auf dem Weg nach Griechenland. Hier endete meine Reise, hier begann sie neu.

VIDIN

Vielleicht folgte Patrick Leigh Fermor von Orşova aus der
Donau bis zur Mündung ins Schwarze Meer, um danach
die Küste hinunter nach Konstantinopel zu wandern. Vielleicht überquerte er aber auch die rumänisch-jugoslawische
Grenze und ging nach Belgrad, um sich dort nach Süden zu
wenden. Oder es zog ihn nach der langen Zeit auf dem Land
durch die Tiefebene der Großen Walachei in die Bibliothe-
ken, Museen und Konzerthäuser von Bukarest. Von dort
aus hätte er das Hügelland der Moldau erkunden können,
jenes einst unabhängige Fürstentum, das unter Stephan dem
Großen auch die Bukowina und Bessarabien umfasst hatte
und im nördlichen Teil mit den Klöstern von Humor,
Voroneţ und Arbore aufwarten konnte, gestreckten Drei-
konchenanlagen mit Satteldächern und Wandmalereien –
Amalgame aus byzantinischer Baukunst und abendländi-
scher Gotik.

Genauso gut hätte Fermor die fruchtbare Schwarzerde-
steppe Bărăgan, das vogelreiche Sumpfgebiet der Balta oder
das Tafelland der Dobrudscha durchmessen oder auf einer
Fähre den Prut überqueren können, der in den Waldkarpa-
ten entspringt und nach seiner langen Reise durch das ru-

146

mänisch-moldawische Grenzland unterhalb von Galaţi in die Donau strömt. Oder durchstreifte er die Rotbuchenwälder des Balkangebirges? Ging er über die bulgarischen Pässe, um sich von steil abfallenden Pfaden hinunter in die Maritza-Ebene leiten zu lassen? Ging er über Sofia? Über Varna, Burgas oder Edirne? Er allein weiß es. Und ich werde ihn danach fragen. Bald.

Ich lag am Ortsausgang von Orşova auf einer Wiese am Straßenrand und betrachtete meine Landkarte. Auch wenn ich nicht wie Fermor nach Istanbul reiste, sondern nach Griechenland, gestalteten sich meine Möglichkeiten nun, da ich keine Route mehr hatte, an der ich mich orientieren konnte, nicht weniger vielfältig. Am Tag zuvor hätte mich das noch beunruhigt. Nach der Begegnung mit dem Blinden auf dem Felsvorsprung im Kazan ließen die bunten Linien der Straßen und Flüsse, die Flecken, Schattierungen und Schraffierungen auf dem großen Faltbild Europas, das vor mir im Gras lag, ein angenehmes Kribbeln in meinem Bauch entstehen.

Ich hätte wieder mit dem Bus nach Belgrad zurückfahren und dort den Zug nach Athen nehmen können, wollte jedoch nicht zweimal den gleichen Weg zurücklegen. Eine Weile spielte ich mit dem Gedanken, einen Abstecher nach Sofia zu unternehmen, verwarf die Idee dann aber wieder – mir war nicht nach Menschenmassen und Verkehrslärm zumute – und ließ den Finger weiter über die Landkarte wandern, über Mezdra, Zimnicea, Tutrakan, schöne, dunkle Namen, die nach Thymian und wildem Salbei rochen. Ich sprach sie laut aus, wieder und wieder, und ließ ihre Silben schnurgerade Birkenalleen, dunkelhäutige Gesichter und fremdartig gewürzte Speisen heraufbeschwören, während mein Zeigefinger den Höhenlinien der Thrakischen Masse folgte und dem alles beherrschenden blauen Strang der Donau, der wie ein Baum zwischen Rumänien und Bulgarien lag und seine fein verästelten Wurzeln ins Schwarze Meer hinauswachsen ließ.

Und so nahm allmählich mein Plan Gestalt an, der Donau auf rumänischer Seite nach Turnu Severin und Calafat zu folgen, wo ich den Fluss überqueren und bei Vidin durch den nordwestlichsten Zipfel Bulgariens reisen würde, um bei Zaječar nach Südserbien zu gelangen. Von Niš aus würde es ein Katzensprung über die mazedonische Grenze nach Skopje sein. Dort musste es regelmäßige und schnelle Verbindungen nach Griechenland geben. Oder ich konnte versuchen, den britischen Journalisten im Kosovo zu erreichen, dessen Adresse ich in Belgrad von Anica bekommen hatte. Vielleicht kannte er Schleichwege durch die Berge hinüber nach Albanien; dann könnte ich die Grenze nach Griechenland auch bei Florina oder Krystallopigi überqueren.

Gerade als ich die Karte zusammenfaltete, hielt ein Motorroller an. Es war Ion, der Mann vom Bürgermeisteramt. Er sei auf dem Weg nach Turnu Severin, sagte er, während seine fahrigen Hände in der Luft herumfuchtelten, dabei meine Tasche zu fassen bekamen und sie zwischen seine Knie klemmten. Ich stieg hinten auf, wir fuhren über die Cerna, die bis weit ins Hinterland aufgestaut war, und knatterten dann auf der Hochstraße über dem See nach Osten. Neben dem Tacho klebte ein Duftfläschchen, dem der Fahrtwind Apfelaromen entlockte. Mir fiel auf, wie gelassen Ions Hände auf dem Lenker lagen. Es schien, als kämen sie zur Ruhe, sobald der Roller sich in Bewegung setzte.

Wir ließen den Staudamm, über den ich aus Serbien eingereist war, rechts liegen, und ich genoss den lauen Wind im Gesicht, während wir nacheinander über die Flüsschen

Bahna, Vodita und Jidostita fuhren. Ihr Wasser floss nicht mehr, sondern stand unter den Brücken; sie waren Teil des Sees geworden.

»Hat der Staudamm den erhofften Aufschwung gebracht?«, rief ich Ion über die Schulter zu, als wir an den ersten Häusern von Turnu Severin vorbeifuhren.

»Wir haben Strom rund um die Uhr«, rief er in den Fahrtwind. »Wir haben alles, was –«

Unsere Blicke trafen sich im Rückspiegel, und er verstummte.

»Wir sind das Armenhaus Rumäniens«, setzte er neu an. »Und Rumänien ist das Armenhaus Europas. Die Dämme haben daran nichts geändert.«

Turnu Severin war eine hübsche Kleinstadt am See. Es gab gepflegte Parkanlagen und Plätze und ein Theater. Alles machte einen aufgeräumten, fast mediterranen Eindruck, vielleicht wegen des Hafens, in dem Frachter ankerten, die ich für Seeschiffe hielt – viele Hundert Kilometer vom Meer entfernt, tief im Innern des europäischen Kontinents.

An jeder Kirche ließ Ion bei voller Fahrt das Lenkrad los, legte die linke Hand auf die Brust und bekreuzigte sich mit der rechten. Wir hielten, und er machte ein paar Besorgungen in einem der kleinen Supermärkte, die ebenerdig in den Wohnhäusern untergebracht waren. Wenig später kam er mit zwei Tüten Obst zurück, riss eine Banane für mich ab und fragte: »Wohin?«

»Nach Griechenland.«

Er fuhr mich zu einem Metalltor.

»Vorher müssen Sie sich das Museum ansehen«, sagte er und stellte den Motor ab; sofort begannen seine Hände wieder zu zappeln. »Ich kann Sie leider nicht begleiten, aber von hier aus ist es nicht weit bis zum Busbahnhof.«

Wir wünschten uns Glück, er startete den Motor und seine Hände beruhigten sich augenblicklich; dann brauste er davon.

Das Letzte, was ich aus Patrick Leigh Fermors Zeit zu Gesicht bekam, war ein graues Plastikscheibchen unter Acryl, nicht größer als ein Fingernagel. Man hatte es in die große Flussschleife unterhalb von Orşova eingebaut, auf dem Museumsmodell, das am Grund eines Stausees aus Kunstharz den ursprünglichen Verlauf der Donau zeigte. Das Scheibchen war unbeschriftet, konnte jedoch nur Ada Kaleh sein, die bewaldete kleine Inselfestung, zu der sich Fermor hatte hinausrudern lassen und deren Bewohner türkisch gewesen waren, *möglicherweise Nachfahren der Soldaten eines der ersten Sultane, die auf den Balkan vordrangen.*

Wahrscheinlich hatte dem unbeschrifteten Plättchen noch nie jemand besondere Aufmerksamkeit geschenkt. Warum auch? Mir hingegen stiftete es einen versöhnlichen Abschied von Fermors Reiseroute. Ich beugte mich ein wenig über den Rand des Modells, wischte mit dem Finger den Staub von der Insel und sah den jungen Briten darunter in einem einfachen Kaffeehaus sitzen. Umgeben von alten Männern im Schneidersitz. Sie lassen ihre Perlenschnüre durch die Finger gleiten und rauchen Wasserpfeife mit Tabakblättern aus Isfahan, während wir, Fermor und ich, über ihre osmanische Tracht staunen, *breite scharlachrote Schärpen ... in zahlreiche Falten gelegte schwarze und dunkelblaue Pluderhosen ... marineblaue Boleros mit kunstvoller schwarzer Stickerei ... ausgebleichte pflaumenfarbene Fese mit locker darum geschlungenen, zerschlissenen Turbanen.*

Wir trinken Raki mit den Männern und löffeln Rosenblättermarmelade dazu, um schließlich durch die gepflas-

terten Straßen der Insel zu spazieren, im Schatten rebenbe-
wachsener Spaliere und zweistöckiger Häuser mit Balkonen, die sich um die Moschee drängen. In einfachen Werk-
stätten werden Zigaretten und Türkischer Honig fabriziert.
Frauen, die unter ihrem Schleier weiße Hosen mit engen
Beinen tragen, wässern Stockrosen und Nelken. Gänse
schnattern zwischen Fischernetzen und Kanus. Und am
Ende eines von Birn- und Maulbeerbäumen gesäumten Pfa-
des entdecken wir einen kleinen Friedhof, auf dem Grab-
steine mit windschiefen Turbanen geschmückt sind.

Als der Muezzin auf der Spitze des Minaretts seine Arme
in die Dämmerung streckt, um zum Gebet zu rufen, suchen
wir uns unten an der Donau ein ruhiges Plätzchen für die
Nacht, in einem Pappelhain, im Gras zwischen Brombeer-
sträuchern. Der Vollmond taucht den Fluss in perlmuttfarbe-
nes Licht, am serbischen Ufer hören wir Pferdefuhrwerke
knarren, und aus dem kleinen Hafen von Orşova bohren
sich *die Lampen eines Schleppzugs wie leuchtende Korken-
zieher* in das Wasser. Wir können beide nicht einschlafen,
liegen einfach nur da, blicken in den Nachthimmel und lauschen der Strömung, die sich an der Westspitze der Insel
bricht wie am Bug eines Schiffes, und in vielem erinnert diese
Stunde an das Gefühl von Ende und Neuanfang, das wir
sechshundert Meilen stromaufwärts auf jener Brücke über
demselben Fluss empfunden haben – dort zwischen Ungarn
und der Slowakei, hier zwischen den Karpaten und dem Balkan –, an die kreisenden Zyklen der Dinge, deren Anfänge
und Enden sich immerzu wiederholen und sich gegenseitig
jagen, bis sie nicht mehr voneinander zu unterscheiden sind.
Würde es dieses Mal ein Anfang sein? Eine Geburt?

Am Morgen – diesem klaren Morgen des 13. August
1934 – krähen Hähne, zwitschern Vögel, der Muezzin ruft.

Wir nehmen ein Bad in der Donau, nippen mit den Alten im Kaffeehaus an unseren Tassen und essen Ziegenkäse mit Fladenbrot. Am Ufer warten zwei Kanus. Eins bringt dich hinüber, Fermor, hinüber nach Orşova. Gleich werden Dorfmädchen an dir vorbeischlendern, Sträuße aus Tigerlilien und Ringelblumen bindend, während dein Pass auf dem Tisch auf seinen siebten Grenzstempel wartet, damit du an Bord der *Saturnus* gehen kannst, des österreichischen Flussdampfers, der jeden Moment aus dem Kazan kommen wird, *eingehüllt in eine Konfettiwolke aus Möwen*, und an Deck wird das Grammophon *Geschichten aus dem Wienerwald* spielen; bei deiner Abfahrt wird es *Die schöne blaue Donau* sein, aber das alles kannst du noch nicht wissen.

Das zweite Kanu? Es ist für mich, Fermor. Auch ich muss weiter, nach Griechenland, in die Mani. Wir sehen uns dort in dreiundsiebzig Jahren. Oder in ein paar Wochen. Komm, lass uns zum Abschied noch ein Spiel spielen. Jeder schreibt einen Satz in sein Notizbuch. Du in deins, Fermor, ich in meins.

»Abgemacht?«

»Abgemacht!«

Wir ziehen unsere Notizbücher aus der Hosentasche. Und jeder schreibt. Schnell. Ohne zu überlegen. Natürlich sind wir neugierig, was der andere geschrieben hat, und tauschen unsere Notizbücher aus, und in beiden steht derselbe Satz: *Es war mein letzter Tag in Mitteleuropa.*

Der Bus nach Calafat an der bulgarischen Grenze fuhr erst in zwei Stunden. Ich aß an einer Bude beim Terminal eine Portion Hackfleischwürstchen mit Weißbrot und Senf. Der Mann am Grill war ein paar Jahre lang als Erntearbeiter im österreichischen Burgenland gewesen.

»Spargel, Erdbeeren, Gurken«, sagte er und bestückte einen Spieß mit Fleischwürfeln, Paprika und Zwiebeln. »Viel Arbeit, gutes Geld.«

Nach seiner Rückkehr hatte er sich die Grillbude am Busbahnhof gekauft. Sie lief gut, aber die Beziehungen zu »Jugoslawien«, wie er Serbien noch immer nannte, seien schon besser gewesen. Unter Tito und Ceauşescu politisch eng befreundet, brauchten Rumänen und »Jugoslawen« jetzt ein Visum für die jeweils andere Seite der Donau.

»Probleme!«, sagte der Mann und schlug zwei Spieße gegeneinander, damit das Fett wegspritzte. »Mladić, Karadžić, Kosovo – Probleme!«

Mit den Bulgaren verstehe man sich dagegen gut. Keine Visumspflicht, natürlich nicht, beide Länder gehörten seit Kurzem zur Europäischen Union. Und wenn »Jugoslawien« erst in die EU komme, sagte der Mann, werde alles wieder gut.

»Aber Jugoslawien ist noch nicht so weit, noch lange nicht.«

In der Art, wie er das sagte, schwang ein wenig Überheblichkeit mit, eine Mischung aus Genugtuung und Mitleid, wie wenn einer, der gerade ein neues Auto gekauft hat, sich über das klapprige Fahrzeug des Nachbarn auslässt.

Dabei manifestierten sich die Gegensätze auch im Land selbst. Am Busbahnhof wuchteten Frauen in zerschlissenen Gewändern – ihre Ohrläppchen von einem Goldschmuck geweitet, der aus der Not heraus längst versetzt worden war – ihre Babys von einem Arm auf den anderen. Die bemitleidenswerten kleinen Kreaturen hatten von Geburt an Schwerstarbeit zu leisten, um die Familie durchzubringen, indem sie ihre rotznäsigen Überredungskünste aufboten, während ihre Mütter sie bettelnd durch die Reihen der Reisenden trugen, die sich gegenseitig mit den neuesten Foto-handys knipsten oder auf ihren Laptops *wireless* Termine mit Geschäftspartnern in Bukarest vereinbarten. Maultiere mit schwärenden Schulterblättern zogen Kartoffeln und Viehfutter auf Holzkarren durch die Straßen, während sich westliche Limousinen mit getönten Scheiben, Frontspoilern und Alufelgen darin maßen, wer die lauteste Popmusik auf-bieten konnte. Ein Schäfer trieb seine Herde über den Bus-parkplatz und sammelte die Exkremente seiner Tiere als Brennstoff ein, jeden einzelnen Köttel – unter den knalligen Aufschriften der Busse, die *Wunderreisen* oder *Your Direct Trip to Paradise* versprachen.

»Jugoslawien kommt noch lange nicht in die EU«, wie-derholte der Mann am Grill. »Bei uns in Rumänien gibt's zwar auch keine Arbeit und kein Geld. Aber *wir* sind Mit-glied – immerhin!«

Die Vorhänge des Busses nach Calafat hingen in Fetzen. Von meinem Sitz aus hatte ich freie Sicht auf den Arbeits-platz des Fahrers, für den das Rauchverbot wie immer nicht galt. Dicke Schwaden stiegen an den verrußten Kunststoff-himmel, die Armaturen waren außer Betrieb, die Ablagen mit grauem Teppichboden beklebt und mit einer improvi-sierten kleinen Holzschublade für die Einnahmen versehen. Um das Lenkrad schlang sich Paketklebeband, und der Ku-gelschreiber, mit dem der Fahrer die Tickets entwertete, steckte in einer Halterung, die wie ein kleines Aquarium mit Wasser gefüllt war. Bei jeder Bodenwelle hüpfte ein Gum-mifrosch. Den abgebrochenen Schalthebel des Busses zierte ein Dildo.

Die Musikanlage hingegen war brandneu. Mit Digital-anzeige, LED-Ketten und Schwarzlicht. Der Fahrer spielte Deep House, eine Musik, die ich mit Lounges, Longdrinks

154

und Ledersofas verband. Im Fußraum des Beifahrersitzes sorgte ein Subwoofer dafür, dass die tiefen, weichen Bässe meine Hosen an den Schienbeinen flattern ließen. Die Frau, die zwischen mir und dem Fenster saß, eine winzige Alte mit Kopftuch und Schildkrötenhaut, bewegte ihre Hand im Takt der Clubmusik, während im Karton auf ihrem Schoß zwei Dutzend gelbweiße Küken zwitscherten. Sie streckten ihre flatternden Kehlen und aufgesperrten Schnäbel aus den Löchern und zwickten mich in den Unterarm. Draußen galoppierte ein Schimmel mit wehender Mähne vor einem Wagen mit Maisstroh.

Zu meiner Linken, durch den Mittelgang von mir getrennt, war ein Mann in Jeans und Sakko in seine Zeitung vertieft. Auf einer Doppelseite sah ich Archivbilder des rumänischen Diktators Nicolae Ceaușescu: ein ergrauter Herr mit Geheimratsecken, tief liegenden Augen und rustikalen Krawatten. Auf jedem Foto hatte er denselben verbissenen Gesichtsausdruck.

»Hundesohn!«, sagte der Mann, als er merkte, dass ich in seine Zeitung sah.

Ich entschuldigte mich und konzentrierte mich wieder auf die Küken.

»Nicht Sie!«, sagte der Mann auf Englisch und legte seine Hand auf meinen Arm. »Ceaușescu, *you know*! Ceaușescu!«

Noch bevor wir Gelegenheit hatten, uns vorzustellen, trat er eine Wortlawine los, die stetig an Fahrt gewann. Und jedes Mal wenn er »Securitate« sagte, huschte ein Schatten über die Donau, die rechts von der Straße im Gegenlicht glitzerte, und die Schildkrötenhand meiner Nachbarin setzte ein paar Takte aus, um ihren Küken mit beruhigender Stimme zuzureden.

Immerhin sei der Hundesohn Ceaușescu im Westen bis in die Zeit der Perestroika hinein ein angesehener Staatsmann gewesen, sagte mein Nachbar, der für den Rest seines Monologs einen Punkt zwischen meinen Augen fixierte. Jenseits des Eisernen Vorhangs habe man über Ceaușescus harten innenpolitischen Kurs hinweggesehen, weil er eine von Moskau eher unabhängige Außenpolitik betrieb. Da hätte der Westen auf einmal nichts gegen eine Diktatur nach dem Vorbild Stalins einzuwenden gehabt. Dabei habe sich der Hundesohn vor allem auf sein *Departamentul securitații statului* gestützt, die Securitate, *you know*, eine schwer bewaffnete Geheimpolizei mit 100 000 Mann und viermal so vielen Informanten, Bluthunde, die dir die Eier rausrissen und sie zum Frühstück verputzten, in guter Absicht, verstehe sich, alles in der allerbesten Absicht, in welcher der *Conducator*, der »große Führer«, auch die rumänische Agrargesellschaft in einen modernen Industriestaat habe verwandeln wollen, indem er wie Stalin die Schwerindustrie forcierte ... aber der Hundesohn habe Rumänien auf Grund gefahren, Schiffbruch, *you know*, 1982 sei das Land bankrott gewesen, und um die westlichen Kredite zurückzuzahlen, habe er die Rumänen geopfert, ihnen Strom und Gas abgedreht und ein paar Lebensmittelscheine hingeworfen, das müsse man sich vorstellen, dem eigenen Volk, Papierfetzen für ein bisschen Brot, Mehl und Zucker, gerade genug zum Überleben ... und nicht nur um Nahrung, Licht und Wärme habe Ceaușescu sie betrogen, um alles, alles, selbst um die eigene Meinung, weil internationale Medien auf dem Index gelandet und Radiosendungen aus den benachbarten sozialistischen Reformländern von den Bluthunden gestört worden seien, aber in den Parteikantinen, *you know*, in den Parteikantinen hätten sie Schampus gesoffen und sich mit

Gänseleberpastete vollgefressen … überall in Osteuropa seien doch die Grenzen gefallen, die Welt habe sich verändert in diesen Jahren, rasant verändert, das stimme doch, oder? Oder? Na also! Aber der Hundesohn habe einfach weitermachen wollen, als sei nichts geschehen, wie lange hatte er geglaubt, dass sie, die Rumänen, da noch tatenlos zusähen? Bis zum 15. Dezember '89! Keinen Tag länger! Keinen! In Timişoara sei es damals zu ersten Demonstrationen gekommen, Parolen wie »Weg mit Ceauşescu!« und »Freiheit!« hätten die Leute geschrien, bis ihnen die Stimmen versagten. Und was macht Ceauşescu? Was lässt sich dieser Straßenköter einfallen? Er erteilt Schießbefehl! Panzerfahrzeuge feuern auf Wohnhäuser. Es gibt viele Tote, darunter auch Kinder. Und während die Unruhen auf andere Städte übergreifen, behauptet der Hundesohn in einer Fernsehansprache, in Timişoara seien »ungarische Faschisten« und »Hooligans« am Werk … er glaubt, er kann einfach so weitermachen, glaubt, er kann uns für Trottel verkaufen, haha, er weiß noch nicht, dass in ein paar Tagen zwei Dutzend Kugeln in seinem Schädel stecken, denn jetzt kocht Bukarest, ganz Bukarest kocht, *you know*, und auf dem Universitätsplatz schlachten die Bluthunde Demonstranten massenweise ab, richten ein gottverdammtes Massaker an, Schreie, ah, diese Schreie, er höre noch immer die Schreie der Unglücklichen, und sie ließen ihm das Blut in den Adern gefrieren. Also los! Los, los, los! Jetzt wird das Zentralkomitee gestürmt, die Tür eingedrückt und die Treppen hinaufgerannt, um den Bastard zu holen, aber Ceauşescu zieht den Schwanz ein, seinen feigen, mickrigen, impotenten Schwanz, und flüchtet mit seiner Elena in einem Hubschrauber vom Dach. Weit kommen sie nicht, nein, noch am selben Tag kriegen wir sie, *you know*, und gegen Mittag des

22. Dezember – nur sieben Tage nachdem in Timişoara alles angefangen hat – da tritt Mircea Dinescu vor die Kameras des Staatsfernsehens, unser Dinescu, Schriftsteller, Bürgerrechtler, unser aller Dinescu verkündet den Sieg der Revolution … die Armee schlägt sich gleich auf unsere Seite, aber die Bluthunde, ach, was sag ich, die Ratten der Securitate verschanzen sich im Bukarester Kanalsystem. Ratten, *you know*, Ratten, die sich in ihrer eigenen Scheiße verkriechen. Tagelang. Und dabei wissen sie nichts, gar nichts, wissen nicht einmal, dass ihr Rudelführer und sein Frauchen zur gleichen Zeit von einem anonymen Sondergericht im Schnellverfahren verurteilt und sofort hingerichtet werden. Bam, *you know*, bam-bam-bam! Ins Herz. In den Kopf. Und keine Kugel verfehlt. Keine! Erst als das Fernsehen am zweiten Weihnachtsfeiertag die erschossenen Hundsfotte zeigt, gibt das Pack in der Kanalisation auf – und wenn ich ihn jetzt entschuldigen würde, sagte mein Mitreisender, er sei wirklich sehr erfreut, mich kennengelernt zu haben, ausgesprochen interessante Unterhaltung, aber hier müsse er aussteigen, Ostroval Curbolui, da wohne er seit ein paar Jahren. Ein Händedruck, die Rückenansicht, und weg ist er.

Botita … Chilia … Devesel … allmählich wirkt die elektronische Musik nicht mehr so sehr wie das Gegenteil des archaisch anmutenden Alltags draußen, denn während der Fahrer an seinem Lenkrad dreht wie ein DJ am Plattenteller, tragen uns seine Beats durch Alleen mit weit ausladenden Buchen, deren Stämme mit dem gleichen Weiß getüncht sind wie die Lattenzäune der windschiefen Häuser. Schmale Stege führen über die Straßengräben zu Gartentoren, neben denen sich Frauen auf Holzbänken gegenseitig Zöpfe flechten. Schwebende Akkorde und dezente Schlagzeugfiguren legen sich über Gänsefamilien, Ziegen mit zottigem Fell und

Schafe, die in der Ferne grasen, bewegungslos wie Fels-buckel oder Buschwerk, während sich die Hirten gelassen auf ihre Stöcke stützen und schnurgerade Feldwege ins wei-che Licht des Nachmittags streben. Das alles wird unter-malt vom wohlklingenden Wechselgesang der Dorfnamen … Rogova … Bucura … Vânători … Aurora … Moreni … Hu-nia … Maglavit … Basarabi – und die Küken im Karton der Schildkrötenfrau flöten: »Piep! Piep! Piep!«

Ich wünschte Fermor, dass er in Calafat von Bord der *Satur-nus* gegangen war. Das lebendige Grenzstädtchen hätte ihm gefallen. Mit seinen von Kastanienbäumen gesäumten Al-leen, Jugendstilvillen und Cafés auf den breiten Gehwegen muss es schon damals ein charmanter Ort gewesen sein. Im Garten eines Hauses mit aufwendigen Stuckfassaden aß ich gegrilltes Huhn und trank zwei frisch gezapfte *Timișoreana*. Ein junger Roma ließ die Finger über seinen Synthesizer fliegen, und ein kräftiger Mann in Motorradjacke sang ru-mänische Volkslieder dazu.

»Wie oft spielen die beiden hier?«, fragte ich den Bar-mann, einen hellhäutigen Blonden, der Röhrenjeans und Converse-Turnschuhe und über der rechten Braue ein Pflas-ter trug; sein Auge war blau unterlaufen.

»Jeden Abend«, sagte er und stieß mit mir an. »Außer montags, da haben wir geschlossen.«

Die Gäste saßen in kleinen Grüppchen auf Bänken, tran-ken, rauchten, lachten. Weiter unten schimmerte der Fluss durch die Baumkronen des Kirchgartens.

»Friedlich.«

»Hm.«

»Was ist mit deinem Auge passiert?«

»Der Bierkrug eines Gastes.«

»Hm.«

»Ganz friedlich.«

Er hatte Italien und Spanien bereist und acht Monate in einem Pub in Nizza gearbeitet, in »Nice«, wie er sagte.

»Bist du hier geboren?«

»Genau hier.«

»Schön.«

»Schön zum Weggehen, weit weg …«

Fledermäuse glitten durch die Nacht.

»… aber nur weil ich weiß, dass ich wieder heimkomme.«

Darin unterschieden wir uns.

Die Fähre zum bulgarischen Ufer fuhr im Stundentakt und rund um die Uhr. Ich wollte die Donau jedoch nicht bei Dunkelheit überqueren, denn auf dem Weg nach Griechenland würde ich sie nicht mehr zu Gesicht bekommen. In der Nähe der Anlegestelle fand ich direkt am Ufer unter den Buchen eine kleine Wiese. Ich schnitt ein wenig Schilf, breitete es gegen die Feuchtigkeit aus, die der Boden über Nacht aufnehmen würde, und rollte mich zwischen Löwenzahn und Butterblumen in meine Decke ein. Durch die Haselnusssträucher hörte ich die leisen Stimmen der Lastwagenfahrer, Bulgaren, Rumänen, Serben, auch Deutsche, die bei ihren Sattelschleppern auf die Fähre warteten. In der Flussmitte zog ein Passagierschiff stromabwärts. Die untersten Kabinenfenster lagen dicht über der Wasserlinie, und hinter den Scheiben des Zwischendecks sah ich Leute in umbrafarbenem Licht tanzen. Der Wind trug die Musik zu mir herüber, bis sie gemeinsam mit den Schiffsmotoren in den Wellen verstummte, die wenig später ans Ufer klatschten, ein Geräusch wie am Meer; es hielt noch an, als die Bordlichter längst in der Ferne erloschen waren, und verebbte schließlich im leisen Klicken der Steine und in kaum hörbaren Strudeln und Wirbeln, vertraute Laute, in die sich nun die Stimmen anderer Flüsse mischten, Flüsse, die mir viel bedeuteten, der Rhein und die Wolga, der Amazonas, der Sepik, der Niger und der Kongo ... ich schloss die Augen, und alle stimmten sie ein, beschworen Erinnerungen in mir herauf und verströmten diesen Geruch, für den es keinen Namen gibt, weil er älter ist als alle Sprachen und die großen Ströme ihn dem Wort voraushaben. Wenn du die Zeit riechen könntest, dachte ich und atmete tief ein, dann hätte sie diesen unverkennbaren Duft. Als ich die Augen wieder öffnete, war die letzte Ahnung von einem Rot im Westen verglüht und der Mond aus dem Strom gestiegen wie ein brennender Ballon. Das bulgarische Ufer bestand nur noch aus einer vagen Silhouette zwischen Himmel und Fluss.

Am Morgen weckte mich eine Krähe. Sie flog so dicht über meinen Kopf hinweg, dass ich das Rauschen ihres Gefieders hörte, und später, als sie schon über der Donau war, fast drüben in Bulgarien, krächzte sie laut. Neben mir lagen die Thermosflasche und die unbenutzten Kompressen vom Vorabend. Zum ersten Mal seit langer Zeit war mir meine Heilbehandlung unpassend vorgekommen und ich war ohne Augentrost eingeschlafen. Frösche quakten. Nur ein paar Büsche von mir entfernt lagen Hunde im hohen Gras wie ihre afrikanischen Verwandten nach einer durchhetzten Nacht. Rauchschwalben – oben blauschwarz, unten weiß, ihr Schwanz tief gegabelt – schnappten im Gleitflug nach Insekten. Der Himmel war wolkenlos. Zwei Kondensstreifen zeigten wie Pfeile nach Süden, nach Griechenland.

Niemand kontrollierte meinen Pass, als ich an Bord der Fähre ging. Mit jedem Sattelschlepper senkte sie sich tiefer in den Fluss. Als wir ablegten, wurde die Rampe nur ein kleines Stück hochgezogen, gerade genug, um sich aus dem Wasser zu heben. Die Lastwagenfahrer standen auf dem Blech, rauchten, unterhielten sich, die Hände in den Hosentaschen, wenige Zentimeter über der beträchtlichen Strömung. Keiner von ihnen sah hinaus auf das Wasser. Für sie war die Donau ein Hindernis, das es zu überwinden galt, in mir hingegen ließ sie eine romantische Freude darüber aufsteigen, dass es hier noch keine Brücke gab.

Etwa in der Flussmitte verstummten die Motoren, und das Vibrieren des Stahlkolosses riss ab. In einer Schweigeminute zwischen den Grenzen drehte der Kapitän den Kasten in die Strömung und ließ ihn flussabwärts treiben. Ich sah zu, wie die Hafen- und Zollanlagen von Calafat zurückblieben, die pastellfarbenen Fassaden der Jugendstilvillen und die silberne Kirchenkuppel über Kastanien und Buchen. Als die Maschinen wieder ansprangen und die Fähre auf das bulgarische Ufer zusteuerte, warf ich einen letzten Blick auf die Donau, ein gleißendes Band, auf dem bewaldete Inseln trieben, um sich stromabwärts in der walachischen Ebene aufzulösen. Ich stellte mir vor, wie der Strom, der auf meinem Weg so viele Namen gehabt hatte – Donau, Duna, Dunaj, Dunav, Dunărea –, von hier aus durch das rumänische Tiefland und durch die sumpf- und seenreichen Auen der Balta strömte, als flüssige Nordgrenze Bulgariens und des Balkans, um sich bei Galaţi – fast tausend Meter breit – nach Osten zu wenden und sich am Ende einer zweitausendachthundertfünfzig Kilometer langen Reise in einem von Millionen von Vögeln bevölkerten Delta ins Schwarze Meer zu ergießen.

Während sich die Fähre dem Hafenbecken von Vidin näherte, sah ich *Täler, Wälder und Steppen, Ebenen mit gewal-*

tigen, eine halbe Meile hohen Staubwirbeln, Schluchten und
bemalte Klöster, Sümpfe, in denen abstruse religiöse Fanati-
ker hausten, riesige Herden und Rinder- und Schafhirten mit
merkwürdig geformten Musikinstrumenten und verstreut in
Feld und Wald einzelne Herrenhäuser, in denen hochgebil-
dete Bojaren lebten und sich in die Werke von Proust und
Mallarmé vertieften – dann schoben sich verrostete Ladekräne ins Bild, ein heftiges Beben ging durch den Schiffskör-
per, die Rampe knallte ans Ufer, und ich war ... in Bulgarien!

Auf der rechten Seite eines langen Korridors lagen hinter
Stahlstäben überwucherte Schienen; links warteten hinter
Stacheldraht zahllose Limousinen auf ihre Verschiffung.

»Wohin?«

»Nach Griechenland.«

Der bulgarische Grenzbeamte gab mir den Pass zurück
und sagte: »Mit dem Taxi nach Vidin, ein paar Kilometer,
zwei Euro. Von dort weiter mit dem Bus nach Bregovo.
Über die Grenze nach Serbien müssen Sie zu Fuß.«

Von Vidin sah ich wenig mehr als die Plattenbauten um den
Busbahnhof. Sie erinnerten an Kartons. Auf ihre Fassaden
hatte man riesige Nummern gemalt, ohne die sie kaum
voneinander zu unterscheiden gewesen wären. In den übel
riechenden Katakomben des Terminals verbrachte eine alte
Frau ihr Leben hinter einer grün gerahmten Glasscheibe,
vor der ein handgeschriebener Zettel mit der Aufschrift *0,20*
lag. Sie war so blass, als habe sie das Tageslicht seit Jahren
nicht erblickt. Ich beeilte mich zu tun, was zu tun war, legte
beim Hinausgehen zwanzig Euro in das Tellerchen, den Be-
trag, den ich durch meine Übernachtung am Flussufer ein-
gespart hatte, und stieg die Treppen hinauf wie Orpheus
nach der Rettung seiner Eurydike; nur dass ich der Versu-

chung widerstand, mich umzuschauen, ehe ich die Oberwelt erreichte.

»Solange in Jugoslawien Krieg war, ist es uns gut gegangen«, sagte der Mann, der mir ein Ticket nach Bregovo verkaufte.

Sein Gesicht schien eigenartig sensibel auf die Schwerkraft zu reagieren. Lippen, Lidsäcke und Backentaschen hingen weit herab. Er saß in einem Bretterverschlag, der gerade groß genug für ihn, einen Ticketblock und ein Stempelkissen war. Ich sah keine Tür und stellte mir vor, wie er den Verschlag hochhob, um hineinzugelangen.

»Solange drüben Krieg war, ist es uns gut gegangen«, wiederholte er, als ich nicht reagierte. »Die Vereinten Nationen haben uns reich gemacht.«

»Die Vereinten Nationen?«

»Ihr Embargo gegen Jugoslawien«, sagte der Mann und sein Hängegesicht wackelte wie Götterspeise. »Jeder Vidiner mit etwas Grips hat damals Benzin nach Serbien geschmuggelt.«

Sie seien einfach über die Grenze gefahren. Mit Bussen, Lieferwagen, Traktoren, Autos, Mopeds, mit allem, was fahren konnte – hin mit vollem Tank, leer zurück, tagein, tagaus, jahrelang, da habe sich gut verdienen lassen. Und die Zöllner erst! Die hätten sich von ihren »Kommissionen« schöne Häuser gebaut. Die verdankten sie den Vereinten Nationen. Und Milošević.

»Seit Frieden ist, sind die guten Zeiten vorbei«, sagte der Ticketverkäufer. »Bis vor Kurzem kamen wenigstens noch die Serben, um in Vidin billig einzukaufen.«

»Jetzt nicht mehr?«

»Seit wir in der EU sind, ist der Ofen aus«, klagte er. »Die Serben brauchen jetzt ein Visum, sie kommen nicht mehr.«

Er rieb mit den Händen so stark in seinem Gesicht, dass ich fürchtete, er könnte seine Züge für immer verwischen; dann seufzte er wieder: »Solange drüben Krieg war, ist es uns gut gegangen.«

Schließlich ließ er mich an der neuen großen Hoffnung vieler Vidiner teilhaben: die Brücke, die über die Donau hinüber nach Calafat gebaut werden würde. 236 Millionen Euro, sagte der Ticketverkäufer. Ein Viertel bezahle Bulgarien, den Rest … wer könne das schon wissen? Wahrscheinlich die EU. 2010 jedenfalls sei sie fertig, die Brücke, und dann führen alle Lastwagen, die zwischen der Türkei und Westeuropa verkehrten, durch Vidin, da lasse sich gut verdienen, tagein, tagaus, ganz legal.

»Die Brücke wird noch besser als der Krieg«, sagte er, und seine Tränensäcke leuchteten.

Die Europäische Union endete an einem Gartenzaun in Bregovo. Der Schlagbaum hing mitten im Dorf. Ein Schild kündigte *Serbien und Montenegro* an, als habe niemand in diesem entlegenen Winkel des Kontinents bemerkt, dass der Staatenverbund längst nicht mehr existierte. Wie an jeder Grenze, die ich bis dahin überschritten hatte, kam es auch den bulgarischen Beamten seltsam vor, dass ich ohne Auto unterwegs war. Sie stellten die übliche Frage, erhielten meine Antwort und ließen mich passieren. Ich durchquerte den zweiten Streifen Niemandsland an diesem Tag, ebenfalls mit Stahlgittern gesichert, nur dass hier rechts Kühe grasten und links eine Waschstraße auf einreisende Fahrzeuge wartete, um sie zu desinfizieren.

Nach ein, zwei Kilometern erreichte ich die serbische Zollstelle; auch hier erstaunte Gesichter, aber niemand filzte mich.

»Wohin?«

Jeder Grenzbeamte in Mittel- und Osteuropa schien dieses eine deutsche Wort zu beherrschen.

Auf der serbischen Seite der Grenze gab es keinen Ort, keinen Bus, kein Taxi; hier war niemand. Ich ging die verlassene Landstraße hinunter. Nach einer Weile hielt ein dunkelroter Sattelschlepper, die Beifahrertür flog auf, die Unterarme des Fahrers hatten den Umfang meiner Oberschenkel. Zwischen Daumen und Zeigefinger war ein schwarzgrüner Anker tätowiert. Er lächelte freundlich, ich stieg ein.

Todor stammte aus Nordwestbulgarien und fuhr mit seinem Sattelschlepper zwanzig Tonnen türkische Toilettenschüsseln nach Deutschland; fünf Abladestellen: einmal Berlin, zweimal Hamburg, zweimal Kiel.

»Bulgarien, Rumänien, Serbien – Scheiße!«

»Warum?«

»Kein Arbeit, kein Geld. Aber Deutschland gut. In Bulgarien heiß ich Todor – in Deutschland Heißichans.«

Er sprach Hans wie Chans aus.

»Chans! Chans! In Deutschland Heißichans!«

Wir lachten.

Er kam gerade aus Vraca, nördlich von Sofia, wo seine Spedition ihren Hauptsitz hatte und die Ladung aus der Türkei umgeschlagen worden war. Seit acht Jahren fuhr er nach Deutschland. Dreihundert Euro für die Hin- und Rückreise. Wenn es gut lief, schaffte er zwei Touren im Monat. Seine Frau arbeitete als Laborantin im Krankenhaus von Vraca. Für monatlich neunzig Euro.

»Bulgarien – Scheiße!«

Das Führerhaus war sehr gepflegt. Todor wischte die Armaturen regelmäßig mit feuchten Tüchern, damit sie glänzten.

»Normal!«, sagte er und ließ bei neunzig Sachen und zwanzig Tonnen türkischer Kloschüsseln im Rücken das Lenkrad los, um mir das Reinigungsritual in seiner Kabine vorzuführen. »Schlafzimmer! Wohnzimmer! Küche! Alles!«

An der Windschutzscheibe hing ein Duftbaum mit der Aufschrift *Frühling*, daneben bimmelte eine Miniaturkuhglocke bei jeder Unebenheit der Straße, also praktisch ununterbrochen. Todor hatte sich das Glöckchen vor ein paar Jahren an einem Schweizer Grenzübergang gekauft, zum Andenken an die vier entspannten Tage, die er im Gewahrsam des eidgenössischen Zolls verbracht hatte, während Spürhunde zwischen Fernsehern und DVD-Playern aus der Türkei nach »Haschisch und Bomben« suchten.

»Vier Tage! Stell dir vor Chef!«

Bei Negotin musste Todor nach Norden weiter und ließ mich an der Kreuzung nach Niš raus. Wir reichten uns die Hand, und zum Abschied sagte er: »Straße beste Heimat!«

SKOPJE

»Terroristen!«, sagte die Frau am Fahrkartenschalter und fuhr mit dem Daumen über ihre Kehle. »Sie jagen serbische Busse in die Luft!«

In Niš, dem etwas finster wirkenden Zentrum Südserbiens, gab es Reste der Sommerresidenz von Konstantin I. und einen Turm aus Totenschädeln, doch als ich am Busbahnhof ankam, entschied ich mich, nach Priština weiterzureisen. Ich würde im Kosovo den englischen Journalisten besuchen, dessen Adresse ich von Anica in Belgrad erhalten hatte, und von dort über Albanien nach Griechenland weiterreisen. Obwohl es nicht weit bis zur Grenze war, gab es, wie sich herausstellte, keine direkte Verbindung ins Kosovo. Die Frau am Schalter bot mir ein Ticket nach Merdere an. Zumindest verstand ich den Namen so: Merdere. Ich konnte den Ort auf meiner Karte nicht finden und fragte noch mal nach.

»Merdere! Merdere!«, rief die Frau; hinter mir bildete sich eine Schlange.

Und nein, sie könne mir den Ort *nicht* auf meiner Karte zeigen, zischte sie ungeduldig durch den Sprechschlitz, sie wisse nicht, wo Merdere liege oder wie lange die Fahrt dort-

hin dauere, und auch nicht, wie man von dort aus weiter-
komme. Sie wisse nur, dass die Verrückten, die – aus Gründen, die nur der Herrgott kenne – ins Kosovo wollten, eben
über Merdere führen und dass ich jetzt entweder ein Ticket
dorthin kaufen oder zur Seite treten sollte, damit die Leute
hinter mir an die Reihe kämen.

»Also was jetzt? Nach Merdere? Oder nicht nach Merdere?«

»Merdere klingt nicht gut«, sagte ich und lächelte ihr geduldig zu. »Sie halten das wahrscheinlich für blanken Unsinn, aber ich glaube, dass Ortsnamen sozusagen verschlüsselte Botschaften enthalten, dass ein Ort im Klang seines
Namens *sichtbar* wird. Denken Sie nur an –«

Sie gab jemandem in meinem Rücken ein Zeichen. Im
Spiegel der Glasscheibe sah ich, wie sich ein Uniformierter
in Bewegung setzte; er kam direkt auf mich zu.

»Beim Klang von ›Merdere‹ steigen keine freundlichen
Landschaftsbilder vor mir auf«, fuhr ich fort und spürte,
wie sich die Hand des Uniformierten auf meine Schulter
legte.

Tatsächlich hörte sich »Merdere« eher bösartig an, schnei-
dend, hinterhältig, sein Klang erinnerte mich an das französische *merde* und an »Mord«, »Mörder«, »Mörder, eh!«.
Gepaart mit der Vorstellung, ich könnte mitten in der Nacht
im Grenzgebiet zum Kosovo ankommen, ohne die leiseste
Ahnung davon zu haben, wo genau ich mich –

»Problem?«, kläffte der Uniformierte; seine linke Hand
krallte sich in meine Schulter, die rechte lag auf seiner Pistole.

»Wohin fährt *dieser* Bus?«, fragte ich die Frau hinter dem
Schalter und zeigte auf ein schönes rotes Exemplar, in das
gerade Leute einstiegen.

»Skopje, Mazedonien!«

Ich kaufte ein Ticket und stieg ein. Skopje lag auf dem Weg nach Griechenland. Da konnte man nichts falsch machen.

… wie die Abendsonne den Schatten des Busses hinaus in die Felder wirft und in einem der Fenster deine Silhouette über den Ackerboden gleiten lässt … im Osten erheben sich malvefarbene Bergrücken, ein einsamer Bussard zieht seine Kreise am leer gefegten Himmel, und du schaust wie hypnotisiert auf deinen über die Erde rasenden Schatten … merkst du was? … merkst du, wie viele unserer Erfindungen und Maschinen allein dem Zweck dienen, so schnell wie möglich an ein Ziel zu gelangen? … nimm diesen Bus: Er bringt dich nach Skopje, wo dich ein neues Ziel rufen wird, hinter dem ein anderes auf dich wartet und dahinter noch eins und noch eins und so weiter, und so fort … bis zu jenem Koordinatenkreuz über dem Atlantik, wo Scharen von Zugvögeln auf ihrem Weg von Afrika nach Amerika zu kreisen beginnen … in der Mitte des Ozeans, genau dort, wo sich vor Jahrmillionen die beiden Kontinente voneinander lösten, suchen sie ihrem Instinkt folgend das Land ihrer Vorfahren, bis sie erschöpft ins Meer fallen und ertrinken …

… wenn du also etwas über einen Schriftsteller wissen willst, such nicht nach ihm, lies seine Bücher, was meinst du, Michalis, blinder Michalis, du weißt doch sonst immer alles, was hältst du davon? … und so jagst du durch dein Leben, wie dein Schatten draußen über die Felder jagt, und verlernst das Wandern, das Wandeln, das heitere Umherschweifen auf ein Ziel hin, das dich ohnehin erwartet, auch wenn du nicht danach suchst … und jetzt fährst du nach Griechenland, haha, nach Griechenland, wo sie alle unter Olivenbäumen sitzen und frisch gerollte Tabakblätter rauchen und nur darauf warten, dir den Weg zu weisen, den Weg zur Tür, du weißt schon, zur sich häutenden himmelblauen Holztür …

… ah, diese Gedanken, Erinnerungen, Ideen, Bilder – keine Ahnung, woher die alle kommen, sobald du in Bewegung bist, geht es los … lehn dich zurück, überlass dich dem Schaukeln und Wiegen, und die Straße singt ihr Lied für dich, sie gibt dir alles ein … aus den langen Reihen blühender Apfelbäume, wo Männer mit Atemschutzmasken aus geschulterten Tornistern einen irisierenden Dunst versprühen … Schrottberge wuchern in Industriegebieten wie Krebsgeschwüre … und dein Bus fährt nach Süden, immer weiter nach Süden – du weißt zwar nicht, welche Tiere vor zehntausend Jahren durch Mazedonien gezogen sind, aber du weißt, dass diese Autobahn ihren saisonalen Wanderrouten folgt … nach Skopje, das wie alle Städte, alle Dörfer und noch die kleinsten Siedlungen auf diesem Planeten nichts anderes ist als ein Tor, das sich irgendwann an einer Kreuzung, einer Furt, einem Zusammenfluss gebildet und im Lauf der Zeit zu dem ausgeweitet hat, was es heute ist: ein Tor zu weiteren Wegen … Tore, die allesamt nur Durchgangsstationen sind … der einzige Ort, der wirklich zählt, liegt in Griechenland, in der Mani … das Tor zu einer Art Heiligtum … wie Varanasi, Mekka, Jerusalem.

»Der Balkan-Typ«, flüsterte die junge Frau auf dem Platz neben mir.

Ich sah sie verwirrt an; sie hielt sich die Nase zu.

»Unsere Männer sind vom Balkan-Typ, sie riechen streng!«, näselte sie und zeigte auf mein Notizbuch. »Was schreibst du da?«

… Tor zu einer Art Heiligtum … wie Varanasi, Mekka …

»Na?«

»Was mir so in den Sinn kommt.«

»Mein Name ist Diana«, sagte sie und ließ ihre Nase los.

»Schreib das: D-i-a-n-a! Wie die englische Prinzessin!«

»War die nicht blond?«

»Sie hätte lieber schwarzes Haar gehabt wie ich. Schreib das!«

In Kumanovo steigt sie aus ... umflirrt von Erinnerungssplittern, von erfüllten und unerfüllten Träumen, bedeutungslosen Errungenschaften, Glücksmomenten, verpassten Chancen, Wahnvorstellungen und wohltuenden Worten – »Maracaibo«, »Timbuktu«, »Mandalay« ... ein Hagel von allem Möglichen ... schwelende Wolkenränder im Westen, elektrische Entladungen in den Bäuchen gewaltiger, sich auftürmender Dunstmassen im Osten ... Tausende von kleinen Adrenalinbeutelchen, die gleichzeitig in deinem Körper platzen ... *Sag doch was! Bist du es? Hungrig nach dir? Nach deinem Wort?* ...

... gegen Mitternacht kommt endlich die Grenze in Sicht ... Mazedonier, Griechen, Türken in Autos mit deutschen und Schweizer Kennzeichen bilden kilometerlange Schlangen ... freie Fahrt für Linienbusse, problemlose Abfertigung: *Welcome to the Republic of Macedonia* ... und da fällt mir ein, dass ich heute Morgen noch am Donauufer in Rumänien aufgewacht bin, dass ich an einem einzigen Tag vier Länder durchquert habe ... sieht ganz so aus, als hätte ich möglichst schnell möglichst viele Grenzen zwischen dich und mich bringen wollen.

»Im März 1689 verlässt der Dichter Matsuo Bashō sein Haus ...«

»... ja, Michalis, ich erinnere mich: Bashō verlässt sein Haus und seinen Garten im japanischen Hinterland ...«

172

»… um den schmalen Weg zum Ende der Welt zu gehen.«
Wenig später ist zum ersten Mal Athen angeschrieben:
745 Kilometer.

In der Altstadt von Skopje zog ein Friseur seinen Rollladen
hoch. Es war noch früh am Morgen, die Straße wie ausgestorben. Der wuchtige Mann mit den buschigen Augenbrauen trug einen hellblauen Strickpullover mit einem rosa
Querstreifen über der Brust. Er winkte mich zu sich, ich
trat ein, setzte mich auf den gepolsterten Stuhl und nahm
den türkischen Kaffee, den er mir anbot. An den Wänden
hingen verblasste Poster mit Haarschnitten aus den Achtzigern. Unter einer Glasplatte lagen Familienfotos, am Boden
Haarbüschel vom Vortrag. Eine abgebrochene Schere diente
als Antenne für ein Radio; es lief amerikanische Popmusik.

Der Friseur hieß Ramush. Er war Albaner aus dem Kosovo und während des Ausnahmezustands nach Skopje geflohen. Das serbische Parlament hatte damals gerade die
Autonomie der Provinz aufgehoben. Als die Kosovaren wenig später ihre Unabhängigkeit erklärten, löste Milošević
kurzerhand ihr Parlament und ihre Regierung auf und entließ fast alle Albaner aus öffentlichen Ämtern. Die meisten
von Ramushs Verwandten und Bekannten, erzählte er, während wir in den Frisierstühlen saßen und unseren Kaffee
tranken, seien jedoch während der serbischen Gegenoffensiven im Kosovo und der Luftangriffe der NATO gegen serbische Ziele geflohen oder vertrieben worden.

»Vater, Mutter: Geneva, Schwyz«, sagte er; dann zählte
er seine europäischen Lieblingsfußballclubs auf. »Deutschland: Bayern Munich; England: Manchester United; Spania:
Real Madrid; Italia: AS Roma; Mazedonia: Fußball Katastroph!«

Wir leerten die winzigen Tassen.

»Schnitt?«

Ich hatte nicht vorgehabt, meine Haare schneiden zu lassen, aber wo ich schon mal hier war, schienen mir zwölf Millimeter eine gute Länge. Die Schneidemaschine war schwarz von den Kräuseln meiner Vorgänger, schnatterte aber effizient und gleichmäßig über meine Kopfhaut.

»Kosovo Brot jetzt fünfmal teurer«, sagte Ramush und legte seine linke Hand wie zur Beruhigung auf meine Schulter. »Fünfmal teurer, Bruder!«

Jede Woche telefonierte er mit den wenigen Familienangehörigen, die noch im Kosovo ausharrten. Die »Brotkrise«, wie er es nannte, schien sie mehr zu beschäftigen als die Frage, ob das Land nun endgültig von Serbien unabhängig werden oder weiterhin ein Protektorat der Vereinten Nationen bleiben sollte. Nach Kriegsende Mitte 1999 und der Einführung des Euro als offizielle Währung habe man einen Laib noch für zehn Cent bekommen, jetzt koste er über fünfzig. Seit einiger Zeit seien die Preise für Lebensmittel sprunghaft angestiegen, weil die serbische Regierung mit einem Handelsembargo drohte, falls die »abtrünnige Provinz« ihre Unabhängigkeit erklären sollte. Niemand im Kosovo zweifelte daran, dass sie genau das tun würde.

Als Ramush mit der Maschine fertig war, legte er sie beiseite, pumpte parfümiertes Wasser aus einer Sprühflasche auf meinen Kopf und nahm die Schere zur Hand.

»Nicht kürzer, bitte!«

»Nur Kontrolle, Bruder!«

Bei jedem Schnitt kniff er die Augen zusammen wie ein Goldschmied, der eine filigrane Verzierung ausarbeitet.

»Rasieren?«, fragte er, als er mit meinen Haarstoppeln zufrieden war.

Ich nickte, und aus dem Nichts tauchte ein Junge auf, tupfte mir Rasiercreme ans Kinn und verteilte den Schaum mit einem Pinsel, ohne die Nasenlöcher zu vergessen. Auf seinem T-Shirt stand: *Hang Loose – Canarian Islands.*

»Okay?«

»Okay!«

Der Junge blieb vor mir stehen und beobachtete jeden Handgriff seines Meisters, als böte sich ihm nur diese eine Gelegenheit. Mit einem routinierten Fingerschnippen klappte Ramush sein Rasiermesser auf, bog meinen Kopf zurück und fuhr mit kurzen, schnellen Schnitten über meine Haut. Als er die Klinge in einem Wasserbecher reinigte, fragte ich ihn nach Merdere.

»Mardere!«, korrigierte er mich.

Wer von Serbien aus ins Kosovo wolle, sagte er und setzte die Klinge wieder an meinem Kinn an, reise meist über Mardere. Ich dachte gerade an die finsteren Assoziationen, die das Wort im Busbahnhof von Niš in mir heraufbeschworen hatte, da hielt Ramush mit dem Messer über meinem Kehlkopf inne und fragte: »Kosovo gut?«

Im Radio lief eine Popversion des Kyrieeleison.

»Kosovo gut!«, sagte ich. »Kosovo sehr gut!«

Ich mochte diese Art von Frisiersalon. Man unterzog sich hier keiner profanen Dienstleistung, sondern einem Ritual, das seinen Ursprung in alten Initiationsritualen haben mochte, im zeremoniellen Entfernen des Kopfbewuchses. Mit jedem Scheren- und Messerschnitt vollzog Ramush die allmähliche Verwandlung meines scheinbar dauerhaften Äußeren, bis im Spiegel ein neuer Mensch erschien. Er erweckte in mir die tröstliche Zuversicht, dass nichts für immer war. Man blieb niemals gleich.

»Wie neu, Bruder!«, sagte Ramush schließlich mit einem prüfenden Blick. »Glaub mir, Bruder, ich Friseur, ich weiß, was ich sag.«

Der Friseur als Eingeweihter, als Wissender; der Kunde als Neophyt. Ramush und seine orientalischen Kollegen in Damaskus, Islamabad oder Sanaa praktizierten die verschütteten Kenntnisse alter Schamanenmeister. Meine Haut war jetzt glatt. Ramush wusch mit seinen Händen mein Gesicht, bis es sauber war. Er legte seine Finger schützend über meine Augen, als wisse er um ihre Leidensgeschichte, besprühte mich mit wohlriechendem Aftershave und balsamierte die Haut – auch Wangen, Stirn und Schläfen – mit einer fettigen Creme ein, die er ohne einen Anflug von Zärtlichkeit verstrich.

»Okay?«

»Okay!«

Er bürstete mich mit einem Handbesen ab, dann sich selbst. Haare flirrten im seitlich einfallenden Sonnenlicht wie aufgeschreckte Insekten. Eine Dreiviertelstunde war vergangen. 200 Dinar – ein Spottpreis für eine Wiedergeburt.

Als ich hinaustrat, hatte sich die Straße belebt. Die Geschäfte waren geöffnet. Ein Mann im Trainingsanzug führte seine Dogge spazieren, drahtige Jungen jonglierten Kaffeetassen auf Tabletts über das Pflaster, Frauen mit Kopftüchern und langen, die Körperformen verhüllenden Gewändern gingen an mir vorüber, begleitet von ihren Töchtern in knallengen Miniröcken und sportlichen BHs, die ihre Brüste effektvoll nach oben drückten.

Vor dem Schaufenster der *Butik Feniks* besprenkelte die Verkäuferin die Steinplatten der Straße mit Wasser. Ich sah hinauf zum Himmel: Zirruswolken – außen fein wie Gänse-flaum. Hin und wieder hatte es in den vergangenen Tagen noch kurze Schauer gegeben, aber die Zeit des Dauerregens schien vorbei. Ich setzte mich an einen Tisch vor der *Kafiteria Syri*, aß einen Börek und trank Minztee dazu.

»*Bon appétit!*«, wünschte mir der Kellner.

»*Merci!*«

»*Vous parlez français?*«, fragte ein Gast, der am Neben-tisch Schach spielte.

Ich nickte. Jeder hier schien schon einmal in Westeuropa gearbeitet oder zumindest Verwandte dort zu haben.

»Ihn zieht's nach Mazedonien!«, sagte der Schachspieler in die Runde hinein und lachte.

»Nach Griechenland.«

Ich zeigte auf meine Tasche.

»*Ah, auto-stop, très bien!*«

Er war Anfang vierzig und unübersehbar schwul, sein hautenges rosarotes Hemd bis zum Bauchnabel aufgeknöpft. Eine goldene Halskette nistete in seinem Brusthaar. Er hatte in der Nähe von Lausanne »'n bisschen in Autos gemacht« und sich dort den Namen Pascal zugelegt.

»Viele Mazedonier zieht's in die Schweiz«, raunte er mir zu. »Sie müssen sie auf der Autobahn gesehen haben: große, teure Wagen mit Schweizer Kennzeichen.«

Ich nickte.

»Ferienzeit!«

Er bat mich an seinen Tisch, und ich ging hinüber, um zuzusehen, wie er gegen einen jungen Mann in Cordjacke und karierter Wollmütze Schach spielte. Die Partie war schon in der Endphase und schien fast ausgeglichen.

»Er ist Albaner, ich bin Mazedonier«, sagte Pascal und zupfte mit abgespreiztem kleinem Finger an seinen rosaroten Kragenspitzen. »Passen Sie auf! Wenn er verliert, geht er mit dem Messer auf mich los!«

Er übersetzte für die anderen, die noch dabeisaßen, und alle brüllten vor Lachen.

»Die Politiker machen die Probleme zwischen Mazedoniern und Albanern«, sagte Pascal. »Wir einfachen Leute lassen's ruhig angehen, trinken 'n bisschen Tee, spielen 'n bisschen Schach, machen 'n bisschen Witze.«

Witze, die man auch sprichwörtlich verstehen konnte. Mazedonien hatte sich gewaltfrei aus dem jugoslawischen Bundesstaat gelöst. Vielen hatte es deshalb lange Zeit als Vorbild für ein friedliches Miteinander unterschiedlicher Volksgruppen auf dem Balkan gegolten. Doch dann war im mehrheitlich von Albanern bewohnten mazedonischen Westen eine Guerilla aufgetaucht, um für die Befreiung der Albaner zu kämpfen, die rund ein Drittel der zwei Millionen Einwohner des Landes ausmachen. Die Freischärler vertraten die Ansicht, die slawischen Mazedonier verstünden nur die Sprache der Gewalt, und lieferten sich heftige Gefechte mit der Regierungsarmee. In der »Oase des Friedens« wurde plötzlich geschossen. Ein weiterer Balkankrieg konnte nur durch ausländische Truppen und internationale Vermittlung verhindert werden.

»Alles wieder friedlich, kein Problem«, sagte Pascal, sah vom Schachbrett auf und zeigte die Straße hinunter, wo Männer mit weißen Käppchen und zusammengerollten Gebetsteppichen zur Moschee gingen; unter Markisen häuften sich Berge aus Kürbiskernen und Pistazien. »Nur in den Bergdörfern im Westen gibt's noch Zunder. Da schießen sie 'n bisschen aufeinander, da bringen sich Albaner und Mazedonier 'n bisschen um.«

Wieder lachten die Männer.

War das Galgenhumor? Ironie? Spott? Schwer zu sagen. In Skopje begegnete mir diese Haltung des Öfteren, wenn über die Spannungen im Westen des Landes gesprochen wurde. Während die Radikalen in Belgrad von einem Großserbien träumten, spukte durch die ferngesteuerten Gehirne hiesiger Extremisten ein Großalbanien oder zumindest ein Großkosovo, also der Anschluss von Westmazedonien und Teilen Südserbiens an ein unabhängiges Kosovo – mit der späteren Option eines großalbanischen Balkanstaates. Die meisten, die in den Bergen 'n bisschen schossen und 'n bisschen töteten, schienen junge Albaner aus Mazedonien zu sein, die nach ihren Erfahrungen mit der Regierung zu dem Ergebnis gelangt sein mussten, dass ein Dialog zu keiner Verbesserung ihrer Lebensumstände führen würde.

»Warum seid ihr Albaner denn unzufrieden?«, hänselte Pascal seinen Gegenspieler, und ein schneidender Ton schlich sich in seine Stimme. »Ihr habt eigene Parteien, ihr habt Zeitungen, ihr habt Radio- und Fernsehsender und Häuser und Autos, ihr habt alles, was wir Mazedonier auch haben. Was wollt ihr denn noch?«

Für einen Augenblick war das Schachspiel vergessen. Die anderen Männer murmelten, einige kicherten gespannt.

»Was ist, Albano? Hat's dir die Sprache verschlagen?«

»Ihr lasst einige von uns in die Verwaltung, gut«, sagte der Albaner in einer angestrengten Ruhe. »Ihr lasst einige von uns in die Polizei, gut, in die Armee, in die Schulen, gut. Aber nur einige, gerade genug, damit ihr den Schein wahrt.«

»Weil ihr dumm seid, Albano!«, zischte Pascal und hob den Zeigefinger. »Ihr seid strohdumm! Ihr kennt euch nicht mal 'n bisschen aus! Zum Steineklopfen reicht's, Albano, zum Steineklopfen, zu mehr nicht!«

»Dann sag unserem deutschen Freund die ganze Wahrheit, sag ihm, warum wir so ›dumm‹ sind«, hielt der Albaner dagegen; er hatte in Genf in einem Restaurant gearbeitet. »Nein, besser ich sag's ihm, damit du nichts durcheinanderbringst: Wir Albaner sind so ›dumm‹, weil ihr Mazedonier an den höheren Schulen ausschließlich in eurer Sprache unterrichtet, so ist das!«

Der Streit wurde meinetwegen auf Französisch geführt. Die Männer, die um den Tisch herumstanden und immer zahlreicher wurden, übersetzten füreinander.

»Alles friedlich, kein Problem«, sagte Pascal. »Wir springen uns nicht gleich an die Gurgel.«

Der Albaner konnte sich aber nicht beruhigen. Während er nervös seinen Springer zwischen Daumen und Zeigefinger herumdrehte, listete er eine ganze Reihe von Punkten auf, an denen sich der Nationalitätenkonflikt entzündete. Da sei das gesetzliche Verbot, in Mazedonien die albanische Flagge zu hissen …

»Ah, ihr und eure Flagge!«, rief Pascal dazwischen.

… häufige Übergriffe der Polizei …

»Ausrutscher!«

… albanische Häuser, mit der Begründung abgerissen, sie seien ohne Genehmigung gebaut …

»Waren sie's denn nicht?«

… brennende albanische Geschäfte in Skopje, auf offener Straße misshandelte albanische Zivilisten …

»Alte Kamellen!«

… Massenverhaftungen albanischer Offiziere und Soldaten der mazedonischen Armee.

»Ewig her! Ewig, ewig!«

Sie saßen am selben Tisch und redeten aneinander vorbei, als lebten sie in unterschiedlichen Welten. Die Gemüter erhitzten sich. Die Sache drohte, aus dem Ruder zu laufen.

»Was wir wollen? Du fragst, was wir wollen?«, rief der Albaner gereizt und schlug mit seinem Springer Pascals Läufer. »Gut, ich sag's dir zum tausendsten Mal: Wir wollen mehr Selbstständigkeit in diesem Land!«

Bei mir kam das so an: Der Albaner fühlte sich diskriminiert, womit er seine Forderung nach mehr Autonomie rechtfertigte, und Pascal sah darin den Anfang vom Ende des Staates Mazedonien, weil er langfristig die Abtrennung der albanischen Siedlungsgebiete befürchtete. Und so vertieften sich die Gräben zwischen den Parallelwelten. Albaner sprachen albanisch, Mazedonier mazedonisch. Albaner wohnten in albanischen Vierteln und Siedlungen, Mazedonier in mazedonischen, und auch sonst ging man sich möglichst aus dem Weg; albanisch-mazedonische Hochzeiten gab es nur selten.

»Die Regierung tut nicht genug für uns«, sagte der Albaner und zog den Turm, um seinen König zu schützen.

»Die Regierung tut viel zu viel für euch«, brauste Pascal auf und schlug den Turm mit seinem Springer.

»Wir müssen uns nicht alles gefallen lassen, bloß weil wir eine Minderheit sind«, schrie der Albaner und kickte Pascals Springer mit seinem Läufer weg.

»Ihr arbeitet ja schon hart daran, uns Mazedonier zu überholen«, brüllte Pascal und fetzte die albanische Dame vom Brett. »Ihr Albanos vermehrt euch wie die Karnickel!«

Es waren kaum noch Figuren auf dem Brett. Sah ganz nach einem Remis aus.

»Wir machen nur 'n bisschen Spaß«, sagte Pascal zu mir und zeigte mit dem kleinen Finger in die Runde. »Hast du dein Messer dabei, Branko? Und du, Darko, wie sieht's mit deiner 45er aus? Man muss wissen, wo man steht, wenn's hart auf hart kommt!«

Jetzt lachte niemand mehr. Pascal und der Albaner saßen sich gegenüber wie zwei Kampfhunde. Die umstehenden Männer gestikulierten heftig und schrien sich an. Die meisten von ihnen hatten jahrelang im Westen gearbeitet. Seit dem Zerfall Jugoslawiens blockierten neue Einreisebestimmungen den einzigen Weg aus der Arbeitslosigkeit und der Misere, welche vor allem junge Albaner anfällig machten für das Heilsversprechen »Großkosovo«. Jeder in der *Kafiteria Syri* wusste jedoch nur zu gut, dass dies die erneute Zerstückelung existierender Staaten auf dem Balkan einläuten würde. Und das bedeutete Krieg.

»Wollt ihr das, Albano?«, kläffte Pascal grimmig; die Stimmung näherte sich dem Siedepunkt. »Wollt ihr das wirklich?«

Nein. Niemand wollte das. Niemand an diesem Tisch. Die versprengten Radikalen oben in den Bergen. Im Westen. An der Grenze zum Kosovo. Die wollten das. Doch das war jetzt nicht mehr wichtig. Auf dem Brett standen nur noch die beiden Könige und ein Bauer; das Spiel war aus.

»Das willst du also!«, schrie Pascal den Albaner an. »Du willst –«

Aber er kam nicht mehr dazu, den Satz zu beenden, denn der Albaner packte ihn am Kragen. Das Schachbrett wurde vom Tisch gerissen, die Figuren fielen zu Boden, Teegläser zersplitterten. Die restlichen Knöpfe von Pascals Hemd sprangen auf, der Albaner stülpte es ihm über die Schultern, und er stand da wie in einer rosaroten Zwangsjacke. Sich seiner Nacktheit und Wehrlosigkeit bewusst, warf er mir einen eigenartigen Blick zu, einen Blick, in dem keine Wut war, eher Überraschung, Trauer, Scham; dann riss ihn der

Albaner um, sie fielen über den Stuhl nach hinten und rangen am Boden inmitten der Schachfiguren, während die anderen mit sich haderten, ob sie schlichten oder Partei ergreifen sollten. Für einen Moment hingen die Dinge in der Schwebe, alles schien möglich: Massenschlägerei, Messerstecherei, Schießerei – direkt über meinen Kopf hinweg, denn ich saß als Einziger noch immer auf meinem Stuhl, meine Tasche zwischen die Beine geklemmt und das leere Teeglas in der Hand; dann stürzten sich die Männer auf die Streithähne, trennten sie und setzten sie wieder an ihren Platz, das Schachbrett wurde aufgehoben, eine Figur nach der anderen aufgestellt, Weiß auf die eine, Schwarz auf die andere Seite.

»Alles wieder friedlich, kein Problem«, sagte Pascal und versuchte zu lächeln.

Sein Hemd war 'n bisschen zerrissen, ein Büschel Brusthaar hing am rosaroten Kragen. Er drückte mit abgespreiztem Finger eine Serviette auf sein zerkratztes Auge. Die Aufregung legte sich, die beiden gaben sich die Hand, der Albaner hatte Weiß und eröffnete mit dem Bauern auf c2 – das Spiel begann von vorn.

Vor den Läden leuchteten die Steinplatten, die am frühen Morgen mit Wasser besprenkelt worden waren, jetzt trocken und hell. Nur in manchen Löchern sammelten sich noch Reste von Feuchtigkeit.

In der kleinen Moschee war das Gebet zu Ende, und die Männer kamen gerade mit ihren Teppichen unter dem Arm heraus, als ich vorbeiging. Einige sahen zu mir herüber, führten ihre Hand zur Brust und grüßten mich. Weil ich so schön rasiert und frisiert war? Oder weil man mich als Fremden erkannte?

In den Regionen, die auf meiner Reise hinter mir lagen, war ich äußerlich kaum von den Einheimischen zu unterscheiden gewesen. Nun begann man mich anders wahrzunehmen und zu behandeln, in Mazedonien meist respektvoll, als Besucher, als Gast. Als ich mich von Pascal und dem Albaner verabschiedet hatte, stritten sie sich erneut, dieses Mal um die Ehre, meinen Börek und meinen Tee zu bezahlen.

Ich schlenderte die Promenade am Vardar entlang, dem griechischen Axios, der im Gebirge der Dinariden entspringt und bei Saloniki in den Thermaischen Golf mündet. Das Ufer des wichtigsten mazedonischen Flusses lud nicht zum Verweilen ein. Die Stufen zum Wasser waren mit Zigarettenschachteln, Eistüten und Joghurtbechern übersät, der Wind zerrte an Plastiktüten und blätterte in Prospekten von Supermärkten: *Sakko, beige, leger, von Emilio Corali: 3490 Dinar*. Wo? In den Sprider Stores, viermal in Skopje.

Ich ging an den Kuppeln einer ehemaligen türkischen Badeanlage vorbei – sie beherbergte jetzt eine Kunstgalerie – und stieg dann die engen Gassen der Altstadt hinauf, wo orientalische Teppiche zum Auslüften über alten Gemäuern hingen und Gewürzläden exotische Düfte verströmten. Unter blühenden Mandelbäumen sogen Männer an ihren Wasserpfeifen und ließen die Perlen ihrer Gebetsketten durch die Finger gleiten. Für einen Moment fühlte ich mich in ein Dorf im anatolischen Bergland oder im Syrischen Graben versetzt. Wenig später stand ich oberhalb des Basars vor einem Minarett, das an die fünfzig Meter hoch sein musste.

Wie sich herausstellte, war die Mustafa-Pascha-Moschee wegen Restaurierung geschlossen, der Wächter, ein kleiner bärtiger Mann mit kariertem Baumwollhemd und Pumphosen, ließ mich gegen eine kleine Spende trotzdem ein. Der

Garten war umgegraben, vor dem Hauptportal stapelte sich Baumaterial. Ich stieg darüber hinweg und betrat die erste Moschee auf dieser Reise. Vier Marmorsäulen trugen die Vorhalle, eine prächtige Kuppel überwölbte das konisch geformte und mit floralen Motiven verzierte Innere. Hoch oben waren noch die Risse zu sehen, die ein Erdbeben im Jahr 1963 hinterlassen hatte. Ansonsten schien sich seit dem Bau der Moschee gegen Ende des 15. Jahrhunderts nicht viel verändert zu haben. Neben dem Grab von Mustafa Pascha, Wesir am Hof des osmanischen Sultans Selim I., war ein Sarkophag erhalten, von dem man annahm, er sei das Grab von Ummi, einer von Mustafas Töchtern.

Ich gab dem Wächter ein paar Dinar, spazierte hinüber zur Kale-Festung und sah hinab auf ein verwirrendes Durcheinander aus sozialistischer und postsozialistischer Architektur, auf Gebäude, die an eine Kreuzung aus Stahlwerk und Kathedrale oder an eine riesige Auster aus Wellblech denken ließen. Im Westen erhob sich über den verschneiten Gipfeln der Dinariden der fast dreitausend Meter hohe Šar Planina wie ein Reißzahn. In seinem Schatten musste Tetovo liegen, die Albaner-Hochburg Mazedoniens. Dank der Überweisungen von Emigranten aus aller Welt und der Einnahmen aus Drogen- und Waffenhandel und organisierter Prostitution soll Tetovo nicht nur die zweitgrößte, sondern auch die reichste Stadt des Landes sein. Fachleute behaupten, dass es dort – im Dreiländereck von Mazedonien, Albanien und dem Kosovo – entlegene Täler gäbe, auf die keine Regierung der Welt einen ernst zu nehmenden Zugriff hat. In dieser unwegsamen Gegend hatte die UÇK ungestört ihre großalbanischen Phantasien spinnen können, während der seidene Faden, an dem die Stabilität Mazedoniens hing, mit jedem Schuss spröder wurde.

»Alles friedlich, kein Problem«, betonte auch Agnes, eine quirlige Frau Anfang vierzig.

Sie hatte in Belgrad Verwaltungswirtschaft studiert und mit der Unabhängigkeit Mazedoniens eine leitende Stelle im Bürgermeisteramt von Skopje angetreten. In ihrem Bücherregal standen *Ulysses*, *Don Quijote* und Gogols *Petersburger Erzählungen* zwischen Fachliteratur über politische Ökonomie und das Recht der freien Selbstbestimmung. Auf der Schreibplatte eines Zylinderbüros mit offenem Rollladen stapelten sich internationale Zeitschriften. Vor ein paar Jahren hatte Agnes in einem oberen Viertel der Neustadt das Haus ihres Großvaters geerbt und im Erdgeschoss ein Gästezimmer eingerichtet, ohne das Interieur zu verändern. Und so wohnte ich in einem hohen Raum mit Teppichen auf braunen Fliesen, einem riesigen furnierten Holzschrank und glockenförmigen Lampen. Das Bett war mit einer guten Matratze ausgestattet, aber etwas zu kurz für mich. Als ich mich streckte und mit den Füßen ein wenig gegen den Rahmen drückte, knackte es laut und fiel in sich zusammen.

»Alles friedlich, kein Problem«, sagte Agnes, während wir das Bett gemeinsam wieder aufbauten. »Unser Haus liegt in einem Wohngebiet, absolut sicher hier! Schon allein wegen der Botschaft!«

»Botschaft?«, fragte ich und hakte ein Seitenbrett ins Fußteil ein.

»USA! Eine Querstraße weiter!«

»USA, hm?«

Sie streifte ihre blonden Strähnen aus der Stirn und lachte das Lachen, das überall auf der Welt gelacht wird, wenn von den verrammelten US-Botschaften die Rede ist, eine Mischung aus Schadenfreude, Misstrauen und Angst.

»Amerika ist unsere Braut«, sagte Agnes, und ihr sympathisches Gesicht gefror, »unsere politische Braut.«

Jeder in Mazedonien wusste, dass die Amerikaner die albanische UÇK im Kosovo aufgebaut hatten, um Milošević zu stürzen und die alte Bundesrepublik Jugoslawien zu zerschlagen. Bis zuletzt habe die CIA albanische »Freiheitskämpfer« trainiert, sagte Agnes und steckte das Seitenbrett ans Kopfteil des Bettes. Eine Politik, die sich bald als Bumerang erweisen sollte. Denn als Milošević, der »Hitler des Balkans«, schon eine Zelle in Den Haag bewohnte und seine Verhandlung vor dem Kriegsverbrechertribunal erwartete, da konnte oder wollte der nordatlantische Herr Frankenstein sein Amok laufendes albanisches Monster nicht mehr kontrollieren. Die Ableger der UÇK hätten 2001 den Krieg um ein Haar aus dem Kosovo nach Mazedonien getragen.

»Die Kinder aus erster Ehe haben sich selbstständig gemacht«, sagte Agnes und klopfte mit der Faust den Lattenrost fest. »Und Big Mummy wusste nicht, wie sie den Terror stoppen sollte, den sie ihren Bastarden beigebracht hatte.«

»Gefährliche Braut!«

»Schwarze Witwe!«

Nach einer halben Stunde stand das Bett wieder.

»Alles friedlich, kein Problem«, sagte Agnes und tat so, als sehe sie darunter nach. »Keine radikalen Albaner, keine Schwarzen Witwen.«

Sie ging in die Küche und kam mit einem großen Stück Marmorkuchen und einem Glas Milch zurück.

»Die wichtigsten albanischen Forderungen sind erfüllt worden«, sagte sie und stellte das Tablett auf den Nachttisch. »In der neuen mazedonischen Verfassung sind beide Volksgruppen gleichgestellt, Albanisch ist jetzt offizielle Sprache, Albaner haben bei kulturellen Entscheidungen ein

Vetorecht im Parlament, und deutlich mehr Albaner sind jetzt bei der Polizei. Steht alles im Abkommen von Ohrid.«

»Ohrid?«

»Die mazedonische Perle!«, sagte Agnes, bevor sie die Tür hinter sich zuzog. »Der schönste Ort auf dem Balkan!«

Ich aß den Kuchen, trank die Milch dazu, duschte und schlüpfte unter die Decke. Meinen Augen ging es gut. Keinerlei Anzeichen für einen Schub. Trotzdem tränkte ich zwei Kompressen mit Augentrost und legte sie auf meine Lider. Sicherheitshalber.

Draußen war es still. Durch das geöffnete Fenster strömte angenehm frische Luft herein. Ich konnte trotzdem nicht einschlafen, nahm nach einer Weile die Kompressen wieder ab, sah auf die Lampe, die über mir von der Decke hing wie ein gefrorener Tautropfen, und dachte an albanische Schachspieler, Schwarze Witwen und Berge, die wie Reißzähne aussahen. Nach diesem Tag erschien mir die westliche Balkan-Politik als einziges Debakel. Der Nationalitätenstreit in Mazedonien war untrennbar mit der Kosovo-Frage verbunden. Und die Hauptrolle in diesem Drama spielten radikale Albaner, die ehemaligen Schützlinge der NATO. Vielleicht hatten ihnen die westlichen Mächte für ihre Dienste im Krieg gegen Milošević ein unabhängiges Kosovo versprochen, ganz sicher jedoch kein Großkosovo oder Großalbanien. Denn damit würden anderswo in Mittel- und Osteuropa, wo die Völker ebenfalls stark durchmischt waren, ähnliche Ansprüche geweckt. Bei den Kroaten und Serben in Bosnien zum Beispiel. Oder bei den Ungarn in der serbischen Vojvodina.

Vom Bett aus beobachtete ich einen Falter, der vergeblich gegen die Fensterscheibe anflog, um das Licht einer Straßenlaterne zu erreichen. Keine zehn Zentimeter links von ihm stand das Fenster offen. Aber er flog wieder und wieder gegen die Scheibe an, als wollte er einfach nicht verstehen, warum er nicht auf direktem Weg zum Licht gelangen konnte. Während ich seine Flügel gegen das Glas schlagen hörte, schweiften meine Gedanken zurück zu den beiden Schachspielern, zu Pascals Fragen an den Albaner. Wollt ihr das? Ein Großalbanien? Ein Großkosovo? Die erneute Zerstückelung des Balkans? Einen neuen Krieg?

Die meisten Albaner, die ich traf, wollten einfach nur in Ruhe leben. Aber an der Grenze zum Kosovo, im Schatten des Reißzahns, da schossen hier und da immer noch albanische Mazedonier auf slawische Mazedonier. Und ihre Führer waren Exilalbaner. Darin lag, so schien mir, während der Falter weiter gegen die Scheibe ankämpfte, eine tragische Pointe der mazedonischen Geschichte: Ausgerechnet jene Albaner, die im ehemaligen Jugoslawien erbittert diskriminiert worden waren und in ihrer Not das Land verlassen hatten – eine vermeintliche Lösung wirtschaftlicher und sozialer Probleme unter Tito –, ausgerechnet diese Albaner waren nun mit Geld und Macht aus Europa und den Vereinigten Staaten und mit militärischer Erfahrung aus dem Kosovo-Krieg zurückgekehrt, um die Gewalt nach Mazedonien hineinzutragen, in eine junge Demokratie, die erstmals ernsthaft versuchte, die Lebenssituation der albanischen Minderheit zu verbessern.

Der Falter ermüdete und sank auf das Fensterbrett. Seine Flügel verstummten. Was ist, Albano? Hat's dir die Sprache verschlagen? Hast du dein Messer dabei, Branko? Und du, Darko, wie sieht's mit deiner 45er aus? Wollt ihr das, Albano? Wollt ihr das? Und mit einem Mal stieg noch eine Frage in der Stille meines Zimmers auf, eine Frage, die mir vertraut war und die nur aus einem einzigen Wort bestand.

Damals in Mexiko, im Bauch des Popocatépetl, viertausend Meter über dem Meer, hatten sich alle Fragen allmählich auf diese eine reduziert. Ich hatte in völliger Finsternis um mich getastet wie ein Blinder, hatte in panischer Angst Steinbrocken vor dem Höhlenausgang weggeräumt. Vergeblich. Ich saß fest, sank erschöpft zu Boden. Fragen surrten durch meinen Kopf und wurden mit jedem Atemzug flüchtiger, als verbrauchten sie sich mit der Luft: Warum hast du niemanden über deine Wanderung informiert? Warum trägst du kein Funktelefon bei dir? Warum keine Lampe? Wie lange wird der Sauerstoff reichen? Woher kommt dieses Geräusch? Dieses schwere Schnaufen? Ist es der Atem des Vulkans? Zitterst du? Vor Kälte? Wirst du ersticken? Was kommt dann? Und schließlich: Wohin?

Ja, wohin eigentlich? Die Suche nach einer Antwort auf diese allerletzte Frage hatte mich in die Höhle geführt und später, viel später, auf den Weg gebracht, nach Griechenland, quer durch einen Teil Europas, der ebenfalls von dieser einen Frage durchdrungen schien: Ich setzte mich im Bett auf und sah nun zum ersten Mal nicht mehr durch das Fenster auf die Straßenlaterne, sondern auf die Scheibe selbst. Getrockneter Regen, Ruß und Staub klebten am Glas und brachen das Laternenlicht in Myriaden einzelner Strahlen, die, wie von einer Glitzerkugel reflektiert, auf meine Bettdecke fielen – zertrümmertes Licht, Scherben, Splitter, ein Puzzle, das von draußen kam und sich drinnen nicht mehr zusammensetzen ließ; jedes Teil schien einem anderen Spiel entrissen.

Der Falter schlug erneut mit den Flügeln. Ihr leises Rascheln beschwor in der Stille einen Reigen neuer Fragen in mir herauf. Rennst du wie dieser Falter gegen das Unsichtbare an? Steht dein Fenster auch offen? Keine Armlänge von dir entfernt? Siehst du es nur nicht, weil du auf den einen Weg fixiert bist?

Ich stieg aus dem Bett und blies den Falter von der Seite an. Er wehrte sich kurz gegen meinen Atem, ließ sich dann aber bereitwillig zum offenen Fenster wehen. Als er seine Flügel ausbreitete, knisterten sie leise wie zerknittertes Pergament; dann erhob er sich und verschwand in der Nacht. Ich legte mein Augenkissen auf. Die Wärme übertrug sich angenehm auf meine Lider. Gleich darauf schlief ich ein.

»Meine Mutter heißt Agnes, ich heiße Agnes«, sagte Agnes beim Frühstück. »Und alles nur wegen Mutter Teresa.«

»Mutter Teresa?«, fragte ich unausgeschlafen. »Der Engel der Armen von Kalkutta?«

»Mutter Teresa stammte aus Skopje, wussten Sie das nicht?« Agnes senkte effektvoll die Stimme. »Mein Großvater war unsterblich in sie verliebt.«

»Und hat seine Tochter und seine Enkelin deshalb Agnes genannt?«

»Genau!«

Jetzt war ich ratlos.

»Mutter Teresa war Albanerin«, sagte sie im Takt des Löffels, mit dem sie ihr gekochtes Ei aufklopfte. »Ihr richtiger Name war Agnes Gonxha Bojaxhio.«

Sie goss uns Tee ein und schob mir den Käseteller hin. In einer Kanne auf der Anrichte zog mein Augentrost.

»War Ihr Großvater auch Albaner? Ich meine, wie Mutter Teresa?«

»Er war Mazedonier«, sagte Agnes und streute Salz auf ihr Ei. »Slawe, durch und durch. Sie wären trotzdem ein tolles Paar gewesen.«

Ich füllte die Thermosflasche mit dem Sud und gönnte mir ein Taxi zum Busterminal. Er heiße Amit, sagte der Fahrer mit einem schüchternen Lächeln: »Amit muslimischer Name, aber ganz ruhig, keine Probleme, jeder dritte Skopjer Muslim, ganz ruhig, Moschee in Altstadt und Vater seit fünfunddreißig Jahr in Deutschland, Düsseldorf, Mannesmann, Fließband, kennst Mannesmann, ne? Hab selber Deutsch in Deutschland gelernt, wo sonst, wenn Vater besuche, zuletzt vor vier Jahr, jetzt schwer mit Visum, und nächst Jahr geht Vater in Pension, kriegt Rente, dann kommt für immer zurück, ist reicher Mann, hat schöne Häuser, jetzt ruhig, keine Probleme, aber ich will nicht Deutschland lebe, nicht Deutschland alt werde wie Vater, bald kommt Mazedonie in EU, dann kann in Mazedonie bleibe, alles besser dann, jetzt ruhig, keine Probleme, wacklig nur 2000, 2001, wacklig politisch, damals alles zittert wie bei Erdbebe 1960 oder so, wo Skopje ziemlich verwüstet, zehn, zwanzig Jahr Häuser nicht wieder aufgebaut oder einfach nur weggeräumt, aber jetzt ruhig, ganz ruhig, keine Probleme.«

Am Busterminal erfuhr ich, dass es eine direkte Verbindung von Skopje nach Thessaloniki an der griechischen Küste gab. Acht, neun Stunden, länger dauerte die Reise nicht. Mein Mittagessen würde ich im griechischen Norden einnehmen und beim Einschlafen die Wellen des Ägäischen Meeres hören. Ich wollte gerade das Ticket kaufen, da sah ich am Schalter Fotos von byzantinischen Kirchen mit faszinierenden Fresken und Ikonen hoch über einem See. Ich fragte die Frau hinter der Glasscheibe danach.

»Ohrid!«, sagte sie und intonierte das Wort im gleichen entzückten Tonfall wie Agnes am Abend zuvor.

»Die mazedonische Perle? Der schönste Ort auf dem Balkan?«

»Ohrid! Ohrid – aaaah!«, sagte die Frau mit dem Lächeln einer Fee.

Der Minibus nach Ohrid verließ Skopje, bis auf den letzten Platz besetzt, über eine vierspurige Autobahn in westlicher Richtung. Ich saß direkt hinter dem Fahrer. Bei jeder Bodenwelle federte sein Sitz kräftig nach, und die Rückenlehne knallte gegen meine Kniescheiben. Hier und da betätigte er eine Spraydose, die in der Seitenablage steckte und ein herbes Parfüm durch den Innenraum wabern ließ. Über mir dröhnte ein Kung-Fu-Video. Eine digitale Anzeige vermeldete 25,9 Grad Celsius.

Es wurde Zeit, nachzusehen, wo sich Ohrid überhaupt befand. Ich faltete in der Enge des Kleinbusses meine Landkarte auf und fand den Ort im äußersten Südwesten des Landes, am Ufer des gleichnamigen Sees, den sich Mazedonien und Albanien teilen; der benachbarte Prespa-See gehört zusätzlich noch zu Griechenland.

Der Mann, der neben mir saß, musste meinem Blick gefolgt sein, denn er legte seinen Zeigefinger auf den orangeroten Punkt, der den Ort markierte, und sagte: »*Ohrid! Most beautiful!*«

Seine Finger waren gelb vom Nikotin der Zigaretten, die er so sehr zu vermissen schien, dass seine Hände über der Landkarte zitterten. Sein Gesicht war vernarbt, auf seiner Glatze schichteten sich zwei Baseballkappen übereinander; beide Schilde zeigten nach hinten.

»Aleksandar«, sagte er und schüttelte mir die Hand. »Wie Aleksandar der Große. Wie Aleksandar Vasoski von Eintracht Frankfurt. *Ohrid! Most beautiful!*«

Draußen überboten sich Silberpappeln und Minarette gegenseitig an Höhe. Bauernkinder verkauften am Straßenrand die ersten Erdbeeren. Auf beiden Seiten des weit geöffneten Tals erhoben sich dicht bewaldete Berge, unter denen sich kleine Dörfer zwischen Eichen und Buchen duckten, weiter oben erstreckten sich Schneefelder bis zu den Gipfeln. Die Tankstellen hießen »Neptun Petrol«, und vor den Zahlstellen stand das Wort »Autobahngebühr« auf Deutsch, Englisch, Französisch, Mazedonisch und in einer fünften Sprache, die ich für Albanisch hielt. Über den Wäldern ragte jetzt der Reißzahn des Šar Planina auf. Tetovo ließen wir rechts liegen und folgten stattdessen der Straße, die hier nach Süden abknickte.

Nichts deutete darauf hin, dass Mazedonien im ehemaligen Jugoslawien eines der wirtschaftlich rückständigsten Gebiete gewesen war. Die Dörfer wirkten aufgeräumt, die Felder waren bestellt, Straßen und Busse in gutem Zustand, und die Stadt Gostivar erinnerte an ein riesiges Neubaugebiet.

»Wer baut all diese Häuser, Aleksandar?«

Er stammte aus Zentralmazedonien, war Innenarchitekt und auf dem Weg zu einer Baustelle bei Ohrid.

»Albaner«, sagte er. »Sind im Westen reich geworden.«

Aber kurz darauf, als unsere Mitreisenden von einem riskant überholenden BMW abgelenkt waren, flüsterte er mir zu: »Zuhälter, Drogen- und Waffenschieber, solche Leute, *most beautiful*!«

Der Fahrer drückte auf seine Spraydose. Der Blumenduft löste einen Reizhusten bei den Passagieren aus. In den Gärten draußen wehte die mazedonische Flagge mit ihrer stilisierten Sonne auf tiefrotem Grund.

»Früher hatte unsere Sonne sechzehn Strahlen«, erklärte mir Aleksandar und zitterte mit seinen gelben Fingern eine

194

Zigarette aus der Jackentasche. »Seit der griechischen Handelsblockade sind es nur noch acht.«

»Ein Embargo? Wegen ein paar Strahlen auf einer Flagge?«

Mazedonien hatte, wie ich nun erfuhr, nach der Unabhängigkeit eine Fahne mit dem sogenannten Stern von Vergina präsentiert, mit seinen sechzehn Strahlen ein Symbol der antiken makedonischen Königsdynastie von Alexander dem Großen. Die Griechen fühlten sich provoziert. Athen weigerte sich, das neue Land anzuerkennen, und verhängte eine Handelsblockade. Mazedonien befand sich damals gerade im Umbruch, die ohnehin schwer angeschlagene Wirtschaft der jungen Demokratie war weitgehend von Griechenland abhängig. Ein Desaster! Der Europäische Gerichtshof befand dennoch, dass die Griechen sich an die EU-Richtlinien hielten. Das Embargo war erst anderthalb Jahre später aufgehoben worden, als Mazedonien seine sechzehnstrahlige durch jene achtstrahlige Sonne ersetzte, die ich nun in den Gärten wehen sah.

Hinter einer staubenden Industrieanlage wand sich die Straße in die Berge hinauf. An dunkelgrüne Laubwälder schlossen sich unbesiedelte Gegenden an, die aussahen, als müsse es dort Wölfe und Bären geben.

»Die Sache mit der Flagge ist geklärt«, sagte Aleksandar und drehte die kalte Zigarette zwischen Zeigefinger und Daumen herum; trotz des Kung-Fu-Videos hörte ich, wie der Tabak im Papierröllchen raschelte. »Aber der Streit um unseren Namen bleibt.«

»Haben die Griechen etwa auch ein Problem damit, dass Sie sich Mazedonier nennen?«

»Mein Großvater war Mazedonier, sein Großvater war ebenfalls Mazedonier. Sogar unsere Bulgaren nennen sich seit jeher *makedonci*. Und dann kommen die Griechen und sagen, nennt euch gefälligst anders. *Most beautiful!*«

Warum die Griechen etwas gegen den Namen hatten, wusste er nicht. Ich las es später nach. Die Regierung in Athen empfand den Namen »Mazedonien« als historisch nicht gerechtfertigt, weil die alten Makedonier Dorer und damit im weiteren Sinne Griechen gewesen seien. Vor über zweitausend Jahren. Ein großes Gebiet der jugoslawischen Teilrepublik habe darüber hinaus nie im antiken Makedonien gelegen. Für die Griechen war »Mazedonien« eine Erfindung der Kommunisten.

»Und weil die Griechen spinnen, nennt die Welt uns F.Y.R.O.M.«, sagte er und würgte die Buchstaben angewidert heraus. »Das steht für Former Yugoslav Republic of Macedonia. Eine Beleidigung! Das Kürzel klingt wie eine Sträflingsnummer!«

Die Verhandlungen über einen endgültigen Namen traten seit Jahren auf der Stelle. An phantasievollen Vorschlägen mangelte es nicht: Dardanien (nach den antiken Dardanern), Päonien (nach den Päoniern), Republik Skopje (nach der Hauptstadt), Vardar-Republik (nach dem Fluss), Südslawien (frei nach Südjugoslawien), Obermazedonien, Nordmazedonien, Neumazedonien, Slawomazedonien, Mazedonoslawien. Der Haken dabei: Alle Namen, die ein »mazedon-« enthielten, schieden für die Griechen aus, während alle Namen ohne ein »mazedon-« für die Mazedonier erst gar nicht infrage kamen.

»Ganz im Ernst, finden Sie, ich meine, Sie ganz persönlich«, fragte Aleksandar umständlich, »dass der Name eines Landes eine unwichtige Sache ist?«

»Namen sind von größter Bedeutung«, antwortete ich, während er die Zigarette auf seinen Handballen stieß. »Ein guter Name muss klingen, er muss die Phantasie anregen und starke Bilder wecken – Mazedonien ist ein solcher Name.«

Ich weiß nicht, was er genau für unsere Mitreisenden übersetzte, aber als er fertig war, ging ein Raunen durch den Bus, von hinten klopfte mir jemand auf die Schulter, und der Fahrer rückte seinen Sitz ein Stück vor, damit meine Knie mehr Platz hatten.

Bis man sich auf politischer Ebene einigte, hieß das Land für die Vereinten Nationen und viele Staaten weiterhin F. Y. R. O. M., nur die Griechen nannten es wegen des letzten Buchstabens lieber Skopje und seine Bewohner entsprechend *skopianí* – Skopjaner.

Hinter Sretkovo steckte Aleksandar die Zigarette zwischen seine Lippen, wir überquerten den Pass von Staža und fuhren durch Schwarzwaldtäler mit schneeweißen Minaretten nach Strogomišta … Kolari … Oslomej … Rastani … Ivancista … und mit jedem Dorf wurden die Neubauten prächtiger: dreistöckige Paläste mit von Säulen getragenen Vorhallen, opulenten Erkern und Gipsschwänen auf den Brüstungen der Balkone; die Zäune, welche die Anwesen umgrenzten, waren von aufwendig verzierten Laternen gekrönt. Hinzu kamen zahllose Rohbauten, nackte Betonskelette, an denen die Daheimgebliebenen ablesen konnten, wie erfolgreich ihre Verwandten und Bekannten in der Europäischen Union oder in den Vereinigten Staaten waren. Geht's nicht voran mit der dritten Etage? Noch immer keine Fenster eingesetzt? Jetzt doch keinen Bronzeadler auf dem Giebel? Geht es deinem Vater nicht gut, ist er krank, hat er noch Arbeit?

»In Zürich und Düsseldorf waren die Zeiten auch schon besser«, sagte Aleksandar, während sein Daumen nervös über das Rädchen des Feuerzeugs schnippte.

In Gorenci gab er dem Fahrer ein Zeichen anzuhalten. Zugleich zündete er seine Zigarette an, zog kräftig daran, behielt den Rauch in den Lungen und schloss für einen kurzen Moment die Augen, dann riss er die Schiebetür auf, sprang auf die Straße und blies den Rauch aus. Bevor er die Tür wieder zuwarf, gab er mir die Hand und sagte: »*Ohrid! Most beautiful!*«

Wenig später nahm der Bus den letzten Hügel, und die Straße strebte hinunter zu einem See, der von schneebedeckten Bergen eingefasst war. Weit draußen kreuzten Segelboote. Der Wind ließ das Wasser in verschiedensten Farbnuancen schimmern – Kobaltblau, Indigoblau, persisches Blau –, und auf einem Hügel, der sich in den See hinausschob, erstrahlte Ohrid, das »Jerusalem des Balkans«.

POGRADEC

Im Wohnzimmer trank ein Mann mit Oberlippenbärtchen und himbeerfarbener Nase seinen türkischen Kaffee. Als ich eintrat, sah er auf und lächelte.

»Ich kenne Sie«, sagte ich und schüttelte ihm die Hand.

»Wen? Mich?«, fragte er erstaunt.

»Ja«, sagte ich. »Sie spielen Akkordeon.«

Eine halbe Stunde zuvor war ich mit meiner Reisetasche und einer Tüte Obst aus dem Supermarkt gekommen, und eine Frau, die ebenfalls gerade eingekauft hatte, fragte mich, ob ich eine Unterkunft bräuchte. Ich hatte vorgehabt, am Seeufer zu übernachten, über den Bergen zogen jedoch schwere Wolken auf. Nach dem vielen Regen, der mich unterwegs begleitet hatte, konnte ich nicht ahnen, dass es bis auf ein kurzes Nieseln trocken bleiben würde, und so trug ich den Einkaufskorb der alten Altana durch die gepflasterten Gassen von Ohrid, vorbei an orientalischen Bürgerhäusern mit weiß getünchten Fassaden, doppelstöckigen Erkern und elegant geschwungenen Giebeln. Manche der Balkone lehnten sich so weit hinaus, dass die Nachbarn sich über die Gasse hinweg die Hand geben konnten. Wir gingen die verwinkelten Treppen zum See hinab. Wellen klatschten an großzügig angelegte Terrassen. Altana blieb vor einem schönen Haus am Wasser stehen, strich über die blühenden Kletterrosen, welche die Tür an einem Spalier umrahmten, schloss auf und zeigte mir ein helles, freundliches Zimmer im zweiten Stock.

Kaum hatte ich meine Tasche abgestellt, da rief sie mich von unten zum Kaffee. Der Mann, der im Wohnzimmer an seiner Tasse nippte und nicht glauben wollte, dass ich ihn kannte, stellte sich mit dem Namen Zoran vor. In Wirklichkeit war er der Akkordeonspieler aus dem Wiener Stadtbus. Er hatte dasselbe schmale Oberlippenbärtchen wie der Mann aus meiner Vision, dieselbe Nase, denselben Blick – und direkt vor dem Fenster lag der See. Nur das Akkordeon war nirgendwo zu entdecken.

»Sie haben mich auftreten sehen, stimmt's?«, sagte Zoran mit volltönender Stimme.

»Ja«, antwortete ich. »Einmal, am Ufer des Sees, vor einer Ewigkeit.«

Seit der blinde Michalis mir auf dem Felsvorsprung am Eisernen Tor geraten hatte, den Akkordeonspieler zu finden, hatte ich nicht mehr an ihn gedacht. Und nun saß er vor mir, als hätte er *mich* gefunden. Zorans Augen waren blau wie der See, und die Begegnung mit ihm war nicht beängstigend wie jene mit den ersten beiden Teilen meiner Vision: das zerbombte Generalstabsgebäude in Belgrad und die Basilika von Esztergom. Nun steht nur noch das letzte Bild aus, dachte ich, während ich mich in einen Sessel sinken ließ, nun fehlt nur noch die himmelblaue Tür.

Wir tranken Kaffee und aßen Altanas selbst gebackenen Mandelkuchen. Zoran war Linkshänder und sah etwas unbeholfen aus, wenn er die kleine Tasse in seine Pranke nahm. Ich konnte mir nur schwer vorstellen, wie er mit diesen Fingern Akkordeon spielte. Auf dem Tisch lag eine Spitzendecke, orangerote Vorhänge hingen an den Fenstern, auf dem Regal stand eine Musikanlage mit Plattenspieler neben einem Tonbandgerät; eine quer gestellte Kassette hielt den Deckel offen.

Altana sprach nur wenig Englisch, Zoran hingegen war ein halbes Jahrhundert lang Akkordeonspieler im *Ansambl Biljana* gewesen und mit seiner Combo durch Europa, Nordamerika und Australien getourt. Amerika? Zoran zupfte an seinem Strickpullover und machte eine wegwerfende Handbewegung. Aber Europa sei – er führte die Fingerspitzen zusammen und küsste sie –, Europa sei *dobro*, sehr gut. Auch Kanada sei *dobro*, am allerbesten habe ihm jedoch Australien gefallen, die geheimnisvollen Klänge der Didgeridoos, der Gesang des Windes in den Klippen bei Melbourne, die kräftigen, vollen Weine des Südens und die Weite, diese endlose Weite mit ihrem hohen Himmel.

Einmal auf dem Weg nach Perth, erzählte Zoran, hätten sie ihren alten Ford mitten auf der Landstraße angehalten, einem Asphaltstreifen, der auf der einen Seite aus dem Horizont gekommen und auf der anderen in ihm verschwunden sei.

»Kein Auto, keine Menschenseele, nur wir und diese Straße«, sagte er, und das Blau seiner Augen leuchtete. »Wir holten unsere Instrumente aus dem Wagen und spielten *Ohrid! Ohrid!* für den Wind, spielten es wieder und wieder und weinten uns die Augen aus.«

»Vor Heimweh?«

»Ja«, sagte Zoran. »Vor Heimweh und vor Glück.«

Seit ein paar Jahren war er »in Pension«. Das Ansambl Biljana hatte sich aufgelöst und spielte nur noch zu besonderen Anlässen.

Am Morgen spannte sich ein strahlend blauer Himmel über den See. Ich frühstückte am Ufer – Schwarzbrot, Käse, Äpfel –, genoss die Sonne und die Aussicht über das kristallklare Wasser hinweg auf die verschneiten Berge. Im Sommer musste hier viel Trubel herrschen, jetzt hatte ich die gepflasterten Gassen, die Bürgerhäuser und steilen Treppen fast für mich allein. Ich ging am Ufer entlang durch das alte Fischerdorf Kaneo und hinaus auf die Klippen, wo die Kirche des heiligen Johannes aufragte wie ein sakraler Leuchtturm. Von dort führten Treppen weiter hinauf nach Plaosnik, dem ältesten Teil Ohrids, über den die mittelalterliche Samuelsburg wachte.

Ich wollte mir nicht alle Kirchen von Ohrid ansehen – mehr als ein Dutzend – und konzentrierte mich stattdessen auf jene, die mir am lohnendsten erschienen. Eine Weile setzte ich mich ins kühle Innere von St. Pantaleimon und sah zum Klang orthodoxer Gesänge durch einen Glasaufbau auf die Grabplatte des heiligen Kliment. Der erste slawische Bischof und Gründer der Mazedonischen Orthodoxen Kirche hatte sich an ebendieser Stelle vor seinem Tod im Jahr 916 seine eigene Gruft ausgehoben. Bevor die Osmanen Ohrid einnahmen und die Kirche in eine Moschee umwandelten, wurden Kliments Gebeine an einen anderen Ort verlegt. Erst vor wenigen Jahren hatte man die alte Kirche wieder aufgebaut, einen teilweise eingestürzten Glockenturm restauriert und die Böden im Inneren mit Marmor ausgekleidet. Nach anderthalb Jahrtausenden durften Kliments sterbliche Überreste wieder in ihre Gruft zurückkehren.

Oberhalb des antiken Theaters besuchte ich eine Ikonengalerie mit einer Reihe faszinierender Ausstellungsstücke, die den Vergleich mit jenen auf dem Sinai, dem Athos oder in der Verkündigungskathedrale des Moskauer Kremls nicht zu scheuen brauchten. Am Ende meines Spaziergangs lag die Sophienkathedrale, die beeindruckendste Kirche in Ohrid. In der Zeit nach der großen Mission der griechischen »Slawenapostel« Kyrill und Method erbaut, hatte sie im 11. Jahrhundert das Zentrum einer kirchlichen Macht gebildet, die sich über das riesige Gebiet von der Donau bis zur albanischen Küste und im Süden bis zum Golf von Thessaloniki erstreckte. Fast vierhundert Jahre später geriet Ohrid unter osmanische Herrschaft. Die Türken rissen die Kirchenkuppel ab, entfernten die reich verzierte Chorschranke und funktionierten das christliche Lesepult in einen Minbar – einen islamischen Predigtstuhl – um. An der nördlichen Kuppel bauten sie ein Minarett, und die byzantinischen Fresken übertünchten sie mit Kalk. Als man ein halbes Jahrtausend später, Mitte der Fünfzigerjahre, den Kalkanwurf beseitigte, tauchte darunter die weltweit größte Einheit noch erhaltener byzantinischer Fresken aus dem 11. Jahrhundert auf. Alle Farben waren original, den meisten Figuren hatte man jedoch die Augen ausgekratzt. Warum gerade die Augen?

Am Abend – im Kamin prasselte Eukalyptusholz, ein Lammfell wärmte meinen Rücken – fragte ich Zoran danach.

»Früher glaubten die Christen, die Augen der Heiligen brächten Glück«, antwortete er und schenkte mir mit seiner unbeholfen wirkenden Linken ein Glas Rakia ein. »Sie kratzten mit Messern die Augen aus den Fresken und bewahrten den Farbstaub zu Hause auf. Oder sie mischten ihn unter ihr Essen.«

Ich wollte Zoran gerade von meinem Augenleiden erzählen, als mir auffiel, wie lange der letzte Schub schon zurücklag. Am Abend zuvor hatte ich die Thermosflasche aufgeschraubt, und der Sud war noch unbenutzt und völlig ausgekühlt gewesen. Zoran erhob sich und zeigte mir die silberne Schallplatte, mit der das Ansambl vor fast dreißig Jahren ausgezeichnet worden war. Von den Fotos strahlten sechs gut aussehende junge Musiker an ihren Instrumenten – Schlagzeug, Kontrabass, Akkordeon, Trompete, Klarinette, Geige.

»Alles Mazedonier?«, fragte ich und gab Zoran die Fotos zurück. »Oder waren auch Albaner dabei?«

»Was zählt«, sagte er, die Hände entspannt über dem Bauch verschränkt, »was zählt, ist einzig und allein die Musik.«

Ich konnte seine Ruhe spüren und zugleich seinen Pulsschlag, der sich nach all der Zeit noch immer beschleunigte, sobald er an sein Akkordeon dachte. Er goss uns von dem Rakia nach, den er heimlich im Keller brannte, lehnte sich zurück und genoss ihn Schluck für Schluck. Man sah ihm an, dass er gerne aß. Auch den Selbstgebrannten mochte er, und noch mehr mochte er es, wenn ein Gast ihn mochte. Zoran war ein stiller Genießer, ein mazedonischer Epikur, der auf sein Leben als Musiker zurückblickte und damit einverstanden war, ja, es war gut gewesen, dieses Leben – und dieses Ja ließ ihn ausgeglichen und zufrieden wirken.

Zoran zog die Schublade der Kommode auf, die mit Hunderten von Kassetten gefüllt war, und legte eine davon in den Rekorder.

»Wir haben das Stück in den Siebzigerjahren in einem Tonstudio in Zagreb aufgenommen.«

»Noch unter Tito?«

»Tito!«, intonierte Zoran, führte die Fingerspitzen zusammen und küsste sie. »*Tito dobro! Yugoslawia, ah!*«

Er verschwand im Nebenzimmer und kam mit einem Koffer zurück, ließ die Metallverschlüsse aufschnellen und hob vorsichtig, als könnte es sich beim kleinsten Fehlgriff in Staub auflösen, ein russisches Bajan heraus. Seine Augen blinzelten aufgeregt, als er zwischen den drei Knopfreihen auf der Diskantseite des Akkordeons ein paar Flusen weg- pustete und mit der Hand über die zelluloidbeschichtete Oberfläche strich, die aussah wie dunkelgrauer Marmor; dann drückte er auf den Wiedergabeknopf des Kassetten- rekorders, um mit dem Akkordeon in die Musik einzustim- men, und augenblicklich war seine scheinbare Unbeholfen- heit wie weggezaubert. Seine Finger flogen leicht und sicher über die Tasten, er schloss die Augen und war weit weg, viel- leicht auf jener Landstraße in Südaustralien, denn das Lied, das er begleitete, war *Ohrid! Ohrid!*, das Stück, das sie da- mals zwischen den Horizonten für den Wind gespielt hat- ten, eine schwermütige Hymne auf die Heimat, getragen von einem vielstimmigen Männerchor und der Sehnsucht nach dem Ohrid-See, den schneebedeckten Gipfeln, den Basiliken und Heiligen und dunstverhangenen Tagen, an denen der Horizont auf einen Steinwurf heranrückte und das Holz im Kamin besonders anziehend prasselte.

Zoran wiegte den Oberkörper und schien ins Innere sei- ner Musik entrückt. Als am Ende des Stücks der Knopf des Kassettenrekorders hochsprang, saß er noch eine Weile reg- los in der Stille des Wohnzimmers, die Fingerspitzen ruhig auf die Tasten gelegt, die Augen geschlossen, die Mundwin- kel leicht nach oben gezogen. Es schien, als müsse sein Geist erst wieder in den Körper zurückfinden; dann öffnete er langsam die Augen und sagte etwas, das mich zutiefst be- rührte: »Diese Musik hat mich *gemacht*!«

Ohrid! Ohrid! Wie lange war ich schon hier? Tagsüber streifte ich durch die Gassen der Altstadt, sah mir Fresken und Ikonen an, hörte mit Zoran Musik oder saß einfach nur am Ufer und ließ mir Namen für das changierende Blau des Sees einfallen – Bunsenbrennerblau, Luftpostpapierblau, Mitternachtsblau, Blaubeerblau, Taubenblau, Krishnablau – und dachte dabei an das »blaue Nichts« oder an Yves Klein oder daran, dass Blau für Picasso die Farbe der Klage, Trauer und Melancholie gewesen war, die Farbe, mit der er Ergriffenheit und Mitleid hervorrufen, Einsamkeit ausdrücken wollte. Hätte er nur ein paar Stunden am Ohrid-See verbracht, er hätte für seine Zwecke womöglich eine andere Farbe gewählt, denn diese Blautöne strahlten eine wohltuende, fast heitere Gelassenheit aus. Es war ein Vergnügen, sich dem Farbenspiel hinzugeben, eine Lektion in der Schule der einfachen Freuden, die nach und nach alle Bedürfnisse darauf reduzierte, einfach nur hinsehen und schweigen zu wollen. Keine Fragen. Keine Antworten. Alles blau.

Und bald war es nicht mehr wichtig, wie dieses Blau gemischt war oder wie ich es in Worte hätte fassen können. Es genügte, dass es existierte, dort draußen, direkt vor mir, für mich, eine fortwährende direkte Erfahrung, die mir der Zufall – nein, nicht der Zufall, deine Reise hat dir dieses Blau geschenkt, weil du nicht nach ihm gesucht, nicht einmal darauf gehofft hast. Merkst du was? Bisher hast du eine Reise gemacht, allmählich jedoch beginnt die Reise dich zu machen. Wie die Musik den alten Zoran gemacht hat.

Und bei Sonnenuntergang trieb ich mich bei den Klippen von Kaneo herum, einfach so, warf unbekümmert ein paar Steine ins Wasser, sah den Möwen zu, wie sie sich – glühenden Pfeilspitzen gleich – ins Wasser stürzten, und sog die Seeluft ein, als seien es meine letzten Atemzüge. Später dann setzte ich mich in ein Ufercafé und sah zu, wie das Abendlicht hinter den Kuppen von Ohrid verglomm. Vom albanischen Ufer rollten Wellen heran, und während sie an der Brüstung des Cafés in die Höhe schossen und mit dem Geräusch von Murmeln auf der Terrasse zersprangen, wurde mir bewusst, was für ein Privileg es war, an diesem Ufer zu sitzen und dem Weg gefolgt zu sein, der mich hierhergeführt hatte. Ich konnte *ungehindert, in meinem eigenen Tempo denken … nach Belieben verweilen oder weiterziehen, Dinge mit neuen Augen sehen, neue Sprachen hören, in denen es nicht ein einziges vertrautes Wort gab … Kaskaden fremder Laute …* ich besaß kein Haus, keine Wohnung, kein Auto, keinen Fernseher, keine Aktien oder Anleihen und auch sonst nichts, außer ein paar Büchern und den Dingen, die ich in meiner Reisetasche bei mir trug. Ich hatte keine Kinder, keine Angestellten, keine Termine, überhaupt keine andere Verpflichtung, als mich über diese Freiheit zu freuen, zu wandern, zu sein. Und als mich das Bewusstsein dieser Freiheit voll erfasste, überlief mich eine Gänsehaut, so als perlte Champagner durch meine Adern – und ich glaube, dieses Gefühl ist es, was man Glück nennt.

Es war lange vor Sonnenaufgang, als ich die Tür von Altanas und Zorans Haus hinter mir zuzog. Der See lag ruhig da, und in vielem erinnerte dieser Moment an meine Abreise aus Berlin. Die Stadt schlief, die Straßen waren leer, die Kreuzungen verwaist. Ampeln blinkten orangerot. Über den Fassaden erhoben sich steile Dächer, am Nachthimmel verglommen die letzten Sterne. Und im Wasser des Sees lag – wie damals im gespannten Zittern der Regentropfen – eine Ahnung von den kreisenden Zyklen der Dinge, von Anfängen und Enden, nur dass ich mich nicht niedergeschlagen fühlte und meine Augen nicht brannten. Ich sah klar und deutlich vor mir, wie all meine Reisen im Kreis verliefen und fortwährend zu einem Ausgangspunkt zurückkehrten, so als träte ich stets von Neuem in eine Spirale ein, um bis zur Mitte und wieder zurückzugehen, barfuß, nackt, wieder und wieder – und auf diese Weise erhielt jeder neue Weg Anteile der vorangegangenen.

Ich sog die kühle Seeluft ein und warf meine Tasche über die Schulter, meine Schritte beschleunigten sich, du gehst, du bist unterwegs, sie haben dich wieder, die schwirrenden malvefarbenen Staubkreisel der Welt, sie heben dich empor, wirbeln dich herum, du gehst, ah, wie gut das tut, dass du gehst – zu Fuß, wie der blinde Michalis es dir aufgetragen hat, vom Akkordeonspieler am See bis zur großen Kreuzung, von der du nicht mehr weißt, als dass sie existiert, existieren *muss*, dort draußen in der kolossalen Dunkelheit des Ostens.

Im Stadtpark von Ohrid hingen die mazedonische und die europäische Flagge reglos an ihren Masten. Aus den wenigen Häusern, in denen schon Licht brannte, drangen die Stimmen von Radiosprechern und leise Musik. Im Vorbeigehen roch ich den schwachen Duft von frisch gebackenem Brot und von den Rasierwassern und Parfüms all derer, die sich vor einem Spiegel im Badezimmer auf ihren Arbeitstag vorbereiten mochten. Der einzige Mensch, den ich auf meinem Weg durch Ohrid zu Gesicht bekam, war eine kleine Frau, die aus ihrem Lieferwagen einen Stoß Zeitungen vor einem Kiosk ablud. Ich winkte ihr zu, sie winkte zurück, wenig später ließ ich die letzten Häuser der Stadt hinter mir und ging in südlicher Richtung einen Pfad am Seeufer entlang, der albanischen Grenze entgegen.

Bald erhob sich die Sonne über die Berge und ließ die Schilfufer vor dem tiefen Blau des Sees aufleuchten. Ockerfarbene Klippen fielen steil ins Wasser. An weit geschwun-

genen Stränden duckten sich einsame Gehöfte. Eichenwäl-
der reichten hinauf bis zu den Schneefeldern des Galicica-
Gebirges mit seinen gepuderten Zweitausendern, an denen
sich Mazedonien, Albanien und Griechenland trafen; dahinter musste der Große Prespa-See liegen.

Am Abend zuvor hatte Altana Kuchen für mich ge-
backen. Ich setzte mich auf einen Felsen, aß ein Stück des
luftigen, mit Walnüssen gefüllten Hefezopfes und ließ die
Füße über dem See baumeln. Er speist sich aus dem höher
gelegenen Prespa-See, dessen Wasser seinen Weg durch ein
gewaltiges Kalkmassiv findet und dann auf natürliche Weise
gefiltert aus unterirdischen Abflüssen hervortritt. Von meinem Platz aus sah ich durch das glasklare Wasser bis auf den
Grund und stellte mir vor, wie sich an der Stelle, an der ich
gerade Altanas Kuchen verspeiste, vor zwei, drei, vielleicht
auch vier Millionen Jahren die Erdoberfläche gedehnt hatte,
wie sich Risse, Spalten, Brüche bildeten, die Erdkruste ab-
sank und sich ein dreißig Kilometer langes Becken auftat,
das allmählich mit Wasser volllief, dreihundert Meter tief,
sodass der Ohrid-See nie vergletscherte und deshalb zahlreiche Tier- und Pflanzenarten beherbergt, die nirgendwo
sonst auf der Welt vorkommen. Ich saß am Ufer eines der
ältesten Seen der Erde, sozusagen vor dem Fenster eines
aquatischen Museums mit quicklebendigen Fossilien. Die
Ohrid-Forelle zum Beispiel hatte dort unten im See die Eis-
zeiten ausgesessen, während die weißen Massen ringsum
alles Leben vernichteten; ihre Geschwister gibt es heute nur
noch versteinert.

Gegen Mittag erreichte ich bei Sveti Naum die mazedonische Grenze, wo man ohne große Umschweife meinen
Pass stempelte. Hinter dem Schlagbaum folgte ich der
verlassenen Straße hinüber zum albanischen Posten. Unter

einem Sonnendach aus zerrissenen Planen des UN-Flüchtlingshilfswerks saßen Männer in Uniformen und spielten Karten. Auf einem Gaskocher siedete Teewasser. Unter einer Trauerweide ruhte auf Holzklötzen ein verbeulter Mercedes ohne Vorderachse. Die Türen waren mit Einschusslöchern übersät. Alte Autoreifen und Felgendeckel lagen herum. Ein Hund jaulte.

Einer der Beamten lachte laut auf, zeigte den anderen seine Karten und strich die Geldscheine ein, die in der Mitte des Tisches lagen; dann erhob er sich, ging ohne Eile in den Container, der als Grenzposten diente, kassierte die Einreisegebühr von 10 Euro und drückte den Stempel in meinen Pass.

»Wohin?«

»Nach Griechenland.«

»Immer geradeaus!«

Hoch über meinem Kopf wehte die rote Flagge mit dem doppelköpfigen schwarzen Adler. Ein Schild kündigte *Shqipëria* an, das Land der Skipetaren. Als ich mich in der nächsten Kurve noch einmal umdrehte, saß der Grenzer schon wieder am Tisch und gab eine neue Runde Karten aus.

Wenig später überholte mich ein Albaner, der ebenfalls zu Fuß eingereist und nach Pogradec unterwegs war. Er drosselte sein Tempo, und wir gingen eine Weile schweigend nebeneinander her. Der hochgewachsene, schlanke Mann hatte schlechte Zähne und eine Nase, die wie ein Bajonett in seinem Gesicht aufgepflanzt war.

»Berberi«, stellte er sich auf Englisch vor. »Das bedeutet Friseur. Mein Vater war Friseur. Mein Großvater, sein Großvater – alle waren sie Friseure.«

»Und Sie?«, sagte ich, nachdem ich mich ebenfalls vorge-

stellt hatte; wir hielten uns im Gehen noch immer die Hände.
»Sind Sie auch Friseur?«

»Nein«, antwortete Berberi und fuchtelte mit seiner Nase herum. »Aber ich schneide Ihnen gern die Haare, wenn Sie wollen.«

Er stammte aus Zentralalbanien, war Maschinenbauer und hatte ein paar Jahre in Chicago in der Automobilindustrie gearbeitet. Während wir gemeinsam die Straße nach Pogradec hinuntergingen, fiel mir eine moosbewachsene Betonkuppel auf; sie ragte wie der Kopf eines mutierten Champignons aus der Erde. Als ich mich umsah, entdeckte ich weitere, mit einem Durchmesser von gut zwei Metern, auf Hügeln und Feldern, unter Ulmen, in Vorgärten, am See. Sie waren überall. Iglus aus Beton. Mit Sehschlitzen und Schießscharten.

»Bunker!«, sagte Berberi mit einer ausladenden Handbewegung. »Enver Hoxha hat sie bauen lassen, der Oberste Befehlshaber von Albanien.«

Ich erfuhr, dass der Mann, der das Land vier Jahrzehnte lang regiert hatte, 1908 im südalbanischen Gjirokastra geboren worden war, damals noch Teil des Osmanischen Reiches. Sein Vater sei Tuchhändler gewesen, erklärte mir Berberi. Später würden mir andere schwören, er sei Landbesitzer oder Apotheker gewesen. Der begabte junge Hoxha habe in Frankreich Naturwissenschaften und Philosophie und in Belgien Jura studiert, fuhr Berberi fort, im Westen sei er damals mit kommunistischen Ideen in Berührung gekommen und ein flammender Bewunderer Stalins geworden.

Nach seiner Rückkehr nimmt Hoxha eine Stelle als Französischlehrer an seiner ehemaligen Schule in Korçë an, wo er Mitglied einer kommunistischen Zelle wird. Als er sich 1939 nach dem Überfall Italiens auf Albanien weigert, der Faschistischen Partei beizutreten, erhält er Berufsverbot und eröffnet in Tirana einen Tabakladen, in dem sich heimlich Kommunisten treffen. Mit jugoslawischer Hilfe gründet Hoxha die Kommunistische Partei, wird selbst Vorsitzender und ruft 1944 die Unabhängigkeit Albaniens aus.

»Wissen Sie, wie es hier nach dem Zweiten Weltkrieg aussah?«, fragte Berberi und fuhr fort, ohne eine Antwort abzuwarten. »Wie im späten Mittelalter. Nur die wenigsten Albaner wurden älter als vierzig, nur einer von zehn konnte schreiben, das ganze Land gehörte ein paar Großgrundbesitzern. Industrie? Fehlanzeige!«

Ein Seidenreiher segelte mit weit ausgebreiteten Schwingen an uns vorüber – schneeweiß, majestätisch. Ich konnte seine schlanken Handfedern und die feingliedrigen gelben Zehen an seinen sonst schwarzen Beinen erkennen. Er landete am Seeufer, und ich blieb stehen, um zuzusehen, wie er durch den Morast stolzierte.

»Hoxha revolutionierte unsere Wirtschaft«, sagte Berberi, ohne den Reiher zu beachten. »Hoxha nahm den Feudalherren ihre Ländereien weg und kollektivierte sie. Hoxha legte Sümpfe trocken, damit sie bestellt werden konnten, und schon bald deckten wir unseren Nahrungsmittelbedarf selbst. Hoxha baute unsere Industrie auf, Kraftwerke entstanden, Gewerbegebiete, neue Städte. Hoxha gründete eine Krankenkasse, damit wir ordentlich versorgt wurden. Hoxha rottete Seuchen aus. Hoxha legte Strom in die Dörfer. Hoxha garantierte jedem Kind einen Platz in der Schule und besiegte das Analphabetentum.«

»Phantastisch!«, sagte ich, ehrlich beeindruckt. »Aber wozu brauchte dieser Hoxha all die Bunker?«

Am Seeufer stand die Haube des Seidenreihers im Wind wie ein Bündel chinesischer Essstäbchen. Auf einmal streckte sich der Körper des Vogels, sein Rumpf und die angelegten Flügel bildeten mit Hals und Kopf eine Gerade, und sein Schnabel fuhr wie ein Geschoss in den Morast. Berberi kniff den Mund zusammen und senkte seine Nase wie eine Waffe vor dem Angriff, und während der nasse Uferstreifen plötzlich ein bis zur Unkenntlichkeit verzerrtes Spiegelbild des Seidenreihers zurückwarf, berichtete Berberi leise davon, welchen Preis die Reformen gehabt hatten: Um sein radikales Programm zu untermauern, baute Hoxha, brennender Nationalist und Kommunist, eine Diktatur nach dem Vorbild Stalins auf. Enteignete Landbesitzer, Clanchefs, Politiker mit anderen Überzeugungen, christliche und muslimische Geistliche, Bauern, die sich der Kollektivierung widersetzten – Abertausende wurden als »Kriegsverbrecher« oder »Volksfeinde« in Arbeitslager und Gefängnisse gesteckt oder zur Zwangsarbeit auf kollektivierte Farmen geschickt.

»Hoxha duldete keine Opposition«, hörte ich Berberi sagen, unfähig, meinen Blick vom zersplitterten Spiegelbild des Reihers zu lösen.

Alle Parteien außer Hoxhas *Partei der Arbeit Albaniens* wurden verboten, in den ersten beiden Wochen seiner Regierung mehr als sechshundert Oppositionelle ermordet. 1946 ruft Hoxha die Volksrepublik Albanien aus, und bald übernehmen die Mitglieder seines Familienclans zahlreiche führende Ämter in der Partei. Die *Sigurimi*, die Staatspolizei, verbreitet Angst und Schrecken. Jedem Albaner, der mehr als elf Jahre alt ist und für schuldig befunden wird, gegen den Staat konspiriert, staatliches Eigentum beschädigt oder der Staatswirtschaft geschadet zu haben, droht die Todesstrafe. Verhaftungen und Folterungen sind an der Tagesordnung. Und in dem Maß, in dem sich die Gulags mit

Albanern füllen, füllt sich Albanien mit den Statuen des »Großen Lehrers«, der sich in der Rolle des Landesretters gefällt. Spruchbänder, Flugblätter und Plakate sind allgegenwärtig. An Berghängen preisen riesige Buchstaben aus hellen Steinen kilometerweit sichtbar die »Einzige Kraft«, während Hoxha religiöse Zeremonien verbieten, Kirchen und Moscheen schließen, zweckentfremden oder zerstören lässt und Delikte wie »religiöse Propaganda und das Fabrizieren, Verteilen oder Lagern religiösen Schrifttums« mit langjährigen Gefängnisstrafen belegt. Als Religion der Albaner definiert der rote Diktator den »Albanismus«. 1967 erklärt er sein Land zum ersten atheistischen Staat der Welt.

»Und die Bunker?«, fragte ich Berberi leise.

Der Körper des Reihers zog sich zusammen. Der Wind fuhr in sein Gefieder und zerzauste es, und als er sich ins Profil drehte, sah ich, dass er einen Frosch im Schnabel hielt, einen kleinen, hässlichen schwarzen Frosch, der an seinem rechten Bein eingeklemmt in der Luft hing, mit dem Kopf nach unten, und zappelte, als versuche er, dieses Bein loszuwerden, um sein Leben zu retten.

»Hoxha befürchtete eine feindliche Invasion«, sagte Berberi, der den Reiher jetzt auch sah. »Hoxha importierte teuren Spezialstahl und ließ die Betonindustrie ausbauen. Nur für die Bunker.«

»Wie viele gibt es denn davon?«

»Sechshunderttausend!«

Der Reiher ließ den Frosch nicht mehr los. Mit einem Mal wirkte der Vogel mit seinem zerzausten Gefieder, den dunklen Augen, der linkischen Art, in der er sich bewegte, monströs. Er wirkte unheimlich. Ich fragte mich, wie er mir je hatte majestätisch und schön vorkommen, wie ich mich derart hatte täuschen können. Zugleich wuchs meine Sympathie für den Frosch. Wir standen noch immer an der Straße nach Pogradec, umgeben von Hoxhas steingewordener Strategie des Wahnsinns, und ich erfuhr, dass der Oberste Befehlshaber seinerzeit einen Topingenieur beauftragt hatte, die fünf Tonnen schweren Gefechtsstände zu entwerfen.

»Der Mann musste für die Qualität seiner Arbeit mit dem Leben bürgen«, erzählte Berberi. »Er musste in seinen Prototypen steigen und sich von einem Panzerbataillon unter Beschuss nehmen lassen.«

Der Ingenieur überlebte. Die Bunker wurden gebaut. Einer für jeden erwachsenen Albaner, so Hoxhas Plan. Um das »uneinnehmbare Bollwerk« namens Albanien, die Revolution und ihre Errungenschaften gegen jede feindliche Bedrohung zu verteidigen.

Der Reiher stand wie versteinert da. Der Frosch zappelte in seinem Schnabel. Mir schien, als dürfte ich nicht wegsehen, nicht einmal blinzeln, damit der Vogel nicht tat, was er zu tun beabsichtigte, dann blinzelte ich doch – so ist es immer: Wenn man versucht, nicht zu blinzeln, blinzelt man , und genau in diesem Moment wirft der Reiher den Kopf in den Nacken, sein Schnabel zirkelt einen Halbkreis in die Luft, und der Frosch wird nach oben gerissen, wo er auf der Schnabelspitze des Reihers einen einarmigen Handstand vollführt. Einen Moment lang befindet sich die Welt in der Schwebe – die Welt des Reihers, des Frosches, meine eigene –, während Hoxha mit dem Westen, mit Jugoslawien, den Sowjets und den Chinesen bricht, um sein Albanien in einen kommunistischen Kerker zu verwandeln, einen Einsiedlerstaat, in dem ein völlig von der Außenwelt abgeschnittenes Arbeiter- und Bauernvolk vor sich hin wurstelt, als gelte es, den Stand von 1945 für alle Ewigkeit zu konservieren; dann öffnet sich der Schnabel des Reihers, und der

Frosch verschwindet in seinem Schlund, in einer hermetischen, stickigen Finsternis, die unaufhörlich beschallt wird vom Glucksen des tierischen Verdauungsapparates.

Noch Anfang der Achtzigerjahre glaubten viele Albaner, ihr völlig ruiniertes Land stehe wirtschaftlich an der Spitze Europas. Im April 1985 starb die »Einzige Kraft« im Alter von sechsundsiebzig Jahren an Herzversagen.

»Hoxha wurde auf dem Friedhof der Kriegshelden in Tirana begraben«, sagte Berberi, als wir unseren Weg fortsetzten.

»Ein heldenhaftes Begräbnis für den Despoten?«

»Wir Albaner kannten ein halbes Jahrhundert lang nur ihn«, sagte Berberi und malte mit seiner Nasenspitze eine Art V in die Luft, als hake er etwas ab. »Als die Karten später auf dem Tisch lagen, hat man seine Gebeine auf einen Gemeindefriedhof verlegt. Sein Mausoleum wurde zerstört, sein Museum ist jetzt ein Kulturzentrum. Schulen, Krankenhäuser, Straßen und Plätze, die seinen Namen trugen, wurden umbenannt.«

Der Seidenreiher? Als wir uns nach ihm umblickten, war er verschwunden.

In Pogradec spielte sich das Leben auf der Straße ab. Menschen, wohin man sah: bärtige Männer in ausgetragenen Anzügen, mit Schildmützen aus gewirkter Baumwolle; ganz in Schwarz gekleidete alte Frauen; Kinder in Schuluniformen, Kinder, die Fußball spielten, Kinder, die ausgelassen über schwingende Seile sprangen; Bauern mit überladenen Eselkarren, Straßenhändler, Schuhputzer, Schachspieler; Oberkörper, die in den weit aufgerissenen Schlünden klappriger Mercedes-Limousinen steckten; Berge aus Gewürzen, Nüssen, gerösteten Samen, an Leinen flatternde Wäsche, der Duft von frisch gemahlenem Kaffee, von Kebab-Buden und gegrillten Hackfleischwürsten; hupende Autos, knatternde Mopeds, der Gebetsruf der Muezzine – im Land der Skipetaren herrschte der Orient.

An einer Straßenecke tauschte ich Geld. Der Schwarzwechsler war ein Bekannter von Berberi. Er klopfte mit einem Bündel speckiger Scheine auf seine Schenkel: »Tourist, ha?!«

Seine kakifarbene, ärmellose Weste mit zahllosen Taschen und die kakifarbene Schildmütze schienen so etwas wie die offizielle Arbeitsuniform albanischer Geldwechsler zu sein. An jeder Ecke standen ein paar Männer in diesem Aufzug. Für einen Euro bekam ich 120 albanische Lek, etwa 60 mazedonische Dinar.

»Früher Lek nix wert! Heute Lek nix wert!«

Der Geldwechsler zählte die Scheine einzeln in meine Hand.

»Ändert sich Zeit, sonst nix.«

Ich trank mit Berberi an der Straße türkischen Kaffee. Im benachbarten Schaufenster standen Miniaturausgaben von Hoxhas Bunkern als Aschenbecher, daneben lag ein handgeschriebener Zettel mit der Aufschrift *Chiip Suvenir*.

»Die Bunker sind also doch zu etwas gut«, sagte ich im Scherz.

»O ja! Die Jugend mag sie sehr, Sie verstehen?«

Ich sah ihn überrascht an.

»Viele Albanerinnen geben sich in einem Bunker zum ersten Mal ihrem Liebhaber hin.«

Berberi bestand darauf, meinen Kaffee zu bezahlen. Danach führte er mich zu einem *furgon*, der über Korçë zur griechischen Grenze fahren würde. Berberi wollte sicherstellen, dass ich nicht mehr als den üblichen Preis bezahlte, doch ich wollte nicht mit dem Sammeltaxi fahren, ich wollte zu Fuß weitergehen.

»Zu Fuß?«, rief Berberi entsetzt. »Wohin?«

»Immer geradeaus«, sagte ich und schüttelte ihm die Hand. »Nach Griechenland.«

Am Stadtrand von Pogradec kaufte ich Wasser, Brot und Äpfel, und bei einem Mann in Gummistiefeln und Ölzeug zwei Ohrid-Forellen, die er »koran« nannte. Ich wog die dreißig Zentimeter langen und gut ein Pfund schweren Fische in der Hand und berührte mit den Fingern ihre lachsfarbenen Bäuche und strahlenlosen Fettflossen. Ihre Körper waren noch nicht steif, ihre Augen noch klar. Die Ohrid-Forelle war überfischt und vom Aussterben bedroht, der Mann versicherte mir jedoch, dass die beiden Fische aus seiner Zucht stammten. Ich bezahlte, und er lief ins Haus, um gleich darauf mit einer Handvoll Zwiebeln, Knoblauch und Lorbeerblättern zurückzukommen, die er mir mit einem Tütchen Salz und Pfeffer in die Tasche schob.

Um nach Griechenland zu gelangen, brauchte ich nichts weiter zu tun, als den Ausläufern des Galicica-Gebirges nach Süden zu folgen. Ich krempelte die Hosenbeine hoch, führte die Arme durch die Griffe meiner Tasche, um sie wie einen Rucksack zu tragen, und ging unter gemächlich dahintreibenden Wolken quer über die Felder, wanderte einfach geradeaus und genoss es, keinem vorgegebenen Weg zu folgen. Mein Gehen bahnte sich seinen Pfad selbst. Und dabei fiel mir auf, dass sich meine Reise stetig verlangsamt hatte, vom Intercity Express nach Wien über Regionalzüge und Fernbusse bis zum Minibus an den Ohrid-See. Und nun wanderte ich zu Fuß. Langsamer ging es nicht mehr.

Ging es doch! Als ich schon ein paar Stunden unterwegs war, traf ich am Rand einer Wiese einen Bauern, der mit der

Sense frisches Gras für sein Vieh schnitt. Er schüttelte mir die Hand wie einem alten Freund. Seine Finger waren aus Eichenrinde, sein verschwitztes Haar hing ihm in grauen Locken in die Stirn, und während er lachte, ließ er in seinem Mund eine Reihe silberner Zähne aufleuchten. Auf der Ladefläche seiner Eselkarre hatten es sich zwei kleine Mädchen auf einem Berg duftenden Grases bequem gemacht; sie kauten an langen Halmen und sahen mich mit großen Augen an. Ich hielt sie für die Enkelinnen des Bauern, der gerade die letzten Garben auflud und mir mit einer Geste bedeutete, auf die Karre zu steigen. Die Mädchen rückten kichernd zusammen, ich ließ mich neben ihnen im Gras nieder, der Bauer stieg auf den Wagenbock und rief dem Esel etwas zu; dann setzte sich das Gefährt mit einem Ruck in Bewegung.

Wir lagen auf dem Rücken und ließen die Wolken über uns hinwegziehen. Vögel trieben im Wind. Marienkäfer krabbelten über unsere nackten Arme, und von unten piekten Grashalme durch unsere Kleider, während der Karren quietschte und klapperte und Steine unter den metallbeschlagenen Holzrädern knirschten. Der Esel hatte keine Eile, der Bauer auch nicht. Ein Fußgänger hätte uns mühelos überholt.

Ich fragte das ältere Mädchen, eine kleine Schönheit mit langem braunem Haar und grünblauen Augen, auf Englisch nach ihrem Namen. Sie zeigte auf das Notizbuch, das aus meiner Hosentasche schaute. Ich gab es ihr. Sie schrieb: *My name is Jennysila*.

»Und der Name deiner Schwester?«, ermunterte ich sie.

Sie lachte und schrieb: *My name is Klonara*.

Als der Bauer den Esel zur Landstraße hinlenkte, wo sein Dorf liegen mochte, sprang ich vom Karren ab, winkte ihm zu und stapfte querfeldein in die Hügel hinauf. Überall stieß ich auf Bunker, unverrückbare Metaphern für den Gemütszustand des ehemaligen Regimes, schon bald fielen sie mir jedoch kaum mehr auf. Sie waren ein abgeschlossenes Kapitel der albanischen Geschichte. Wie die geheimnisvollen Tunnelsysteme, unterirdischen Waffenfabriken, Nuklearbunker und chemischen Sprengstoffe, die noch Jahre nach dem Ende der Diktatur auf verlassenen Militärarealen entdeckt worden sind. Nicht auszudenken, womit kriminelle und terroristische Vereinigungen nach dem Zerfall Albaniens ihre Arsenale aufgestockt haben.

Nach Hoxhas Tod war die letzte Bastion des Stalinismus in Europa in sich zusammengefallen. Anfang der Neunzigerjahre, aufgerüttelt von den Veränderungen in Osteuropa, suchten Albaner massenweise Zuflucht in westlichen Botschaften in Tirana. Zehntausende setzten auf morschen Kähnen die Segel nach Italien. Unter anhaltenden Studentenprotesten mussten die Kommunisten schließlich Parteien und freie Wahlen zulassen. Im März 1992 endete ein halbes Jahrhundert kommunistischer Herrschaft – und ein Jahrzehnt des Wilden Ostens begann. Über Nacht verwandelten sich Weizenkollektive in Marihuanapflanzungen. Ganze Mercedes-Flotten strömten wie ferngesteuert ins Land. Das Schmuggelgeschäft blühte. Und im südalbanischen Veliki Trnovac, dem »Medellín des Balkans«, etablierten sich Drogenbarone als zentrale Figuren der Balkan-Connection, welche die Heroinroute von Istanbul nach Belgrad kontrolliert. Die albanische Mafia, behaupten Experten, sei damals mächtiger geworden als der Staat. Der Hafen von Vlora entwickelte sich zur Drehscheibe für illegale asiatische Einwanderer auf dem Weg nach Italien. Die Blutrache feierte ein Comeback. Eine profitgierige Soldateska aus Wilderern setzte alles daran, Hirsche, Bären, Wölfe und Luchse auszurotten und die Fischbestände im Ohrid-See mit Dynamit wegzusprengen. Ganze Eichen- und Pinienwälder wurden mir nichts, dir nichts zu Tischen, Betten und Kleiderschränken.

Die Hiobsbotschaften folgten Schlag auf Schlag. Kollektive brachen zusammen, frühere Eigentümer forderten ihr Land zurück, und die Bewohner, einst von der Kommunistischen Partei zur Arbeit auf den Höfen gezwungen, wurden nun erneut vertrieben. Die Einwohnerzahl von Tirana verdreifachte sich. Das Elend wuchs. Ratlose albanische Familien investierten ihre letzten Ersparnisse in Schneeballsysteme, beliehen ihre Häuser und verkauften Grund und Boden, um jene exorbitanten Zinssätze einzustreichen, die ihnen von Geldhaien versprochen wurden – Renditen, die nur auf dem Papier existierten.

Als der Schwindel aufflog, verloren drei Viertel aller Albaner ihre Ersparnisse. Insgesamt über eine Milliarde Dollar. Das Finanzsystem kollabierte. Im »Lotterieaufstand« von 1997 plünderte der aufgebrachte Mob Armeearsenale und rüstete sich mit Schusswaffen aus. Staatliche Archive, Schulen und Hotels wurden zerstört, geschätzte hunderttausend Blankopässe gestohlen, Ausländer retteten sich in Helikoptern auf Flugzeugträger in der Adria. Der landesweite Ausnahmezustand wurde verhängt, die Vereinten Nationen um eine militärische Intervention gebeten. Nach und nach gelang es der internationalen Schutztruppe mit Patrouillen und humanitärer Hilfeleistung die Ordnung wiederherstellen.

Kurz vor Einbruch der Nacht fand ich am Waldrand oberhalb des kleinen Weilers Gurbardhe einen schönen Lagerplatz. Ich sammelte Holz und machte Feuer im Windschatten eines Felsens, nahm die Forellen aus, rieb sie mit Salz und Pfeffer ein und füllte sie mit dem Knoblauch, den Zwiebeln und Lorbeerblättern. Dabei fiel mein Blick auf den Lederbeutel mit Augentrost. Ich öffnete den Verschlussgummi, entnahm eine Handvoll des getrockneten Krauts und bestrich die Forellen damit; dann spießte ich sie auf einen Stock und hängte sie über das Feuer.

Während ich in die Flammen sah, dachte ich daran, was Albanien durchgemacht hatte und dass es oft solche Krisen sind, aus denen etwas entsteht, was ohne sie nicht möglich wäre. Ohne mein mexikanisches Erlebnis hätte ich mich nie auf die Suche nach Patrick Leigh Fermor begeben, ich hätte nie eine Reise über den Balkan unternommen und wäre nie dem blinden Michalis begegnet.

Ich drehte am Spieß mit den Forellen, damit sie nicht anbrannten, und erinnerte mich, dass es eine besonders schwere Prüfung gewesen war, die Albanien schließlich auf den Weg aus seiner Misere brachte: Als es im Kosovo brodelte und die NATO Serbien bombardierte, waren fast eine halbe Million Flüchtlinge über die Grenzen nach Albanien geströmt. Diese Massen haben dem kleinen Land jedoch nicht das Genick gebrochen. Im Gegenteil. Mit einem Mal flossen enorme Summen an Hilfsgeldern, der Dienstleistungssektor wuchs, die Infrastruktur wurde ausgebaut, die Baubranche boomte. Löhne und Gehälter stiegen. Die Inflation sank auf einstellige Zahlen. Illegale Machenschaften wurden aufgedeckt, und die Sicherheitslage verbesserte sich, weshalb mehr als eine Million außer Landes arbeitende Albaner ihre Ersparnisse nun eher nach Hause überwiesen und damit die Wirtschaft stützten. Im Vergleich zu seinen Nachbarn war Albanien weiterhin ein Armenhaus, seit der Kosovo-Krise erlebte es jedoch einen stetigen Aufschwung.

Die Forellen schmeckten köstlich. Der Augentrost verlieh ihnen eine unerwartet frische Note, die wunderbar zu den Lorbeerblättern und dem Knoblauch passte. Nach dem Essen rollte ich mich neben der Glut in meine Wolldecke. Ein Wetterleuchten im Westen erhellte einen Ausschnitt der Ebene. Für einen Moment sah der Ohrid-See aus wie ein Loch in der Erdkruste. Als die Blitze erloschen, blieben nur die flirrenden Lichter von Pogradec in der Finsternis zurück; gleich darauf trug der Wind das leise Spiel einer Trompete heran.

Zuerst glaubte ich, die melancholische Musik komme aus einem der weit verstreuten Dörfer in der Ebene, doch dann ließ sie eine seltsame Unruhe in mir aufsteigen. Ich spürte, wie sich mein Herzschlag beschleunigte, meine Handflächen wurden feucht, und mit einem Mal erfasste ich den Grund für meine Nervosität: Es war ein mexikanisches Lied! Ich kannte es und versuchte, mich an seinen Namen zu erinnern. Gerade als er mir einfiel – es war Pedro Infantes *Angelitos negros* –, frischte der Wind auf, das Spiel wurde schwächer und verkümmerte zu einem metallischen Röcheln, als versuche jemand vergeblich, seiner Trompete eine weitere Melodie zu entlocken. Der Wind legte sich wieder. Eine merkwürdige Stille senkte sich herab, unterbrochen nur vom erstickten Keuchen der Trompete. Am Himmel verschwanden die Sterne. Meine Nackenmuskeln verkrampften sich, meine Fingernägel gruben sich in die Handflächen, in meinen Ohren pochte das Blut – und plötzlich wusste ich, woher ich das Keuchen der Trompete kannte: Es war der Atem des Vulkans, der Atem des Popocatépetl!

Jetzt. Jetzt ist es so weit. Staub wirbelt auf, ich huste, werfe die Wolldecke zurück und betaste wie ein Blinder die rauen Wände der Nacht, ringe nach Luft, scharre, grabe, kratze – vergeblich, sitze in der Höhle fest … der Berg erbebt, ein dumpfer Schlag, ich werde zu Boden gerissen, ziehe die Knie an die Brust, meine Zähne klappern, Gestein löst sich aus der Höhlendecke und schlägt neben mir in der Finsternis auf. Und mit einem Mal verebbt meine Angst, eine tief empfundene Dankbarkeit durchströmt mich. Du wirst nicht ersticken, denke ich seltsam erleichtert, während um mich herum schwere Brocken herabfallen. Gleich wird der Popocatépetl dich ausschalten. Mit ein paar Millionen Tonnen erkalteter Lava und Obsidian, in weniger als einer Sekunde, einfach so. *Off!*

Gleich. Gleich erklingt die Trompete wieder, gleich wird –

Da ist sie schon! Da ist sie! Ganz leise wächst ihr Spiel ins Dunkel der Höhle, allmählich bilden sich Töne heraus, Melodiebögen, Tremoli … eine Musik, die zittert wie unter Schmerzen – zugleich ist sie voller Zuversicht, dass sich am Ende noch alles zum Guten wendet. Am Ende. Jetzt. Jetzt bebt der Berg erneut, heftiger als zuvor … Geröll sackt laut krachend in sich zusammen … da öffnet sich ein Spalt … Licht findet von draußen herein … *Angelitos Negros …* wie schön die Trompete klingt, wie lebendig … durch den Spalt strömt Luft … Sauerstoff … ich atme, atme … wühle mich mit letzter Kraft hinaus, ins Gras, werde ohnmächtig oder schlafe ein … ah, Mexiko … gleich ist es so weit, jetzt gleich, jetzt … jetzt reiße ich die Augen auf, schweißgebadet, zitternd vom Kraftakt meiner Befreiung, meiner Geburt … der Morgen graut … schneebedeckte Gipfel treiben losgelöst von der Erde über dem Ohrid-See … wie oft muss ich das noch durchmachen? … für dieses Mal scheint es überstanden … nur die Trompete spielt noch immer, ein Schluchzen jetzt, wie von einem weinenden Kind, ein Klagelied, das

in ein sonderbar kehliges Schnurren übergeht. In einem verirrten Lichtstreifen ziehen Schwäne vor der Kulisse dunkler Wolkenwände dahin, während das Schnurren näher
kommt, bis ich es ganz deutlich hinter mir am Waldrand
hören kann, sonor und heiser. *Angelitos!* Vorsichtig drehe
ich mich um. Auf einem Baumstumpf, keinen Steinwurf
von mir entfernt, sitzt eine riesige Katze. Sie sieht mich an.
Ein Blick, der verwunden kann. Wie eine Klinge. Die Katze
ist ein … Luchs.

Der Luchs saß auf seinem Baumstumpf, als wache er über
mich, den Kopf leicht zur Seite geneigt, mit abgespreiztem
Backenbart und Haarpinseln an den Ohrenspitzen. Ein
Sonnenstrahl durchdrang den Glaskörper seines rechten
Auges, und ich konnte deutlich seine goldgelbe Iris erkennen. Sein Blick war klar und messerscharf, ein Lynkeus, der
durch Mauern und ins Innere der Erde schauen konnte. Er
schien nach meinen Augen zu suchen, als wollte er mich
hinter seine Gleichgültigkeit blicken lassen. Für einen Moment glaubte ich, seine Kraft zu spüren, seine konzentrierte
Energie, die Elastizität seines Körpers, die Fähigkeit zu ruhigen, langsamen Bewegungen, die urplötzlich in schnelle,
wendige Haken umschlagen konnten. Geschmeidig erhob
er sich von seinem Baumstumpf und streckte sich, ohne
mich aus den Augen zu lassen. Er war fast so groß wie ein
Schäferhund, sein dunkel geflecktes Fell am Rücken rötlich-
braun, an Brust, Bauch und den Innenseiten der Läufe hingegen cremeweiß.

Ich sah die schwarzen Haare seiner Ohrenpinsel, jedes
einzelne, sah die hellen Ringe um seine Augen und die langen Striche, die aus den Winkeln wie mit einem Kajal gezogen bis über die Schläfen reichten, und obwohl es auf diese

Entfernung unmöglich schien, sah ich gestochen scharf, wie das Gesichtsfell des Luchses in feinen Borsten auslief, um dem rosigen Tupfen seiner Nase Platz zu machen; sie war mit hellen Pigmenten besetzt und von einem hauchfeinen Glanz überzogen, den ich für kondensierten Atem hielt.

Der Luchs glitt vom Baumstumpf. Seine Vorderläufe waren kürzer als die hinteren, er ging wie in Zeitlupe, leicht geduckt, als schleiche er sich an eine Beute heran, sah noch einmal zu mir herüber, verlagerte sein Gewicht nach hinten, erstarrte für einen Augenblick – und schnellte plötzlich mit ganzer Kraft nach vorn, sprang in weiten Sätzen über umgestürzte Baumstämme, über zwei, drei Stämme auf einmal, jagte nach Süden davon und verschwand im Unterholz, lautlos wie ein Geist.

Ich saß neben der erkalteten Asche meines Lagerfeuers und sah ihm wie versteinert nach; dann spürte ich, wie sich mein Puls beschleunigte, mit einem Ruck kam ich in Bewegung, wie ein elektrisches Spielzeug, dem man den Schalter umlegt. Ich verstaute meine Sachen und ging talwärts, nicht mehr gemächlich wie am Tag zuvor, sondern eiligen Schrittes und geradewegs hinunter zur Landstraße. Etwas drängte mich. Etwas sagte mir, ich müsse mich beeilen. Bisher hatte Zeit keine Rolle gespielt. Jetzt fühlte ich mich, als käme ich zu spät zu einer Verabredung. Jede Minute zählte. Zugleich hielt mich etwas davon ab, einen *furgon* zur griechischen Grenze zu nehmen. Ich blieb der Hauptstraße fern und beschleunigte mein Tempo auf Nebenwegen, eilte durch Burimas, Maçurisht und Bitincke, vorbei an leer stehenden alten Häusern und verwaisten Betonskeletten. Hunde bellten mich an. Hoch über den Rundziegel- und Wellblechdächern warf die Morgensonne lange Schatten in die Furchen verschneiter Berge.

Je weiter ich ging, desto spärlicher wurde die Vegetation, bis mich nur noch baumlose, verkarstete Hänge umgaben. Graue Felsen ragten aus Dornsträuchern und Ginster. Verwehte Plastiktüten blitzten an den Hängen auf wie gestrandete Quallen. In den Ebenen erhoben sich – Brandblasen gleich – Tausende von Bunkern. Schwarz gekleidete Frauen schritten über staubtrockene Felder. Über ihren Köpfen kreisten Krähen. Und in der Ferne lag, überragt von Wolkentürmen, ein gewaltiges Kreuz in der Landschaft wie eine in den Balkan geritzte Weltformel, die in alle Richtungen zu weisen schien, die ein Mensch in seinem Leben einschlagen kann.

Wie von einer unsichtbaren Kraft getrieben, hastete ich auf die Wegkreuzung zu, auf den Schnittpunkt der Himmelsrichtungen und Jahreszeiten, ich ging nicht mehr, ich rannte jetzt, rannte dieser verlassenen Mitte entgegen, die, so schien es, seit Ewigkeiten kein Mensch mehr aufgesucht hatte – und dennoch stand dort, meilenweit von jedem Haus entfernt, das leuchtend rote Wartehäuschen einer Bushaltestelle.

Ich lief darauf zu, so schnell ich konnte, und ließ auf den letzten Metern vor Aufregung meine Tasche fallen, denn im Schatten des Häuschens hockte eine dunkle Gestalt mit einem breitrandigen schwarzen Hut, ein Mann, der Rauchringe in meine Richtung blies und die Augen verdrehte, bis nur noch ihr Weiß zu sehen war.

»Du kommst spät, Pilger«, sagte er und zeigte mit seinem Birkenstöckchen auf die Sonne, die fast im Zenit stand.

Michalis sah anders aus als bei unserer letzten Begegnung. Statt des schwarzen Umhangs, der auf dem Felsvorsprung im Stausee bei Orşova seinen gesamten Körper bedeckt hatte, trug er nun einen blauen Pullunder mit V-Ausschnitt, darunter ein hellblaues Hemd. Seine Füße steckten nicht mehr in Sandalen, sondern in staubigen Lederschuhen. Das Birkenstöckchen war deutlich dunkler und wirkte fast elegant. Und als er seinen Hut abnahm und sich erhob, wirkte er größer als damals. Seine Haut war heller, sein Haar silbergrau, füllig und ordentlich zur Seite gekämmt.

Noch immer außer Atem, hielt ich mich neben dem Wartehäuschen an einer rostigen Stange fest, an der ein sonnengebleichter, nicht mehr lesbarer Fahrplan hing. Über meinem Kopf kündigte ein Metallschild einen Bus nach *Heterutopia* an, der Richtung nach ein Ort in Griechenland. Michalis kam auf mich zu, die Augen nach oben gerollt, legte mir das Birkenstöckchen auf die Schulter und führte sein Gesicht so nah an das meine heran, dass ich seinen Atem spüren konnte. Ich sah nur noch seine Augen, weiße Bälle, wie mit Schichten gehärteten Lacks überzogen. Ganz allmählich erschienen in diesem Glanz vage Konturen, die ich für mein Spiegelbild hielt. Doch dann geschah etwas Sonderbares: Mein Spiegelbild bewegte sich, obwohl ich mich nicht von der Stelle rührte. Es veränderte seine Gestalt, wuchs in die weiße Mitte und gewann an Intensität, als tauchten aus großer Tiefe Lichter auf. Und plötzlich verstand ich, dass Michalis seine Augen nach unten rollte, langsam und vorsichtig, als könnten sie bei der kleinsten Unachtsamkeit aus ihren Höhlen fallen. Die Lichter, die ich vor mir auftauchen sah, waren eine Ahnung vom Blau seiner Regenbogenhäute, ein frisches Blau, das sich zaghaft durch den Schleier seiner Blindheit arbeitete.

»Was ist, Pilger?«

»Deine Augen, Michalis – sie verändern sich.«

»Das sehe ich.«

Er lachte sein rasselndes Lachen, ohne den Kopf zurückzuziehen.

»Kannst du mich sehen?«

»Kannst *du mich* sehen?«

Im Blau hinter dem Schleier seiner Augen spürte ich die Kraft eines gelebten Lebens, ich spürte Michalis' Alter, die Macht seiner Erinnerungen, seine Melancholie angesichts der Monate, Wochen und Tage, die sich in ihm herunterzählten. Seine Zeit folgte einer anderen Uhr. Sie war kostbar und durfte nicht verschwendet werden.

»Erinnerst du dich an das Spiel, das du einmal spielen musstest?«, fragte Michalis, der wie immer meine Gedanken erriet. »An das Spiel in Amerika ...«

»... als die Leute am Tisch plötzlich fragten, was man tun würde, wenn ...«

»... man wüsste, dass man nur noch zwei Stunden zu leben hätte.«

Ich erinnerte mich genau. Damals, wenige Monate nach meinem mexikanischen Erlebnis, hatte ich am Tisch eines amerikanischen Millionärs gesessen, sechzig Meilen nördlich von Manhattan. Am Pool erwartete uns ein Buffet mit gegrilltem Schwertfisch, Kaviar, Champagner, und irgendwie war die Frage aufgekommen, wozu man seine letzten beiden Stunden nutzen würde, wenn man damit tun könnte, was man wollte. Die Amerikaner in der Runde wünschten sich einstimmig, noch einmal »so richtigen Sex« zu haben. Und ausnahmslos alle wollten sich mit dem umgeben, was sie zu besitzen glaubten, aber nicht mitnehmen konnten; der bevorstehende Verlust trübte die eben noch ausgelassene Stimmung.

Nachdem alle ihre Wünsche aufgesagt hatten, sahen sie mich neugierig an. Die Dunkelheit der mexikanischen Höhle steckte mir noch in den Knochen, und es schien mir ein tröstlicher Gedanke, dass mein Sterben nur zwei Stunden dauern und ein schmerzfreies, schnelles Ende finden würde. Am üppig gedeckten Tisch unseres Gastgebers, umgeben von seinem überbordenden Besitz, von all diesen Dingen, fühlte ich mich reich, weil ich das wenige, das ich mein Eigen nannte, zurücklassen konnte, ohne einen Gedanken daran zu verschwenden. Ich wusste sofort, was ich mit meinen letzten beiden Stunden anfangen würde, und sagte: »Ich würde den nächsten Fernzug nehmen!«

Die Gesellschaft sah mich verdutzt an.

»Wohin?«

»Egal wohin.«

Michalis lächelte. Wir standen im Niemandsland zwischen Albanien, Mazedonien und Griechenland, auf einer verlassenen Kreuzung, im Reich der Hekate, die hier seit zwei Jahrtausenden vergeblich auf das Opfer eines Reisenden warten mochte. Der Wind pfiff durch die zersprungenen Fenster des Wartehäuschens, und das Schild mit der Aufschrift *Heterutopia* ächzte über unseren Köpfen.

»Würdest du es immer noch tun?«, fragte Michalis in dieses Geräusch hinein.

»Den Zug nehmen?«

Er stocherte mit dem Birkenstöckchen im Staub.

Ich würde in Bewegung sein. Atmen. Gab es nach meiner Gefangenschaft in der Höhle ein größeres Geschenk? Ich würde noch ein paar Worte in einer fremden Sprache lernen, von einer fremdartig gewürzten Speise kosten und den heiteren oder nachdenklichen Gesprächen Unbekannter lauschen oder den Widerhall des Schweigens genießen, das Sonnenlicht auf einem Blattrand schimmern sehen, Vögel im Flug, ein Jäger des Augen-Blicks.

Michalis sah mich an, wie der Luchs mich angesehen hatte.

»Wonach sucht deine Bewegung, Pilger?«

Damals, am Tisch des amerikanischen Millionärs, hatte ich es höchstens ahnen können. Jetzt, nach einer Reise, die mich über den halben Kontinent auf diese verlassene Kreuzung geführt hatte, wusste ich es.

»Meine Bewegung sucht nach etwas, wo sie bleiben, wo sie zur Ruhe kommen kann«, sagte ich und atmete tief ein. »Und sie findet es in der Bewegung selbst.«

Michalis lächelte zufrieden; dann schob sich eine Wolke vor die Sonne und trieb auf uns zu. Als ihr Schatten uns einhüllte, fiel die Temperatur spürbar. Der Wind ließ das Schild klappern, das einen Bus nach *Heterutopia* versprach, der nicht kommen würde.

»Es ist spät, Pilger«, sagte Michalis, obwohl die Sonne den Zenit eben erst durchschritten hatte. »Zeit, unseren Baumstamm zu verlassen.«

Ich sah ihn fragend an.

Mit einer geschmeidigen Bewegung hob er seine Hand, ließ sie eine mäandernde Linie um die Bunker in der Ebene beschreiben, betont langsam, als taste er sich an ein unsichtbares Ziel heran – und plötzlich schnellte seine Hand mit ganzer Kraft nach vorn, um davonzuschießen, nach Süden, der griechischen Grenze entgegen.

»Du weißt, was der Luchs dir sagen wollte?«

Ich sah zu Boden.

»Meine Zeit läuft aus«, sagte Michalis lächelnd. »Du musst dich beeilen.«

»Sehen wir uns wieder?«

Staub wirbelte auf, und plötzlich war ich auf der Kreuzung allein.

PATRAS

Hatte ich bisher nicht alle Zeit der Welt gehabt? Warum auf einmal diese Nervosität? Dieses Drängen? Diese Hast? Der Mann hinter dem Grill warf die Würstchen mit den Fritten, der Gurkenscheibe und dem vertrockneten Salatblatt in ein aufgeschnittenes Brot, alles in Windeseile. Ich bezahlte mit meinen letzten Lek. Er versah die Würste mit reichlich Mayonnaise, Ketchup, Senf.

»*Good?*«, fragte er, als ich hineinbiss und das Fett davonspritzte; erst jetzt fielen mir seine schwarz geränderten Fingernägel auf.

»*Very good!*«

Glocken kamen mir in den Sinn. Es war, als riefen sie mich. Warum? Und welche Glocken? Vor der Grenze stauten sich Busse mit Aufschriften wie *Euro-Expres, Emigranti Tours* oder *Bilion-Dolar-Shuttle*. Was für ein Unterschied zum verschlafenen Grenzposten am Ohrid-See: Ein albanischer Polizist, gekleidet wie ein General – schwarzblaue Uniform, bordeauxrote Hosenstreifen, goldene Knöpfe und Schulterklappen –, fuchtelte mit seinen Armen in der Luft herum, blies in seine Trillerpfeife und wies einen Bus nach dem anderen ein; dazwischen Kleintransporter, Sammeltaxis, Limousinen mit geschwärzten Scheiben. Scharen albanischer Männer in abgewetzten Anzügen stiegen aus und hasteten mit entschlossener Miene zur Passkontrolle, ohne sich ein einziges Mal zu orientieren; sie kannten den Weg. Hunderttausende von ihnen arbeiteten in Griechenland, vor allem im Baugewerbe und in der Landwirtschaft. Sie bekamen wenig Lohn und machten jede Arbeit, auch die härteste, schmutzigste – Arbeit, welche die Griechen nicht erledigen wollten –, meist ohne Vertrag, unversichert, rechtlos.

»*Athina!*«, rief der Würstchenverkäufer. »*Money! Money! Go! Go! Go!*«

Das war es: *Go! Go! Go!* Sie hatten stundenlang reglos im Bus gesessen, nun sprangen sie von ihren Sitzen, um im richtigen Moment zu tun, worauf es ankam. Sie schalteten von langsamen auf schnelle Bewegungen um. Wie der Luchs. Und mit einem Mal ahnte ich, woher meine Nervosität kam. Es war, als fürchtete ich, Patrick Leigh Fermor hätte nur noch kurze Zeit zu leben.

Ich schlang den Rest meines Mittagessens hinunter. Der Mann hinter dem Grill hatte keine Servietten, und so zog ich die letzten Mullkompressen aus dem Beutel mit dem Augentrost, um mir damit das Wurstfett von den Fingern zu tupfen; dann stellte ich mich mit den Männern in die Schlange. Es ging nur langsam voran. Das Warten zehrte an meinen Nerven, während die Albaner eine konzentrierte Ruhe verströmten. Wenn sie an der Reihe waren, zogen sie ihren zerfledderten Pass aus der Brusttasche, dazu das Formular mit dem Lichtbild, ein vertrauenerweckendes Lächeln, nicht zu schüchtern, nicht zu forsch. Wenn das nicht half, verschwanden sie zur »Leibesvisite« in einem kleinen Kämmerchen. Sie wussten, was hinter der Tür mit der fehlenden Klinke und den mit Zeitungspapier beklebten Scheiben von ihnen erwartet wurde, und kamen wenig später um ein paar Geldscheine erleichtert wieder heraus.

Ein ganz normaler Vorgang, wie ich von den Wartenden erfuhr. Wer in Albanien einen Telefonanschluss haben wollte, tat gut daran, eine freiwillige Servicegebühr zu entrichten. Für eine ordentliche medizinische Behandlung besserte man gern ein wenig das Salär des Arztes auf, oder man leistete beim zuständigen Sachbearbeiter des Elektrizitätswerks einen bescheidenen Beitrag zur Kaffeekasse, um ihn zu einem vergünstigten Stromtarif zu bewegen. Gleiches galt für jene, die einen Pass haben wollten, ein günstiges Urteil bei Gericht oder einfach nur die Zulassung für ihr Auto. Angemessene Aufmerksamkeiten dieser Art waren weit verbreitet beim Zoll, bei Steuerbehörden, im Rechtswesen – Polizisten, Anwälte, Richter mussten schließlich auch von etwas leben –, und so mancher pfiffige Offizier nutzte die Mechanismen der freien Marktwirtschaft, indem er Kalaschnikows, Handgranaten oder chemische Zündeleien meistbietend verkaufte und – sozusagen als Reminiszenz an den Sozialismus – seine Helfer, Mitwisser und Vorgesetzten gerecht an den Erträgen teilhaben ließ.

Und so war auch die »Leibesvisite« etwas ganz Alltägliches. Danach strichen die Ausreisewilligen ihr Hemd glatt – nichts gefunden, alles klar –, empfingen den Stempel in ihren Papieren, eilten zurück in den Bus und verließen Albanien.

»Wohin?«

Lag das nicht auf der Hand?

»Nach Griechenland.«

Der Empfang im Europa erster Klasse fiel wenig herzlich aus. Auf der griechischen Seite der Grenze gab es keinen Ort, keinen Zug, keinen Bus, nichts außer ein paar Sammeltaxis, die einem für eine Fahrt nach Kasturia ein kleines Vermögen abknöpften. Die griechischen Taxifahrer vertrieben sich die Zeit, indem sie junge, offensichtlich papierlose Albaner beschimpften, vor ihnen herumtanzten und »Mohammed! Mohammed!« sangen. Ein dicker Grieche mit Pigmentstörungen im Gesicht stieß mit dem Fuß seinen Kaffeebecher um, der Bodensatz lief heraus. Er kläffte einen der Albaner an, bis dieser den Becher für ihn aufhob. Er kläffte noch einmal etwas und zeigte auf seine Wasserflasche, die er ohne Mühe hätte selbst greifen können; der junge Albaner, der wie ich auf eine Mitfahrgelegenheit hoffte, brachte sie ihm.

Dann kam der Dicke zu mir, baute sich vor mir auf und brüllte: »*Passport!*«

»Sie sind kein Polizist, sondern Taxifahrer«, sagte ich erst auf Englisch, dann auf Deutsch, und er verzog sich hinter sein Lenkrad.

Als endlich vier Leute beisammen waren, die Papiere hatten und nach Kasturia wollten, war ausgerechnet der Dicke an der Reihe. Er fuhr mit seinem Mercedes vor, öffnete den Kofferraum und wollte meine Tasche einladen. Ich hatte zwei Stunden gewartet und darüber gebrütet, ob ich in Kasturia noch einen Bus nach Südgriechenland erreichen würde – doch jetzt sagte ich: »Mit Ihnen fahre ich nicht!«

»Warum nicht?«, fragte er überrascht. »Drei Passagiere und Sie! Wir sind vollzählig!«

Ich sah hinüber zu den dunkelhäutigen jungen Männern.

»Es sind nur Albaner«, sagte der Dicke und lachte. »Ich bin Grieche. Ein echter Europäer. Wie Sie.«

Ich ließ ihn stehen und ging die Landstraße hinunter. Eine weitere Stunde saß ich auf einem Mauerstück. Der Wind rauschte in den Bäumen. Autos fuhren an mir vorbei, ohne anzuhalten, und ich bekam ein Gefühl dafür, wie es sein musste, kein anerkannter Bürger von Schengenland zu sein. Sonnenverbrannt und bärtig, wie ich war, mit abgerissenen Kleidern und einer halb leeren Reisetasche, musste ich den Griechen in ihren schweren deutschen Limousinen dubios erscheinen – papierlos, albanisch.

Meine Sturheit wurde von Dragan belohnt, einem montenegrinischen Lastwagenfahrer, der wenig später anhielt. Sein Gesicht war von Nikotin gezeichnet, die Haut großporig und gerötet, sein Führerhaus das genaue Gegenteil des penibel gepflegten Reiches von Todor, der mich in Serbien mitgenommen hatte. Auf der Koje lagen angebrochene Tüten mit Lebensmitteln, Wasserflaschen, Zigarettenschachteln. Die einzige Zierde bestand aus zwei Duftspendern an der Windschutzscheibe; an einem hing ein hölzernes Kreuz.

Dragan fuhr nach Thessaloniki, um dort vierundzwanzig Tonnen Kaffee aus Brasilien zu übernehmen. Die Fahrt von Podgorica, wo er wohnte, über Shkodër, Tirana, Korçë und Kozáni dauerte zwei Tage. Als ich ihn fragte, warum er leer nach Thessaloniki fuhr, antwortete er: »In Montenegro nur Steine.«

Auf der Passstraße, die hinüber ins Tal von Kasturia führte, hielten wir inmitten der kargen Berglandschaft an einem einsamen Imbisswagen. Über dem Verkaufsfenster stand in Großbuchstaben aus braunen Würstchen: *KAN-TINA*. Um diesen entlegenen Ort zu einer beliebten Anlaufstation für Lastwagenfahrer zu machen, genügte eine hübsche junge Griechin hinter dem Grill. Sie hieß Aila und hatte ihr blondiertes Haar mit der Sonnenbrille hochgesteckt. Drei montenegrinische Kollegen warteten bereits auf Dragan. Sie hatten Zahnstümpfe mit schwarzen Kratern, aber sie lachten oft und zeigten sie gern, während Aila mit ihnen flirtete und einen Schuss Träume in ihren Kaffee mischte.

Wir saßen vor dem Imbisswagen am Straßenrand, verdrückten Lammkoteletts und sahen über die Wipfel der Wälder hinweg ins Tal, wo ein Bagger an einem Hang kratzte und Schafe kaum von Felsen zu unterscheiden waren.

»Belgrad sehr schön!«, sagte Dragan. »Schöne Frauen in Serbien!«

Alle nickten, auch Aila; dann kletterten wir zurück ins Führerhaus, der Motor sprang an, der Sattelschlepper erzitterte. Dragan drehte die Anlage auf und sang zu montenegrinischer Volksmusik. Mit der linken Hand hielt er seinen Kaffeebecher in den Fahrtwind, um ihn zu kühlen. Mit der rechten rauchte, schaltete und gestikulierte er. Hier und da fuhr er sich mit den Fingern durch das Haar, während der Sattelschlepper wie auf Autopilot die Landstraße hinunter ins Tal donnerte.

»Montenegro klein!«, sagte Dragan an der Ausfahrt nach Kasturia. »Aber schön! Sehr, sehr schön! Nächst Mal musst Montenegro kommen!«

Ich sah ihm nach, bis sein Sattelschlepper um eine Kurve bog. Die Straße nach Kasturia war stark befahren. Auf den zehn Kilometern bis in den Ort hielt kein Grieche an, um mich mitzunehmen.

… und jetzt los – los, los, los … in den nächstbesten Bus nach Süden, die Berge hinauf, tief hängenden Wolken entgegen, aus denen Bäche talwärts stürzen … zweiarmige Laternen bewachen Ioannina, sattgrüne Hügel, Safraninseln im

Wind … und ein Licht, als brächten es die Büsche und Felsen aus sich selbst hervor – ganz in der Nähe von Metamorfosis.

»Warum beschwören dämmernde Landschaften immer …«

»… gealterte Ölgemälde in mir herauf?«

… du betrachtest sie, und dein Gesicht liegt auf der hereinbrechenden Nacht, bis nur die Bordbeleuchtung bleibt, und der goldene Sitzbezug mit der Nummer 11 … und alle warten wir gespannt auf deinen dritten Band, Patrick, alle wollen wir wissen, wie deine Wanderung nach Konstantinopel ausgegangen ist … aber Achtung: *Do not disturb the driver!* … er ist ins Spiel von Bouzouki und Baglamas vertieft, und im Rückspiegel flirren lustige Lichter über seine Glatze.

»Wohin? In die Mani?«

»Sie haben doch ein Messer dabei?«

»Diese Manioten verstehen keinen Spaß!«

»Sie haben doch eins? Ein Messer, mein ich.«

… und wir Albaner müssen hinten sitzen, wo die Luft verbraucht und das Holpern am schlimmsten ist; die Griechen belegen die vorderen Plätze wie die Weißen in Amerika vor der Zeit von Martin Luther King … Farben gibt es, sage ich dir, du hast keine Vorstellung von den Farben der Jetzt-Zeit … dein Opiat rieselt durch das Stundenglas … Werksirenen heulen … Glocken läuten, ah, die Glocken – mach schnell, sie rufen dich … *Fortsetzung folgt* … bald … und das ist gut so, Patrick, sehr gut, schreib deinen letzten Band, aber schreib nicht zu schnell, hörst du … ich meine, siebzig Jahre nach deiner Wanderung kommt es auf ein paar Tage mehr oder weniger doch wirklich nicht an … lass dir Zeit und schau – schau nur, wie der Albaner durch den Mit-

238

telgang geht und den Fahrer bittet, die Klimaanlage auszu-
schalten … wie sich wenig später überall im Bus albanische
Gerüche ausbreiten, die herben Aromen der Straße, der Felder und Baustellen … und wie die griechische Dame angewidert ihr Taschentuch vor Mund und Nase hält.

»Sie wohnen in Athen, Madame?«

»Gewiss, junger Mann, unser Haus ist das schönste in
Vouliagmeni!«

»Ich darf doch annehmen, Madame, dass es sträflich un-
terbezahlte Albaner waren, die dieses Haus für Sie gebaut
haben?«

»?«

»Und damals hat ihr Schweißgeruch Sie nicht gestört?«

… seht, seht, wie der Bus über den Aheloos fährt, durch
Neapoli, vorbei an den Pappeln des Südens … eine senkrechte Schlucht, ein weißes Kreuz und ganz oben das Klos-
ter … Lichter, die auf der Windschutzscheibe zerspringen,
weggeräumt von den Scheibenwischern der Erinnerung …
denn wer schließt schon gern das letzte Kapitel und schlägt
sein Buch zu? Bis Konstantinopel gibt es noch viel zu tun,
Patrick, alter Fuchs … und plötzlich rücken die Wände aus-
einander und geben den Blick frei auf das Ionische Meer …
über dem Golf von Patras hockt eine riesige Libelle, das
Hinterteil mit Lichtperlen besetzt, die Flügel in der Dunkelheit zusammengelegt, die Spitzen von roten Punkten gekrönt – sie trägt den Bus auf ihrem Rücken über das Wasser,
hinüber auf den Peloponnes … wo ich mich an einer Auto-
bahnausfahrt wiederfinde, im strömenden Regen mit drei
Albanern; wir teilen uns ein Taxi und in Patras ein Zimmer.

»*Passport! Passport!*«

»Vierzig Euro! Jeder von euch zehn!«

»Jetzt gleich! Sonst keine Schlüssel!«

»Sehr freundlich, vielen Dank, wir empfehlen Sie weiter!«

Wir duschten, zogen uns um und kochten auf dem kleinen Herd im Zimmer meine Spaghetti. Ich öffnete den Lederbeutel und gab den Augentrost dazu, das ganze Kraut bis auf die letzten Krümel. Beim Essen weiteten sich die Augen der Albaner genüsslich. Danach saßen wir an der Tür, die sich zum kleinen Balkon hin öffnete und sahen schweigend dem Wolkenbruch zu, wie er auf der Straße niederging, auf den Kasten der Klimaanlage trommelnd, im flackernden Neon der *Pension Nikos*; drüben im Hafen legten Fähren nach Italien ab.

»Italien!«, seufzte Shpëtim – und dann verriet er mir, dass sein Name »Erlösung« bedeutet.

Noch vor Sonnenaufgang sprang ich in den Zug nach Kalamata. Der Morgen graute nicht, er legte sich violett auf Fassaden und Straßen, auf den Golf von Patras, auf Weinreben, frisch gepflügte Felder und Olivenhaine, ein Violett, so eigenartig, dass ich die Fenster des Abteils herunterzog, weil ich dachte, es könnte an ihrer Tönung liegen. Die Sitze in den Wagen waren hart, die Rückenlehnen ließen sich nicht verstellen, durch das Loch in der Toilette sah man überwachsene Schienen, die unter der Last des Zuges ächzten. Er fuhr in Schrittgeschwindigkeit über baufällig wirkende Brücken und tiefe Täler mit silbern schimmernden Olivenbäumen, Eichen und Zypressen, deren Wipfel wie Pinsel heraufragten, so nah, dass ich sie vom Fenster aus berühren konnte. An verlassenen Bahnhöfen standen Schilder mit griechischen Schriftzeichen. Zum ersten Mal auf meiner Reise konnte ich die Namen der Dörfer nicht lesen. Es störte mich nicht. Mir genügte, dass sie dort draußen vorüberzogen.

In einem ausgestorben wirkenden Ort stieg eine Gruppe Roma zu. Sie fielen über meinen Waggon her wie ein Schwarm exotischer Vögel, zwanzig, dreißig bildschöne Menschen mit indischen Zügen und Mandelhaut, das Haar seidenschwarz, die Finger feingliedrig und gerändert vom Ackerboden. Sie waren Wanderarbeiter aus der Gegend von Bukarest.

»Orşova!«, zählte ich meine Reisestationen in Rumänien auf. »Turnu Severin! Calafat!«

Sie lachten, klopften mir auf die Schulter und nannten mir ihre Namen – Aurelia, Romina, Fee, Damir, Liviu, Nicolae –, und Rasmus, der Älteste von ihnen, rollte ein paar Krümel Tabak zu einer Zigarette, um schließlich mit einer übertriebenen Geste seinen Ehering zu präsentieren. Ob ich verheiratet sei? Nein? Er zeigte auf die Hübscheste unter ihnen, pries, wie ich annahm, in langen Reden ihre Schönheit, ihre Vorzüge, und der kleinste Laut von mir, der vorsichtigste Blick in ihre Richtung löste schallendes Gelächter aus.

Sie hieß Lavinia, und obwohl ich mir Mühe gab, es zu verbergen, merkten alle, wie sehr sie mir gefiel, die Lavinia, in ihrer roten Trainingsjacke und den hochgekrempelten Jeans, das hennagefärbte Haar zu einem Zopf gebunden und hinten durch ihre Baseballkappe gezogen. Sie hatte die anmutigste Nase, die mir je untergekommen ist, und ihre Augen – braun, ein wenig ins Rötliche gehend – senkten sich, sobald sich unsere Blicke trafen.

Wohin?

Nach Griechenland, hätte ich fast geantwortet, doch dann antwortete ich: »Kalamata!«

Warum?

»*Amigo, amico, ami*«, sagte ich. »Sein Name ist Patrick.«

Sie lächelten und wackelten immerzu mit den Köpfen, eine Geste der Zustimmung und des Staunens, die sich seit der Einwanderung ihrer Vorfahren aus Indien ein halbes Jahrtausend lang gehalten hatte. Und während die Roma sich um mich drängten, neugierig an meinen Kleidern zupften, mit ihren schwieligen Händen über die weiße Haut meiner Arme strichen und in ihrer fremden Sprache auf mich einredeten, verwandelten sich vor dem Fenster allmählich Schilfwände in Reisfelder, Weinberge in Teeplantagen, Rinder in heilige Kühe, Olivenbäume wurden zu Tamarinden und die Schlafbäume der Krähen zu Hindutempeltürmen, während wir durch die Ganges-Ebene bei Varanasi fuhren, nein, durch den breiten Tieflandsaum der Koromandel-Küste, und dann verebbte das Lachen und Kreischen im Wagen, es wurde still, Momente der Besinnung, ein Atemholen zwischen dem, was gewesen war, und dem, was kommen würde, die Roma erhoben sich leise, die Männer reichten mir die Hand, die Frauen nickten mir freundlich zu, und schon standen sie draußen auf dem Gleis und winkten.

Obwohl wir keine halbe Stunde miteinander verbracht hatten, lag etwas Schmerzhaftes in diesem Abschied – doch dann wagte Lavinia ein bezauberndes Lächeln ... ah, der Duft von Eukalyptusbäumen, überall Zistrosen und Klatschmohn und Bäume voll reifer Orangen ... mit einem Ruck geht es weiter, bald lösen sich die Roma auf einem Feldweg auf ... der Zugführer lässt das Signalhorn ertönen, von den Gartenzäunen winken ihm Bäuerinnen mit bunten Kopftüchern zu.

»Schau, der Kostas hat wieder Dienst!«

»Der Sohn vom alten Kostas, drüben in Kalo Nero?«

»Der Sohn vom Schweine-Kostas, ja!«

»Ist der nicht letztes Jahr heimgegangen? Oder war es im vorletzten?«

»Gott hab ihn selig!«

… oder sie laufen, sobald sie das schrille Pfeifen hören, mit ihren krummen Beinen und dem Reisegepäck aus weit verstreuten Gehöften herbei, um den Zug auf freier Strecke anzuhalten … schon erfüllen ihre Gedanken und Wünsche den Wagen … der Zug pfeift erneut … in der Kopfstimme der Landstreicher und Hobos vibriert ein dunkles Geheimnis … der Geschmack reifer Pflaumen … die Gewissheit, dass etwas Großes bevorsteht, ein phantastisches Ereignis … also schreib nicht zu schnell, Patrick, warte noch ein bisschen, hörst du, ich beeile mich ja, ich komme ja schon, bald werde ich –

Der Zug erreichte Kalamata, die Hauptstadt von Messenien, gegen Mittag. Langsam wurde es Zeit, dass ich mir überlegte, wie ich Fermor finden wollte. Seine Verlegerin hatte mir damals am Telefon versprochen, sie würde meinen Brief in die Mani weiterleiten. Und die Mani begann am Fuß der Berge, die sich südlich des Hafenbeckens von Kalamata erhoben.

»Ich suche Patrick Leigh Fermor«, sagte ich zur Verkäuferin in einer Buchhandlung an der Hauptstraße. »Kennen Sie ihn? Wissen Sie, wo er wohnt?«

»Wir sind kein Auskunftsbüro, wir sind eine Buchhandlung«, antwortete sie, ohne den Blick vom Bildschirm ihres Computers zu lösen.

»Patrick Leigh Fermor hat wunderbare Bücher geschrieben«, setzte ich nach. »Er soll in dieser Gegend wohnen.«

Sie ließ mich seinen Namen aufschreiben, gab ihn ein und sagte: »Tut mir leid! Einen Fermor hat der Computer nicht.«

Ich fragte in einer Bäckerei nach, am Hafen, am Taxistand, im Supermarkt. Niemand kannte Fermor. Und hinter meinen Schläfen hörte ich das gleichmäßige Rieseln von feinem Sand, der unaufhaltsam durch ein Stundenglas rann. Ich aß in einem Café eine schnelle Portion Schweinefleisch mit Ofenkartoffeln und Schafskäse, trank ein Glas Weißwein dazu und sah unschlüssig auf die frisch geteerte Rangierfläche des neuen Busterminals von Kalamata. Zehn schräg gestellte Parkbuchten, gelb gestrichene Bordsteine; die Nummern an den Stahlträgern fehlten, die Aluminiumschranken waren noch in Plastik verpackt; darüber erhob sich auf einem kariösen Felsen eine fränkische Kreuzfahrerburg aus dem 13. Jahrhundert.

Während ich die letzten Kartoffeln hinunterschlang, wurde mir klar, dass ich so gut wie nichts über Fermor wusste, nicht einmal, wie er heute aussah. Ich kannte nur das Schwarz-Weiß-Foto, das in seinen Büchern abgebildet und fast ein halbes Jahrhundert alt war. Ich hätte ihm überall begegnen können, ohne ihn zu erkennen. War er der grauhaarige Mann, der dort drüben auf seinen Stock gestützt reglos in der Sonne stand? Oder der mit der Schildmütze, der gegen eine junge Frau Schach spielte? Oder mein Tischnachbar? Als dieser bemerkte, dass ich ihn ansah, winkte er und lächelte.

»Und Sie sind ganz sicher, dass dieser Brite in der Mani lebt?«, fragte er wenig später mit hochgezogenen Augenbrauen.

»Hundertprozentig!«

Nach einer Reise quer durch Europa erschien es so kurz vor dem Ziel reichlich unpassend, noch daran zu zweifeln.

»Unübersichtliche Gegend«, sagte der Mann. »Zahllose Bergdörfer und versteckte Täler. Ihr Brite wird nicht leicht zu finden sein.«

244

Er hatte recht. Es brachte nichts, sich planlos durchzu-
fragen. Ich kaufte eine Landkarte vom Peloponnes, der sich
südlich des griechischen Festlands nach Kreta und Libyen
ausstreckt wie eine vielfingrige Hand. Die Mani ist ihr knor-
riger Mittelfinger, *jenes elysische Randgebiet der Welt, in
dem Homer zufolge das Leben für die Menschen am ange-
nehmsten ist*, wie ich später aus Fermors Buch *Mani* erfah-
ren sollte, *wo kein Schnee fällt, kein Regen, wo kein starker
Wind weht außer dem melodischen Westwind, der unablässig vom Meer her Kühlung bringt all denen, die dort leben.*
    Einen Brief in diese Gegend weiterzuleiten, kann vieles
bedeuten: dass man ihn in eins der unzähligen Dörfer in den
fruchtbaren Küstenebenen der Äußeren Mani schickt, die
gleich hinter Kalamata beginnt; oder in die weit verstreuten
Weiler der knochentrockenen Inneren Mani um Areopolis;
oder in ein entlegenes Felsenkloster; oder hinunter an die
südlichste Spitze des Peloponnes, in die Steinwüste des Kap
Matapan, das sich zwischen dem Messenischen und dem
Lakonischen Golf ins Meer schiebt – *gespickt mit Nymphenbuchten und Hadeseingängen.*
    Ich beugte mich über die Karte und versuchte, mich in
Fermor hineinzuversetzen. Als Engländer war er von einer
nasskalten Insel gekommen. Bestimmt sehnte er sich nach
Sonne und hätte sich nie in einem wolkenverhangenen Bergdorf niedergelassen. Er würde direkt am Meer wohnen, wo
er von seinem Fenster die Aussicht auf den Horizont genießen konnte. Damit schrumpfte das infrage kommende Gebiet beträchtlich. Ich lehnte mich im Stuhl zurück und trank
einen Schluck Weißwein, und gerade als ich das Glas wieder
abstellte, fiel mir auf, welchen Tisch ich gewählt hatte. Ich
saß nicht in der Mitte des Cafés, sondern mit dem Rücken
zur Wand. Von meinem Platz aus überblickte ich die ande-

ren Tische, die Bar, die Tür und die Fenster. Die Wand hielt mir den Rücken frei. Eine solche Wand gab es auch in der Mani: das Taygetos-Gebirge.

Wenn Fermor diese Bergflanke im Rücken haben und zugleich auf das Meer blicken wollte, musste er an der maniotischen Westküste leben. Dort stürzen die Felsen von schneebedeckten Gipfeln in die Buchten und lassen nur einen schmalen Streifen bewohnbaren Landes zu. Auf diesen Küstensaum würde ich meine Suche konzentrieren.

Die Windschutzscheibe im Bus nach Areopolis war groß wie eine Kinoleinwand. Ich saß direkt hinter dem Fahrer. Rechts von der Straße fiel das Gelände steil zum Meer ab, das ruhig dalag wie ein See mit türkisfarbenem Grund. Links erhoben sich die Westhänge des Taygetos, während der Bus sich die Serpentinen hinaufarbeitete, durch Olivenhaine und Macchien, eine grüngelbe Welt, in der Prozessionen aus dunklen Zypressen den Gipfeln entgegenstrebten.

Ich knetete mit der Hand mein Augenkissen und spürte, wie die Amarantfüllung dem Druck meiner Finger nachgab. Es war schon eine ganze Weile her, seit ich das Kissen zum letzten Mal auf meine Lider gelegt hatte. Stattdessen hielt ich es jetzt öfter in der Hand. Seine Dupion-Seide fühlte sich weich und kühl an. Ich frischte seinen Duft mit einem Tropfen Lavendelöl auf, und dabei wurde mir klar, wie lange es schon nicht mehr geregnet hatte. Draußen sangen die Drosseln. Mandelbäume blühten. Die Sonne wanderte erkennbar höher über den Horizont, die Tage wurden länger, sie waren mild und schön, die Luft roch nach wilden Kräutern. Ich war im regnerisch kalten Berlin aufgebrochen, und nun fuhr ich durch das frühsommerliche Griechenland.

246

Der Bus holperte durch Kitries, Kambos und Stavropi-
gio. Über den Rundziegeldächern der Bruchsteinhäuser
thronten die steinernen Kriegstürme der Mani – wuchtig,
fensterlos und durchbrochen nur von schmalen Schießscharten. Bis weit ins 20. Jahrhundert hinein hatte man sich
noch in den kleinsten Dörfern, wenn es das Gesetz der Blutrache verlangte, erbittert bekriegt. Für die alten Manioten
mit ihren bauschigen Röcken und gezwirbelten Schnurr-
bärten waren ein paar Ölbäume oft Anlass genug gewesen,
um ihre Nachbarn in endlosen Blutfehden zu bekämpfen,
Clan gegen Clan, Turm gegen Turm. Wie Backenzähne ragten diese *pyrgoi* aus dem Unterkiefer des Taygetos.

An den Scheiben des Busses schliffen Hibiskus- und
Olivenzweige. Die Außenspiegel waren eingeklappt, die
Straßen der Dörfer für Maultiere und Eselkarren gemacht,
bestenfalls für Traktoren. Hier und da musste der Fahrer
zurücksetzen, um die engen Kurven zu meistern. Und als er
in Agios Nicolaos am Hafen entlangfuhr, ein Becken mit
einer Handvoll bunt bemalter Fischerboote, ruckten die
Gäste eines Restaurants ihre Stühle beiseite, damit wir vor-
beikamen.

In Ringlia stiegen die letzten Passagiere aus, und ich fuhr
allein weiter. Bruchsteinkapellen und Platanen wuchsen in
die Straße. Zwischen den Felsen sprossen Bergsalbei und wil-
des Bohnenkraut. Antike Maultierpfade wanden sich durch
senkrechte Schluchten. Über tiefblauen Buchten gruben
Bagger Logenplätze in die Hänge, mit Blick auf windschiefe
maniotische Dörfer … *Holiday House … Cottage … Tower-
hotel* … im Sommer musste hier einiges los sein, jetzt zeigten
die Schilder auf geschlossene Rollläden und verlassene
Strände, während Albaner mit verschwitzten Hemden und
staubigen Gesichtern in imitierten Turmhäusern schufteten,

um im Dienst griechischer Bauherren für ein paar Euro am Tag das lokale Angebot an Gästezimmern zu mehren.

In Lagadas hielt der Fahrer an, ließ den Bus mit laufendem Motor auf der Straße stehen und verschwand in einem Krämerladen. Ich nutzte die Gelegenheit, um mich nach Fermor zu erkundigen. Niemand konnte etwas mit seinem Namen anfangen. Meine Sanduhr rieselte und rieselte. Hinter Eleohori hievten Fischer ihre Boote mit rostigen Seilwinden aus messenischen Buchten, und der Taygetos durchlief eine erstaunliche Metamorphose. Mit jeder Kurve wurde die Vegetation spärlicher, bis die Wälder aus Knoppereichen und Mastixbäumen einer zyklopischen Felsenfestung gewichen waren.

Mitten in dieser Öde rannten Schafe auf die Straße. Der Busfahrer bremste und hupte, die Tiere ließen sich jedoch nicht stören und trotteten gemächlich über den Asphalt. Unter einem einzelnen, weit ausladenden Olivenbaum mit blau lackierter Umzäunung stand ein Schäfer in Pluderhosen und weißer Weste. Er trug eine Sonnenbrille mit pechschwarzen Gläsern und tastete mit einem Stöckchen nach seinen Tieren wie ein Blinder.

»Michalis?«

Der Mann hob den Kopf und sah mich durch seine schwarzen Brillengläser an. Ich hielt seinem Blick nicht stand und sah auf meine Hände, die im Schoß lagen und noch immer das Augenkissen kneteten. Als ich wieder aufsah, bewegte der Wind die Olivenzweige über dem Schäfer. Licht fiel auf sein bärtiges Gesicht, und ich sah, dass der Mann sehr viel hagerer war; es war nicht Michalis.

Der Fahrer hupte noch immer und fuhr an die Tiere heran, als wollte er sie zwischen die Räder nehmen. Da riss der Hirte sein Stöckchen in die Höhe und fuchtelte in der Luft herum, ohne seinen Blick von mir zu lösen. Auf einmal blieb er wie versteinert stehen, um in die Richtung zu zeigen, aus der ich kam. Etwas sonderbar Anrührendes lag in dieser Starre, aus er sich nicht mehr löste, bis der Bus seine Fahrt wieder aufnahm und ich den Schäfer aus den Augen verlor.

Kurz darauf fiel mir an der Windschutzscheibe ein Säckchen mit weißen Knollen auf.

»Wozu ist der Knoblauch gut?«, fragte ich den Fahrer.

»*Tichi!*« – Glück.

»Könnte ich auch gebrauchen.«

»In Areopolis«, sagte er. »Fragen Sie in Areopolis.«

Über der Stadt des Kriegsgottes Ares verlängerten Kumuluswolken den schroff aufragenden Taygetos in den Himmel hinein. Ihre Schatten füllten zerklüftete Hochtäler. Hier und da hatte es den Anschein, als blicke man in gewaltige Höhlen, die das Gebirge durchdrangen, um sich auf der gegenüberliegenden Seite zum Lakonischen Meer hin zu öffnen, einem dunklen Blau entgegen, das zurückreichte in die Zeit des Orpheus und des Kerberos.

Ich saß auf einem Mäuerchen am Hauptplatz von Areopolis und wusste nicht recht, wie es nun weitergehen sollte. Gestutzte Platanen wuchsen aus Rundbeeten. Zwischen Cafés und Tavernen führten enge Seitengassen zu byzantinischen Kirchen mit Tonnengewölben und gegliederten Glockentürmen. In der Mitte des Platzes erhob sich die Bronzestatue eines Mannes in Pumphosen, die über nackten, muskulösen Waden endeten. Mit der Linken stützte er sich auf sein Krummschwert, die Rechte erhob er zum Gruß. Sein Zwirbelbart hatte die Spannweite einer Möwe.

»Hier hat alles angefangen!«, rief eine Stimme. »Genau hier!«

Als ich mich umdrehte, sah ich einen Alten, der allein auf der Terrasse eines *kafeneion* saß. Er winkte mich herbei, bat mich Platz zu nehmen und bestellte uns Kaffee. Seine zierlichen Hände passsten nicht zu seiner Körperfülle. Es waren die Hände eines Klavierspielers. Oder die eines Schriftstellers.

»Sind Sie vielleicht …?«

Er war es nicht. Natürlich nicht.

Der alte Panajotis hatte in Südaustralien über ein halbes Jahrhundert ein Weingut bewirtschaftet. Vor Kurzem war er zurückgekehrt, um, wie er sagte, in seinem Areopolis zu sterben.

»Hier hat alles angefangen!«, wiederholte er und zeigte auf den Platz mit der Statue. »Und wir hier in Areopolis sind stolz darauf!«

Ich erfuhr, dass der Bronzemann mit den nackten Waden einen gewissen Petrobey Mavromichalis darstellte, der in Areopolis am 17. März 1821 seine Kriegsflagge gehisst und die Manioten zum Aufstand gegen die Türken aufgerufen hatte. Dreieinhalb Jahrhunderte hatten sie Griechenland beherrscht, die Mani jedoch nie unterworfen.

»Keiner hat das geschafft!«, freute sich Panajotis. »Sparta nicht! Rom nicht! Byzanz nicht! Weder die Vandalen, noch die Franken! Und die Bayern – ein paar Hundert von uns haben ihre Armee von sechstausend Mann verprügelt und davongejagt.«

Er ließ eine Bernsteinkette durch die Finger gleiten; die Perlen klickten leise.

»Nicht einmal die Türken konnten unsere Kirchenglocken zum Schweigen bringen!«

Sechs Tage nachdem Mavromichalis in Areopolis seine Kriegsflagge gehisst hatte, nahm er Kalamata ein. Es war der

Beginn eines langen und blutigen Unabhängigkeitskrieges und der Anfang vom Ende der osmanischen Herrschaft über Griechenland.

Allmählich füllte sich das *kafeneion* mit Männern, die an ihrem Tziporo nippten, dem lokalen Tresterbrand. Ihre Gesichter waren verwittert wie die Häuser, in denen sie lebten. Der Nordwind, der, wie sie mir verrieten, in der Mani aus dem Westen kam, frischte auf. Seine Böen brachten die Glocken zum Klingen – die Glocken! Ich erschrak. Die Sonne näherte sich dem Horizont, und ich war keinen Schritt weiter. Fermor lebte nicht in Areopolis. Panajotis hatte nie von ihm gehört. Niemand kannte ihn.

Der letzte Bus, der mich hätte fortbringen können, war bereits abgefahren. Ich verabschiedete mich und folgte der gepflasterten Gasse, aus der das Geläut der Glocken kam. Riefen sie mich? Auf einmal stand ich abseits des Hauptplatzes vor einer Kirche. Über den Portalen leuchteten Erzengelreliefs und hellgraue Tierkreiszeichen. Oben im Glockenturm pfiff der Wind leise Melodien, während ich auf einmal ganz deutlich die Nähe eines vertrauten Menschen spürte, seine Anwesenheit, seinen Blick. Als ich mich umdrehte, sah ich in den grün lackierten Lauf eines Artilleriegeschützes. Ich sprang aus der Schusslinie und stieß mit einer schwarz gekleideten Frau zusammen.

»Bum-bum!«, krächzte sie, lachte und zeigte auf das Geschütz.

Sie drückte die Fingerspitzen ihrer rechten Hand aneinander und führte sie fragend zum Mund; dann legte sie die schrumpelige Wange auf ihre gefalteten Hände. Essen? Schlafen? Ich folgte ihr in das Turmhaus hinter der Feldhaubitze. Im Wohnzimmer hingen Schrotpistolen, osmanische Vorderlader und fein ziselierte Krummschwerter neben ledernen Kavalleriestiefeln und goldbetressten, ärmellosen Offizierswesten aus der Zeit des Petrobey Mavromichalis. In einer Obstschale lagen Handgranaten; daneben entdeckte ich eine Parabellumpistole und eine P38 mit Schwenkriegelverschluss; moderne Kampfdolche lagen über Armeegürteln mit der Aufschrift *Gott mit uns*. Über dem Garderobenspiegel hing eine Lewis Gun mit aufgesetztem Tellermagazin. Fünfhundert Schuss pro Minute. Mindestens.

Die einzige freie Wand des Wohnzimmers wurde von einem Flachbildschirm mit eingebauten Lautsprechern beherrscht. Die Hausherrin bot mir wortlos einen Platz auf dem Sofa an und brachte Weißwein und eine Quiche aus süßem Lauch, geräuchertem Schweinefleisch und Speck auf Thymian und zerriebener Orangenschale.

»*Syglino!*«, sagte sie, führte erneut die Fingerspitzen zusammen und rieb sich den Bauch.

Während wir aßen, präsentierte eine langbeinige Frau in Stöckelschuhen auf einem Laufsteg hauchfeine Dessous – zwischen Seeminen und Panzerfäusten.

Eine gute Stunde nach dem Essen trat ein alter Herr mit exakt rasiertem Oberlippenbärtchen ein. Sein Kopf war kurz geschoren und mit einem stramm sitzenden schwarzen Barett bedeckt. In der Brusttasche seines Sakkos steckten goldene Kugelschreiber wie militärische Ehrennadeln.

»Bum-bum!«, dröhnte er, schlug die Hacken zusammen und salutierte. »Willkommen in meinem ganz privaten Kriegsmuseum!«

Georgios Versakos bewohnte in vierter Generation das Turmhaus seiner Familie, die auf eine lange militärische Tradition zurückblickte: »Mein Vater, sein Vater und sein Vater – alle Offiziere! Und Onkel Leonidas: General in Mazedonien!«

Er selbst hatte im Zweiten Weltkrieg als Partisan gegen die deutschen Besatzer gekämpft. Seinen Spazierstock führte er wie eine Waffe, klopfte mit der Spitze an die Wohnzimmervitrinen, dass die Panzerbrecher darin wackelten, und ließ dabei sein Bum-bum-Griechisch hervorsprudeln, für das er englische, französische und italienische Wörter rekrutierte.

»Wo sind Stiefel vom deutschen General, Frau?«

Sie fand die stahlverstärkten Knobelbecher in einem vor Wimpeln, Armeemützen und Rangabzeichen überbordenden Staufach unter der Treppe.

Seine Knie machten Georgios zu schaffen, aber er ließ es sich nicht nehmen, mir persönlich mein Zimmer im zweiten Obergeschoss zuzuweisen. Ächzend stieg er die verwinkelten Treppen des dreihundert Jahre alten Turmes hinauf. Die liebevoll restaurierten Räume waren niedrig und durch Gewölbegänge miteinander verbunden, die Kinder längst aus dem Haus; in ihren Zimmern lagerten jetzt Musketen mit Steinschlössern und Mörsergranaten.

»Achtung!«, rief Georgios mit militärischer Strenge, als bestünde die Gefahr, auf eine unter dem Teppich versteckte Mine zu treten.

Er meinte jedoch nur die niedrige Tür meines Zimmers, vor dem eine Kinderpuppe mit verspiegelter Sonnenbrille und Kampfanzug wachte. Wir traten ein, und Georgios zeigte mit dem Spazierstock auf die Stellen an den Wänden, wo sich vor der Restaurierung die Schießscharten befunden hatten.

Über dem Bett: »Bum-bum!«

Neben der Kommode: »Bum-bum!«

Hinter dem Heiligenbild: »Bum-bum! «

Nur zwei Schießscharten waren noch sichtbar. Durch die eine führte der Schlauch der Klimaanlage nach draußen. In die andere stellte Georgios eine Wasserkaraffe; dann wünschte er mir eine gute Nacht und ließ mich allein.

Ich trat hinaus auf den Balkon. Zwei englische Maschinengewehre waren auf die Brüstung montiert. Unten im Garten lagen – zwischen Asphodelenstängeln und Meerzwiebeln – rostige Fliegerbomben und Torpedos. Inmitten des Kriegsspielzeugs: Büsten von Hermes und Aphrodite.

Ich saß noch lange da, trank ein Glas Retsina und sah zwischen den Läufen der Maschinengewehre über die Dächer von Areopolis hinaus auf den Golf von Messenien. Es war diese Aussicht, die mich allmählich verstehen ließ, warum Fermor sich für diese entlegene, wüstenhafte Küste entschieden hatte. Denn er *hatte* sich für die Mani entschieden, da war ich mir sicher. Spätestens als ich sah, wie die Turmhäuser und die Pinsel der Zypressen in den erlöschenden Himmel wuchsen und wie dieser nach und nach mit dem erst kupfernen, dann umbrafarbenen und violetten und schließlich pechschwarzen Meer verschmolz. Weit draußen knipsten Fischerboote ihre Bordlampen an, fluoreszierenden Tierchen gleich, und jenseits des Golfs flimmerten die Lichter namenloser Städte wie am Horizont aufgehende Sterne. Ich trank meinen Retsina aus und ging mit der Gewissheit zu Bett, dieses Panorama mit Patrick Leigh Fermor geteilt zu haben.

Beim Frühstück – Schafskäse, Oliven und frisch gepresster Orangensaft – legte mir Georgios ein paar Fotos auf den Tisch. Über Nacht hatte der Sand im oberen Kolben meines Stundenglases weiter abgenommen. Ich musste mich beeilen, musste den ersten Bus nach Süden in die Innere Mani erreichen und dort nach Fermor weitersuchen. Flüchtig blätterte ich die Fotos durch. Sie zeigten Georgios als Zwan-

254

zigjährigen in der olivgrünen Uniform der Partisanen. Über seiner Brust kreuzten sich zwei Patronengurte. Seine Mütze saß betont schief, seine Augen waren beschattet und nicht zu erkennen, die Mundwinkel zu einem verwegenen Lächeln verzogen – unter dem gleichen Schnauzer, der jetzt ergraut war.

Ich erwartete sein »Bum-bum«. Es kam jedoch nicht. Als ich aufsah, drehte der alte Georgios – umgeben von Türkensäbeln, Gasmasken und 1940er-Militärschokolade – geistesabwesend den Ring an seinem Finger. Erst jetzt fiel mir auf, dass darin eine Silbermünze eingelassen war, ein englischer Florin, der im Profil seinen Namensvetter Georg VI. von Großbritannien zeigte.

»Griechen und Engländer!«, sagte Georgios leise. »Haben gemeinsam für die Freiheit unseres Landes gekämpft.«

Draußen sprang ein Wind auf. Der Nordwind, der aus dem Westen kam. Wieder ließ er die Glocken klingen.

»Griechen und Engländer! Bum-bum!«

Er ist hier. Greifbar nah. Ich spüre seinen Atem.

»Fermor ist auch Engländer«, sagte ich gedankenverloren.

»Fermor?«, entfuhr es Georgios. »Leigh Fermor?«

»Sie kennen ihn?«, rief ich aufgeregt; mir stockte der Atem.

Georgios' Augen begannen zu leuchten, sein Bärtchen vibrierte. Er sprang auf, drückte seinen Rücken durch und salutierte.

»Leigh Fermor! Freund der Griechen!«, rief er aus. »Hat als britischer Agent mit den Partisanen gekämpft! Gegen die Deutschen! Bum-bum!«

Er schlug mit dem Stock auf den Tisch wie mit einem Schwert. Patronenhülsen hüpften auf der Holzplatte und fielen zu Boden.

»Wissen Sie, wo er wohnt?«, fragte ich ungläubig.

»Hinter feindlichen Linien! Sabotage! Widerstand!«

»Georgios?«

»Bum-bum! Bum-bum!«

»Wo, Georgios? Wo?«, rief ich und rüttelte an seinen Schultern. »Wo lebt er?«

»In Kardamili!«, platzte er heraus. »Leigh Fermor hat ein Haus in Kardamili!«

KARDAMILI

Lichter wachsen aus der Nacht. Wie zwei schwach leuchtende Augen kommen sie näher. Ein gedämpftes Raunen
schwillt allmählich zu einem Surren an, dann zu einem
Brausen – das Geräusch eines Motors. Auf der einsamen
Landstraße nimmt ein großer Opel Gestalt an. Die Luft
ist warm. Der Wind trägt einen würzigen Duft heran. Im
Osten muss es geregnet haben.

Plötzlich springen zwei Männer ins Licht der Scheinwerfer. Sie tragen Uniformen. Sie sind bewaffnet. Der Wagen
bremst. Die Türen werden aufgerissen. Aus dem Straßen-
graben tauchen weitere Männer auf. Der Fahrer des Opels
greift nach seiner Pistole. Er wird niedergeschlagen und aus
dem Auto auf die Straße gestoßen, sein Beifahrer auf den
Rücksitz befördert, wo ihm die Eindringlinge ein Messer an
die Kehle drücken. Auf seiner Armbanduhr ist es halb zehn.
Am 26. April 1944. Einer der Angreifer ist Patrick Leigh
Fermor.

Der alte Georgios war so freundlich gewesen, mir die
Abfahrtszeiten für den Bus nach Kardamili zu nennen.
Nachdem ich mich verabschiedet hatte, war ich jedoch di-
rekt zum Marktplatz von Areopolis gelaufen, um mein letz-

tes Bargeld in ein Taxi zu investieren. Die Zeit drängte. Der Fahrer nahm dieselbe Landstraße, auf der ich am Tag zuvor im Bus gekommen war. Ich blickte auf dieselben messenischen Buchten, nur dass das Meer jetzt nicht mehr ruhig dalag und auch nicht mehr türkisfarben war, sondern bleiern und aufgewühlt. Schwere Brecher krachten gegen die Klippen. Gischt stieg auf, und die Schatten dunkler Wolken jagten über Olivenhaine und Macchien. Hoch oben, zwischen knochenbleichen Steinen, krallten sich einsame Dörfer in den Taygetos.

Mit jeder Kurve wuchs das Gefühl, ich könnte zu spät nach Kardamili kommen. Die Kriegstürme der Mani wirkten wie Ausrufezeichen hinter diesem Gedanken.

»Geht es nicht ein wenig schneller?«, drängte ich den Fahrer auf Englisch.

Der beleibte Mann zwirbelte seine Bartspitzen und drückte das Gaspedal keinen Millimeter weiter durch.

»Schneller, bitte! Schneller!«

»*Po! Po! Po!*«, brummte er und zeigte auf den Abgrund neben der Straße. »Wir sterben noch früh genug.«

Um etwas gegen meine Nervosität zu tun, ließ ich die Gedanken in jene Nacht im April 1944 zurückwandern. Aus den Bruchstücken, die mir der alte Georgios mit auf den Weg gegeben hatte, puzzelte ich mir die Geschichte so zusammen: Im Zweiten Weltkrieg wird Fermor wegen seiner Kenntnis der griechischen Sprache zum britischen Geheimdienst abkommandiert, kämpft als Verbindungsoffizier zur griechischen Armee in Albanien und springt schließlich mit dem Fallschirm über dem besetzten Kreta ab. Mit einem kleinen Sonderkommando soll er den Widerstand gegen die Deutschen organisieren. Siebzehn Monate lebt er in den kretischen Bergen, verkleidet als Schäfer.

Gerade als ich mir Fermor vorzustellen versuchte – *ge-hüllt in Tuche aus weißer Ziegenwolle und entsetzlich schmutzig –*, stieg der Taxifahrer in die Bremsen, die Reifen quietschten, der Wagen schlingerte und kam gerade noch rechtzeitig vor einem alten Mann zum Stehen. Er trug eine Sonnenbrille mit pechschwarzen Gläsern. Und eine weiße Weste. Weißes Tuch. Aus Ziegenwolle? Für einen Moment durchzuckte mich die absurde Idee, Fermor könnte damals irgendwie von Kreta auf den Peloponnes gelangt sein, um seither mit seiner Herde über die Hügel der Mani zu ziehen.

Der Fahrer lenkte das Taxi langsam zwischen den Tieren hindurch, die nur widerwillig Platz machten, so als wollten sie mir die Gelegenheit geben, den Hirten genauer zu be-trachten: seine Weste, sein Stöckchen, seine Blindenbrille. Es war nicht Fermor. Es war der Schäfer, den ich tags zuvor vom Bus aus gesehen hatte. Er schien sich nicht vom Fleck gerührt zu haben und stand noch immer am Straßenrand unter dem weit ausladenden Olivenbaum mit der blau la-ckierten Umzäunung. Und dann geschah etwas Seltsames: Obwohl der Taxifahrer – im Gegensatz zum Busfahrer – mit kaum zu ertragender Geduld wartete, während die Tiere die Straße überquerten, riss der Schäfer erneut sein Stöckchen hoch, fuchtelte in der Luft herum und blieb schließlich wie versteinert stehen, um in dieselbe Richtung zu zeigen wie am Vortag.

Da begriff ich, dass seine kuriosen Bewegungen keine Wut ausdrücken sollten. Vielmehr schienen sie eine Bot-schaft zu enthalten. Ich kurbelte das Fenster herunter. Wie-der sahen mich die Augen des Mannes durch die schwarzen Brillengläser an, doch dieses Mal hielt ich seinem Blick stand. Sein erhobenes Stöckchen zeigte nach Norden, in Richtung Kardamili, so als wollte er sagen: Warum hast du gestern nicht auf mich geachtet? Warum bist du in die falsche Richtung weitergefahren? Aber jetzt bist du auf dem richtigen Weg, gut, dass du umgekehrt bist, gut, sehr gut, fahr jetzt, beeil dich, nicht dass im letzten Moment noch alles schiefgeht, nicht dass doch noch etwas zwischen dich und den Schäfer tritt, den Schäfer, der sich damals im April seinen Bart schor und eine deutsche Uniform stahl, um den großen Opel zu überfallen.

Der Taxifahrer steuerte an den letzten Schafen vorbei; dann gab er Gas. Ich drehte mich um, der Schäfer stand reglos am Straßenrand und hielt noch immer sein Stöckchen in die Richtung, in die ich nun fuhr. Als wir um eine Kurve bogen, sah ich – ruckartig wie nach einem unsauberen Filmschnitt – wieder Fermor vor mir, Fermor in seiner deutschen Uniform, an der Straße nach Knossos, der alten minoischen Königsresidenz, nicht weit vom Labyrinth des Minotaurus, Fermor, wie er im Schutz der Nacht drei kretischen Partisanen befiehlt, auf dem Rücksitz des Opels mit ihren Messern einen Mann in Schach zu halten. Der Name dieses Mannes ist Kreipe, Generalmajor Heinrich Kreipe, Oberbefehlshaber der deutschen Besatzungstruppen auf Kreta.

Und da rutscht Fermor auch schon mit einer geschmeidigen Bewegung auf den Beifahrersitz, um sich die Kopfbedeckung des Generals in die Stirn zu drücken. Sein Kamerad Billy Moss klemmt sich hinter das Steuer. Um ihr Ziel zu erreichen, müssen sie durch Heraklion. Die Inselhauptstadt ist voller deutscher Soldaten. Der kleinste Laut ihres Gefangenen würde ihren sicheren Tod bedeuten. Sie kommen an eine Straßensperre. Fermor ruft: »Generalswagen!« Sie bleiben unerkannt und dürfen passieren. In den Bergen lassen sie den Opel mit einem Brief von Fermor zurück: *Wenn Sie diesen Wagen finden, meine Herren, ist Ihr kommandieren-*

der General ein ehrenhafter Gefangener auf dem Weg nach Libyen.

Von den Deutschen verfolgt, hetzen Fermor und seine Leute mit Kreipe durch die kretischen Berge. Eines Morgens erwachen sie bei Sonnenaufgang am Fuß des Ida. Der General schaut hinauf in die leuchtende Berglandschaft und murmelt auf Latein: »Siehst du, wie in tiefem Schnee weiß der Socrate erstrahlt ...«

Ein Vers von Horaz.

Fermor kennt ihn und nimmt den Satz auf, wo Kreipe ihn abgebrochen hat: »... wie der Wald unter seiner Flockenlast ächzt und die Flüsse bei schneidendem Frost zu Eis erstarren ...«

Kreipe löst seinen Blick vom Gipfel des Ida und sieht den jungen Briten überrascht an. Nach einem Moment des Schweigens sagt der Deutsche zu seinem Entführer: »Ach so, Herr Major!«

Und Fermor antwortet: »Ja, Herr General!«

Es ist, als hätte Horaz den Krieg für einen Augenblick zum Schweigen gebracht. Zwei Wochen später übergibt Fermor seinen Gefangenen dem Hauptquartier der Alliierten in Kairo.

Der Taxifahrer hielt in einem Dorf an, um Zigaretten zu kaufen. In dem kleinen Laden lagen Zahnpasta, Weichspüler und getrocknete Heilkräuter neben Patronengurten und Munition. Durch die Straßengräben des Ortes zog sich Klatschmohn wie eine Blutspur ... *Hotel with Shower ... Rooms to let ...* Ferienhäuser mit verschlossenen Türen und heruntergelassenen Rollläden zogen sich die Hänge hinauf; weiter oben reihten sich zerfallene Wehrtürme aneinander.

Als ich später nachlas, erfuhr ich, dass Fermor mit der Entführung des deutschen Generals für Briten und Griechen gleichermaßen ein Kriegsheld geworden war. 1950 verewigt sein Kamerad Moss die riskante Aktion im Buch *Ill Met By Moonlight*. Im gleichnamigen Film wird Fermor von Dirk Bogarde gespielt. Nach dem Krieg bleibt er in dem Land, für dessen Befreiung er gekämpft hat, wird Ehrenbürger von Heraklion, empfängt Jahre später vom griechischen Staatspräsidenten den Phönix-Orden. Für seine Verdienste um die britisch-griechischen Beziehungen erhebt ihn die Queen in den Adelsstand. Als Fermor 2004 den Travel Writers' Guild Award erhält, schickt er seinen Biografen, um die renommierte Auszeichnung an seiner Stelle entgegenzunehmen. Der Neunzigjährige lebt sehr zurückgezogen und verschwendet seine kostbare Zeit nicht mit solchen Dingen. Aber das alles konnte ich im Taxi nach Kardamili noch nicht wissen.

Gegen Mittag fuhren wir in ein menschenleeres Dorf. Der Fahrer hielt vor einem geschlossenen Zeitungskiosk und sagte: »Wir sind da.«

Ich bezahlte, sprang aus dem Taxi und rannte ins erstbeste Haus mit der Aufschrift *Pension*, wo mich eine korpulente Griechin in einem weißen Bademantel empfing. Im Haar trug sie grüne Lockenwickler.

»Kennen Sie Patrick Leigh Fermor?«, fragte ich außer Atem.

»Mister Fermor, natürlich«, antwortete sie mit durchdringender Stimme. »*Excellent man*, Mister Fermor. *Excellent.*«

»Er wohnt tatsächlich in Kardamili?«

»Keine zehn Minuten von hier«, sagte sie; auf ihrem Kopf wackelten die Lockenwickler. »Mister Fermor, natürlich!«

Ihr Name war Olivia. Sie musste Anfang sechzig sein, lächelte freundlich und hielt den Kragen ihres Bademantels mit einer Hand geschlossen. Die andere streckte sie mir zur Begrüßung hin: »Wollen Sie sich ein Zimmer ansehen?«

»Ich nehme es«, sagte ich und schüttelte ihre Hand. »Ich meine, ich bin sicher, es ist ausgezeichnet. Wie komme ich zu Fermors Haus?«

»Ich habe Mister Fermor lange nicht gesehen«, gab sie zurück. »Ich glaube nicht, dass Mister Fermor in Kardamili ist. Vielleicht ist er verreist, vielleicht ist er in England.«

Er ist da. Ich weiß es. Ganz bestimmt.

»Ah, Mister Fermor erwartet Sie«, deutete Olivia mein Schweigen, während sie noch immer meine Hand drückte.

Ich zögerte einen Augenblick.

»Sie sind nicht verabredet?«, rief sie aus, ließ meine Hand los und bekreuzigte sich. »Falls Mister Fermor wirklich hier ist, empfängt er niemanden ohne Termin. Mister Fermor ist sehr beschäftigt. Er schreibt an seinem Buch. *Excellent man*, Mister Fermor. *Excellent*. Aber niemand darf ihn stören, hören Sie? Niemand!«

Sie bot mir an, sich nach seiner Telefonnummer zu erkundigen. Aber ich war nicht quer durch Europa gereist, um ihn jetzt anzurufen. Als Olivia sah, dass sie es mir nicht ausreden konnte, beschrieb sie mir doch noch den Weg zu seinem Haus. Ich ließ meine Tasche im Hauseingang stehen und lief die Küstenstraße entlang aus Kardamili hinaus. Der Sand rieselt. Gleich ist der Kolben leer. Gleich. Ich laufe, laufe schneller, jetzt renne ich, nehme nichts mehr wahr, außer dem Asphalt unter meinen Schuhsohlen. Geht es Fermor gut? Wird er mich empfangen? Wie soll ich mich vorstellen, womit anfangen?

Eine schmale Stichstraße führte zum Strand hinunter, ich fand die unbefestigte Auffahrt, kein Tor, kein Zaun, nur ein rostiges Schild mit der Aufschrift *Zutritt verboten.* Ein Stück weiter oben parkte ein alter Peugeot; er schien lange Zeit nicht bewegt worden zu sein. Ein leeres Kaninchengehege, orientalische Öllampen, alte Öfen; im Gebüsch lag die verbeulte Heckklappe eines Autos – und plötzlich stand ich vor einer Tür, der richtigen Tür, der einzig möglichen. Ich berührte sie vorsichtig mit der Hand. Ihr Lack blätterte ab, als häute sie sich. Das Holz war warm, das Blau genau richtig. Himmelblau. Irgendwie verstand ich, dass es so sein musste. Es war nichts Merkwürdiges daran, am Ende meiner Reise vor ebenjener Tür zu stehen, die ich schon im Wiener Stadtbus vor mir gesehen hatte.

Hier also wohnte der Mann, zu dem ich seit zwanzig Jahren unterwegs war, seit jenen Tagen am Atitlán-See im Hochland von Guatemala, der Mann, der mich in der Osternacht schließlich aus meinem Bett steigen ließ, um Hals über Kopf quer durch Europa zu reisen, weil ich mir Heilung von ihm versprochen hatte – von meiner mexikanischen Krankheit, von meinem Augenleiden, vom Zweifel am Sinn meines Umherschweifens. Hier also wohnte Chatwins Guru.

Ein Dutzend Körner noch. Zehn. Neun. Acht. In den Zweigen der Olivenbäume bricht sich das Licht. Es flirrt über die Tür, bestrahlt den rissigen Lack wie ein Kunstwerk. Auf einmal riecht es nach Weihrauch. Ein Hahn kräht. Drei. Zwei. Eins. Ich schloss die Augen, Bilder von unterwegs zuckten über die Innenseite meiner Lider – dann klopfte ich.

Mit der Ankunft bei einem besonderen Menschen ist es wie mit der Ankunft in einer besonderen Stadt. Der richtige Zeitpunkt, die Art und Weise, der Gemütszustand des Reisenden sind von erheblicher Bedeutung. *Man sollte bei sol-*

chen Städten Vorsicht walten lassen, denn die entscheidende Begegnung von Vorstellung und Wirklichkeit kann nie wiederholt werden. Wenn die Umstände der Ankunft nicht stimmen, könnte der verheißenen Stadt für immer ein Makel anhaften. Doch in diesem Moment war ich überzeugt, dass es keine bessere Einstimmung auf die blaue Holztür gab als die Reise, die hinter mir lag. Ich war zuversichtlich, erwartungsvoll, leicht.

Hinter der Tür blieb es still. Ich sah durch einen Schlitz in den Innenhof: ein Haus aus Bruchstein, Rundziegel, blaue Fensterläden, ein Brunnen, ein Laubengang mit Sitznischen. Steinwege mit Bodenmosaiken führten durch den Garten zu einer Terrasse, von wo der Blick über Olivenbäume hinweg ungehindert über den Golf von Messenien schweifen konnte. Hinter dem Haus erhob sich eine dreihundert Meter hohe, senkrechte Felswand.

Ich klopfte erneut und rief: »Hallo! Ist jemand zu Hause?«

Nichts.

Ich versuchte es noch einmal.

Wieder nichts.

Mit einem Mal überkam mich ein Gefühl bedrückender Leere. Ich stand vor der Tür wie gelähmt. Meine Sinne waren betäubt. Und dieser Zustand verstärkte sich noch durch meine Hilflosigkeit, durch das Bewusstsein, dass ich nichts daran ändern konnte. Er war nicht da. Nicht da. Vielleicht nicht einmal in Griechenland.

Alle Kraft schwand plötzlich aus meinem Körper. Mir blieb nicht genug Energie, um ein weiteres Mal zu klopfen. Ich schlich zu dem Mäuerchen neben dem alten Peugeot, setzte mich, starrte vor mich hin. Vögel zwitscherten. Weiter unten rauschte das Meer. Zu meinen Füßen bildeten

Tausende glänzend schwarzer Leiber eine Straße, auf der sich Samenkapseln, Blütenrispen und Insektenflügel auf ein kleines Erdloch zubewegten.

Ich tat nichts, dachte nichts, fühlte nichts. Saß einfach nur da, bis mich eine der Ameisen in die Wade zwickte und aus meiner Teilnahmslosigkeit zurückholte. Ich zupfte sie behutsam von der Haut und setzte sie auf die Erde. Als sie davonkrabbelte, erhob ich mich von der Mauer, auf der ich zwei Stunden gesessen haben mochte, und wagte es, noch einmal an die Tür zu klopfen. Es klang lauter diesmal, fast unverschämt. Blauer Lack löste sich und rieselte zu Boden. Ich legte das Ohr an das Holz, hielt die Luft an und hoffte, etwas zu hören, schlurfende Schritte, ein Radio, ein Husten oder Räuspern – doch da war nur das Rauschen des Meeres unten am Strand. Sonst war es still.

Ich las ein paar von den Samenkapseln auf, welche die Ameisen so mühsam über eine große Entfernung in ihren Bau schafften. Wie einfach es für mich war, sie aufzuheben und neben ihr Loch zu legen! Als sie die ersten auf ihre Rücken luden, machte ich mich auf den Rückweg nach Kardamili und war schon auf der Höhe des Peugeots, da ließ mich ein durchdringendes Geräusch erstarren, ein metallisches Quietschen, das sich in meinem Rücken zu einem zitternden Ächzen auswuchs, einer Vogelstimme seltsam verwandt; es brach sich an der Windschutzscheibe des alten Autos und riss unvermittelt ab.

Ich wagte nicht, mich umzudrehen. Stattdessen hing ich diesem Laut nach und hoffte, er käme wieder, damit ich überprüfen könnte, ob er das war, wofür ich ihn hielt. Doch es blieb still. Die Vögel waren verstummt. Selbst das Meer schien den Atem anzuhalten. Vorsichtig drehte ich mich um. Die blaue Holztür stand weit offen. Im Gegenlicht des späten Nachmittags vibrierte der Schatten einer hochgewachsenen Gestalt, die mich an jemanden erinnerte. An jemanden, den ich sehr gut kannte, ohne dass ich hätte sagen können, an wen.

Der Mann stand reglos und stumm in der Tür. Ich ging ein paar Schritte auf ihn zu und hörte seinen schweren Atem. Sein Rücken war leicht gebeugt. Als er das Gewicht auf ein Bein verlagerte, knackten seine Gelenke.

»Sir Patrick?«

Mir fiel das Schwarz-Weiß-Foto aus seinen Büchern ein, das ihn mit einem freundlichen, offenen Lächeln zeigte. Der Mann in der Tür hingegen verschränkte die Arme vor der Brust. Aus dem Schatten heraus spürte ich seinen missbilligenden Blick.

»Sir Patrick?«

Er drehte sich etwas ins Licht. Unter einem dunkelblauen Pullover mit V-Ausschnitt erkannte ich ein helles Hemd mit Krawatte, doppelter Windsorknoten, makellos gebunden. Erwartete er jemanden?

»*Was willst du von mir?*«

Seine Stimme traf mich wie ein Faustschlag. Nicht weil sie für diese gebrechlich wirkende Gestalt unerwartet kraftvoll und streng war, sondern weil auch sie mir bekannt vorkam. Ich hatte den Klang dieser Stimme noch im Ohr, vor nicht allzu langer Zeit war sie –

»*Was willst du von mir?*«, wiederholte er, energischer noch als zuvor.

Die ganze Reise über hatte ich mir zurechtgelegt, was ich in diesem Moment sagen würde, geschliffene, kurze Sätze, mit denen ich ohne Umschweife auf den Punkt bringen würde, warum er mir nicht die Tür vor der Nase zuschlagen konnte. Sätze, die nun alle wie weggeblasen waren. Der

Grund für meinen Besuch entzog sich mir. Es schien auf einmal, als gäbe es ihn nicht mehr.

Der Mann verlagerte sein Körpergewicht auf das andere Bein. Erneut knackten seine Gelenke. Etwas Bedrohliches ging von diesen kurzen knöchernen Lauten aus. Gleich würden sie ihn ins Innere seines Anwesens zurücktragen und die blaue Tür würde sich wieder schließen.

»Vor ein paar Wochen stand ich auf der Brücke von Esztergom«, hörte ich mich plötzlich sagen. »Und bei Orşova nahm ich ein Boot durch das Eiserne Tor, hinauf zur Tabula Traiana.«

Er hielt inne. Einen ausgedehnten Moment lang standen wir uns reglos gegenüber. Dann bemerkte ich, dass sich sein Rücken wie in Zeitlupe aufrichtete. Er löste die verschränkten Arme vor seiner Brust, und während sie langsam herabsanken, schien er im Geist jedes meiner Worte zu wiederholen, jede Silbe, jeden Buchstaben seinen Erinnerungen zuzuordnen – vergessen geglaubten Landschaften, Gesichtern, Klängen, Düften.

»Wien, Bratislava, Esztergom, Orşova«, zählte ich auf. »Ich dachte, ich müsste dort gewesen sein, bevor ich an diese Tür klopfe.«

Jetzt stand er mir direkt gegenüber. Seine Arme hingen herab, die leicht geöffneten Hände waren mir zugewandt. Seine Augen lagen im Schatten des Türbogens. Ich konnte sie nicht erkennen, wusste aber auch so, dass er mich ansah. Sein Blick stach nicht mehr. Er fühlte sich weich an, durchlässig. Vielleicht täuschte ich mich, aber seine Augen schienen mich um einen Deut zu verfehlen. Und auf einmal wusste ich, woher ich diesen Mann kannte.

Gerade als ich ihn darauf ansprechen wollte, fragte er mich nach meinem Namen. Es war eins seiner Spielchen.

Ich tat ihm den Gefallen und ging darauf ein. Er lachte herzlich, ein Geräusch wie das Rasseln einer Kette, und dann sagte er: »Wenn das so ist, dann komm herein, Pilger!«

Ich nahm die Hand, die er mir entgegenstreckte. Ihr Druck war kräftig und fest. Mit der anderen griff er nach dem Stöckchen, das die ganze Zeit an der Tür gelehnt haben musste. Dabei trat er aus dem Schatten, und ich sah seine Augen. Von den Rändern her wuchs ein milchiges Grau in ihre Mitte; sie erblindeten langsam. Oder vielleicht begannen sie eben erst zu sehen.

»Komm herein, Pilger«, wiederholte er. »Und nenn mich nicht Patrick.«

Im Griechischen wäre sein Vorname Patrikios gewesen. Aber diesen Namen mochte er nicht. Ich sah ihn fragend an. Nur um den Schein zu wahren. Denn ich wusste bereits, wie er genannt werden wollte.

»Mein Name«, sagte er, »mein Name ist Michalis.«

Wenig später saßen wir im Salon seines Hauses über einer Landkarte. Das dünne Papier schien mit den Gegenden beschichtet, über die unsere Zeigefinger fuhren. Wir brauchten nur die bunten Punkte, die weißen Dreiecke und blauen Schlangenlinien zu berühren, nur die klingenden Namen auszusprechen, um uns an die Donau, in die Karpaten oder in den serbischen Süden zu versetzen.

Die feindselig und gebrechlich wirkende Gestalt, die mir die Tür geöffnet hatte, wich einem erfreuten, lebhaft erzählenden Menschen. Michalis blühte auf. In seinen kraftvollen Gesten schien jener Mann auf, der in seinen besten Jahren unten am Strand in den Golf von Messenien stieg und drei Buchten durchschwamm, um in Kardamili die Post abzuholen und auf dem Maultierpfad durch die Klippen nach

Hause zurückzukehren. Die vier Jahrzehnte, die Michalis nun schon in Kardamili lebte, hatten dennoch keinen sonnenverbrannten Manioten aus ihm gemacht. Nichts an ihm wirkte auf eine südländische Art nachlässig. Er war frisch rasiert, die Haut hell und gepflegt, sein gewelltes weißes Haar akkurat zur Seite gekämmt. Einer täglichen Routine folgend, stand er frühmorgens auf, machte sich zurecht, legte ein sorgfältig gebügeltes Hemd an und band seine Krawatte, obwohl er allein in seinem Haus lebte; gegen neun Uhr ging er durch den Garten hinüber in sein Arbeitszimmer, verbrachte die kommenden Stunden über seinen Manuskripten, legte nach dem Mittagessen eine Siesta ein, trank Tee und begann gegen 18 Uhr erneut zu schreiben.

Wie er mir nun gegenübersaß, in den polierten schwarzen Lederschuhen, der Bundfaltenhose und dem marineblauen Pullover, die Krawatte doppelt um den weißen Kragen gebunden – dazu die Würde, mit der er sprach und seine Hände bewegte –, ließ er mich an einen englischen Lord denken.

»Warum erzählst du mir nicht ein wenig von deiner Reise«, hatte er gesagt und mich neugierig angesehen.

Er hörte mir aufmerksam zu, manchmal lachte er leise oder nickte zustimmend. Und seine Stimme zitterte vor Erregung, wenn er den Namen einer Stadt oder eines Flusses wiederholte, in melodiösen Silben, die seinen Körper wie einen Akku aufzuladen schienen. Sobald er eine dieser geografischen Zauberformeln aufschnappte, leuchteten seine Augen und seine über ein knappes Jahrhundert redlich erworbenen Gesichtsfalten vertieften sich. Er drückte den Rücken durch und beugte sich ein wenig zu mir herüber, um die linke Hand an sein Ohr zu legen. Sein Hörgerät war unauffindbar. Ich sprach lauter als gewöhnlich und wiederholte mich oft, weil ich nicht sicher war, ob er mich verstanden hatte: »In Esztergom habe ich eine Frau getroffen, die sich noch an dich erinnern konnte. In Esztergom, hörst du, Michalis, in Esztergom.«

Seine Augen weiteten sich ungläubig; sie hingen an meinen Lippen wie die eines Tauben.

»Ihr Name ist Teresa … Teresa«, sagte ich und zeigte auf den roten Punkt auf der Landkarte, der die ungarische Stadt markierte. »Als sie ein Kind war, hat ihr Vater ihr von einem Mann erzählt, der zu Fuß nach Konstantinopel ging.«

Da rief Michalis mit der Begeisterung eines kleinen Jungen aus: »Aber das war *ich*! Das kann nur *ich* gewesen sein!«

»Ihr Vater hat ihr erzählt, der Wanderer sei Holländer gewesen … ein Holländer.«

»Ich bin in Holland losgegangen«, entrüstete er sich. »Die Frau muss es verwechselt haben. Niemand außer mir wanderte damals nach Konstantinopel.«

Er hüpfte auf dem Sitz herum. Sein Gesicht war gerötet vor Erregung, ein Kind mit hundertjähriger Vergangenheit.

»Aber in deinem Buch kommt nirgendwo ein Schäfer vor, Michalis.«

»Natürlich gab es einen Schäfer«, protestierte er. »Ich erinnere mich genau an ihn, auf der Brücke über der Donau, die Störche, die über uns hinwegzogen, ein Dutzend Störche, schneeweiß, mit schwarzen Flugfedern … sie kamen aus ihren Winterquartieren in Afrika. Diese Störche habe ich gemeinsam mit dem Schäfer gesehen, ganz sicher.«

Er eilte ohne seinen Gehstock zu einem Bücherregal und kam mit dem ersten Band über seine Wanderung zurück. Ich schlug nach. Sein Gehör und seine Augen mochten nicht mehr ganz auf der Höhe sein, sein Erinnerungsvermögen hingegen erwies sich als phänomenal. Offensichtlich hatte ich damals in Teresas Küche nicht gründlich genug nachgelesen, denn auf der Donaubrücke bei Esztergom stand tatsächlich *ein alter Schäfer nicht weit von mir und blickte ebenfalls zu den Störchen auf … er sagte etwas auf Ungarisch – »Nét, góbyuk!« – und lächelte … er hatte keinen einzigen Zahn im Mund.*

Während Michalis konzentriert zuhörte, legte er den Zeigefinger auf seine Oberlippe. Die andere Hand ging zur Schläfe, und mit der Zeit fand ich heraus, dass sie dies immer dann tat, wenn er etwas nicht richtig verstanden hatte. Es schien, als wolle er die Hand zum Ohr führen, damit sie den Schall meiner Stimme auffangen konnte, auf dem Weg dorthin lenkte er sie dann jedoch zur Schläfe um. Vielleicht wollte er nicht wie ein schwerhöriger alter Mann wirken. Und da die Hand nun schon an der Schläfe war, ließ er sie auch daran kratzen, bevor er sie wieder in den Schoß legte.

Ich las ihm die Passage aus seinem Buch noch einmal vor, da riss Michalis beide Hände in die Höhe und rief: »Und die Tochter des Schäfers erinnert sich noch an mich! Ist das nicht verrückt? Nach über siebzig Jahren!«

Es dauerte eine Weile, bis er sich beruhigt hatte. Dann entschuldigte er sich und ging hinüber in die Küche, um Tee zu machen.

Der Salon mochte gut fünfzig Quadratmeter messen, wirkte aber kleiner, weil in die Wände hohe Regale eingelassen waren. Ihre Bretter bogen sich unter der Last von Büchern. Auch auf jeder anderen zur Verfügung stehenden Fläche stapelten sich abgegriffene Werke der großen englischsprachigen Stilisten, Bildbände über byzantinische Kunst in griechischer Sprache, ein Dutzend deutsche Exemplare seiner *Briefe aus den Anden*, vielleicht zum Signieren zugesandt. Auf dem Kaminsims war eine Seite der aktuellen Ausgabe der *Telegraph Review* aufgeschlagen, deren Überschrift behauptete: »*I had this incredible database of pain*«. Überall lagen Lesebrillen. Auf einem niedrigen Tisch fand ich Steven Runcimans *A Traveller's Alphabet*. In einem der Regale war eine Biografie der englischen Tänzerin Margot Fonteyn quergestellt. Ein paar Schritte weiter fiel mir eine seltene Ausgabe von Grogans legendärem *From the Cape to Cairo* auf, direkt darüber ein deutsches Buch mit dem Titel *Von seltenen Vögeln*. An den Wänden hingen Gemälde von Nicolas Ghika und John Craxton.

Trotz der Bücher und der Andenken aus den entlegensten Winkeln der Welt wirkte der Salon seltsam verlassen, fast aufgegeben. Die cremefarbenen Schonbezüge auf den Sofas waren zerschlissen, Simse und Tische mit Staub bedeckt. Auf den Steinplatten lagen bleiche Teppiche. In einer Vase standen vertrocknete Blumen. Vor wenigen Jahren war Michalis' Frau Joan gestorben, und es sah aus, als verbringe er seither die meiste Zeit in seinem Arbeitszimmer auf der anderen Seite des Gartens. Der Salon wirkte wie eine Bibliothek, die kaum noch besucht wurde.

Michalis kam mit der würdevollen Haltung eines englischen Butlers zurück, den Tee auf einem silbernen Tablett tragend, und bat mich hinüber zu einem Erker, der mich an die Apsis einer Kirche denken ließ, oder an einen geräumigen arabischen Mihrab. Nur dass er nicht nach Mekka zeigte, sondern nach Süden, hinaus auf das Meer; seine Sprossenfenster teilten den Messenischen Golf in kleine Quadrate.

Michalis gab eine halbierte Zitronenscheibe in jede Tasse und goss uns ein. Der Tee schmeckte nach Rauch, vielleicht ein Lapsang Souchong aus dem Wuyi-Gebirge. Er nippte daran und sah mich lange an, bis der Blick seiner trüben Augen allmählich durch mich hindurch auf das Meer hinauswanderte, dem Horizont entgegen – und plötzlich lachte er laut.

»Woran denkst du?«

»Wie er auf unseren Bergwanderungen immer vorauseilte«, sagte Michalis; sein Blick war noch immer nicht zurückgekehrt. »Er ging wie ein Derwisch voran, auf seinen langen Stelzenbeinen, in diesem Tempo, immer unter Strom, er redete einfach drauflos, furzte laut und kritzelte ständig etwas in sein schwarzes Notizbuch.«

Ich sah ihn fragend an.

»Bruce war ein seltsamer Kauz«, sagte Michalis und lachte erneut, »und ein außerordentlich begabter Mensch.«

»Bruce? Bruce Chatwin?«

Der brillante englische Schriftsteller hatte ihn in Kardamili im August 1970 zum ersten Mal besucht. Michalis' literarische Reisebeschreibungen hatten ihn damals zum Vorbild einer neuen Generation von Autoren gemacht. Er war belesen und polyglott, ein Mann der Tat. Chatwin beneidete ihn um seine reichhaltigen Erfahrungen, verehrte ihn wie den letzten lebenden Fürsten der klassischen Reiseliteratur und wetteiferte zugleich mit ihm. Wenn der weitaus ältere Freund ihn im Gespräch verbesserte, zuckte Chatwins Gesicht gereizt. Nach seinem ersten Besuch kam er noch oft nach Kardamili, wohnte nebenan bei Nikos Ponireas, kreuzte auf seinem Surfboard durch die Bucht, wanderte durch den Taygetos und besuchte seinen Mentor regelmäßig zum Tee. In Kardamili hatte Chatwin die Endfassung seiner weltberühmten *Traumpfade* geschrieben.

»Nach Bruce' Tod kam seine Frau Elizabeth aus London zu uns«, erzählte Michalis und vergaß die Tasse in seiner

Hand. »Sie hatte eine kleine Kiste dabei, in der sich Bruce' Asche befand.«

Sonnenstrahlen fielen durch das Erkerfenster herein und warfen unsere Schatten weit in den Salon, während Michalis in Gedanken irgendwo hinter dem Horizont war.

»Wir stiegen hinauf nach Agios Nikolaos, einer Kapelle, die Bruce wegen der Aussicht und der Stille geliebt hatte«, fuhr er schließlich fort und leerte seine Tasse. »Unter einem alten Ölbaum neben der Kirche hoben wir ein Loch aus. Die Hälfte der Asche streuten wir hinein und gossen etwas Wein darüber, den Rest warfen wir in den Wind. Ich sprach ein paar Sätze, sagen wir, so etwas wie ein Opfergebet, dann machten wir Picknick.«

Wir schwiegen.

»Wir haben viel gelacht an diesem Tag«, sagte Michalis leise. »Bruce hätte es gemocht. Die Stimmung war heiter und doch bewegend – ein würdevoller Abschied.«

Eine Meeresbrise trug aus dem Garten frischen Kräuterduft herein, während wir uns wieder über die Landkarte beugten, um unsere Route über den Balkan zu verfolgen. Als ich Michalis jedoch vom neuen Orşova erzählen wollte, vom Schicksal des Eisernen Tors, vom Stausee und der darin versunkenen Insel Ada Kaleh, unterbrach er mich und sagte: »Nein, bitte nicht!«

Ein leises, fast ängstliches Flehen lag in diesen kurzen Worten. Er schloss die Augen. Seine Züge, eben noch so lebendig, ermatteten. Sein Körper schien zu schrumpfen. Es war, als zehre mit einem Mal die Gewissheit an ihm, dass ein Großteil seiner Vergangenheit in den Fluten des Fortschritts versunken und für immer verloren war. Vielleicht sah er jetzt, während sich sein Haar im Abendlicht rötlich färbte, im Geist, wie im serbisch-rumänischen Stausee *ein verirrter*

Sonnenstrahl das gescheiterte Wrack eines Dorfes beleuchtet;
dann noch eins und noch eins, samt und sonders erstickt unter
Massen von Schlamm. Vielleicht sann Michalis seiner Hoffnung nach, die Menschen würden *im Laufe der Zeit, wenn*
die Erinnerungen nach und nach verblassen, vergessen, was
sie verloren haben. Oder er klagte stumm: *Was bleibt, ist nur*
dieses Tal der Schatten … aller Zauber ist für immer fort.

»Bitte nicht!«, flüsterte er noch einmal.

Dieser Mann hatte im Anschluss an seine Wanderung
nach Konstantinopel Monate in französischen Klöstern
verbracht, die kargen südgriechischen Berge, die Abruzzen
und das *löwenfarbene Hochland Anatoliens* durchstreift.
Er bestieg die Anden, beobachtete Voodoo-Zeremonien auf
Haiti, liebte in Moldawien eine rumänische Prinzessin und
zählte Francis Bacon, Giacometti, Balthus zu seinen Freunden. Mit über sechzig Jahren war er noch durch die Dar-
danellen geschwommen – als Hommage an seinen Helden
Lord Byron. Das alles, dachte ich, während Michalis nun
geistesabwesend in die Ferne sah, das alles hat er erlebt. Und
bald würde diese Welt mit ihm zu Ende gehen. Ohne es zu
merken, war ich ein Teil davon geworden.

Wie er so vor mir saß, in sich zusammengesunken, als
habe er seinen Körper verlassen, kam mir Michalis plötzlich
wie ein Gefangener vor. Er lebte in diesem entlegenen Haus
in einer Bucht außerhalb von Kardamili, in einer Mani, die
längst nicht mehr die seine war, weil die Moderne und der
Tourismus allmählich zersetzten, was ihm damals, als er vor
einem halben Jahrhundert zu Fuß über den Taygetos kam,
unwandelbar erschienen war. Zwar sind die Gesichter vieler
Manioten noch immer dunkel, hager und kantig, ein Echo
der Antike ist jedoch kaum mehr darin zu vernehmen. Die
homerischen Gesänge sind verstummt. Nach den Freaks der

276

Siebzigerjahre, den Nacktbadern und Kiffern aus dem europäischen Norden, hat die Mani eine Invasion nach der anderen erlebt. In den alten Piratennestern bieten österreichische Ökobauern heute *locally produced meat and vegetables* an. In kopierten Turmhäusern entstehen Ferienapartments mit Swimmingpool. Und im Sommer erbrechen die Billigflieger britische Biertrinker, die im alten Fischerdörfchen Stoupa, nur wenige Kilometer hinter Kardamili, in anspruchslosen Hotels und wummernden Strandbars unter Quarantäne gehalten werden. Indessen versuchte der alte Michalis mit aller Macht, im heilen alten Mani der Hadeseingänge und Nymphenbuchten weiterzuleben, hinter den Mauern seines Gartens, in seinen Manuskripten und Erinnerungen, allein. Sein Hörgerät fand er nur, wenn es sein musste. Es gab dort draußen, so schien es, nicht mehr viel, dem er noch lauschen wollte.

Er blickte auf, als käme er von einer weiten Reise zurück, schenkte mir ein erschöpftes Lächeln und flüsterte: »Was genau hat dich zu mir geführt, Michalis?«

Ja, was eigentlich? *Solvitur ambulando.* Michalis war schon früh ein Anhänger dieses augustinischen Gedankens geworden, und Chatwin hatte das Motto seines Vorbilds übernommen: Es wird durch das Gehen gelöst. Oder in der Bewegung, würde ich sagen – unterwegs. Denn die Fragen, die mir bei meiner Abfahrt aus Berlin unter den Nägeln gebrannt hatten, waren beantwortet. Die Reise hatte sie geklärt. Ich war aufgebrochen, weil ich mir von Patrick Leigh Fermor Zuspruch und Kraft erhofft hatte, und nun saß ich vor einem melancholischen Michalis und erkannte, dass er es war, der ebendies von *mir* brauchte. Jetzt war ich es, der *ihn* – und wenn auch nur für ein paar Stunden – zurückholen durfte in die Welt, ins Licht.

»Wie heißt du?«

»Du kennst doch meinen Namen.«

»Verrat ihn mir noch mal, bitte, mein Gedächtnis ist ein Sieb.«

»Ich heiße wie du ... wie du.«

Wir blickten uns an.

Jetzt fiel ihm wieder alles ein, und er sagte: »Guten Abend, Michalis!«

»Guten Abend, Michalis!«

Wir lachten wie zwei kleine Jungen. Das Leben kehrte in seine trüben Augen zurück. Sein Körper richtete sich etwas auf. Und mit einem Mal fragte er mit verschwörerischer Stimme: »Kannst du ein Geheimnis bewahren, Michalis?«

Ich nickte.

Er zog die Landkarte unter dem Silbertablett hervor, und dann erzählte er mir in allen Einzelheiten vom Ausgang seiner Wanderung nach Konstantinopel, von dem Weg, den er vom Eisernen Tor aus genommen hatte, jenem letzten Reiseabschnitt, auf den seine Leser seit zwei Jahrzehnten warten. *Letzter Teil folgt.* Draußen spielt der Wind in den Zweigen der Olivenbäume, er trägt die Geräusche des Meeres zu uns herauf. Die Schatten der Sprossenfenster liegen auf uns wie ein Koordinatensystem, durch das wir uns im Einklang mit der Sonne bewegen, zurück in jene verloren geglaubte Welt, in der Michalis wieder ein ungestümer Achtzehnjähriger ist, inmitten seines großen Abenteuers, das ihn, ohne dass er es ahnt, ein Leben lang beschäftigen wird.

Michalis war, wie sich herausstellte, ein enthusiastischer Erzähler. Er sprach, wie er schrieb – inspiriert von seiner außergewöhnlichen Erinnerungsgabe und einer ungezügelten Phantasie. Während er mit kindlicher Begeisterung jedes seiner Worte durchlebte und mich mitnahm zum Bosporus –

mit angehaltenem Atem, lachend, einmal den Tränen nah –, erinnerte er mich an den alten Zoran, den Akkordeonspieler am Ohrid-See, den seine Musik *gemacht* hatte. Bei Michalis war die schöpferische Kraft seine Wanderung gewesen.

»Jetzt bist du einer der ganz wenigen, die wissen, wie meine Geschichte ausgeht«, sagte er, nachdem er geendet hatte.

Eines Tages wird es kein Geheimnis mehr sein, und ich werde darüber berichten dürfen.

»Wie weit bist du mit dem letzten Band, Michalis?«

»An der bulgarisch-rumänischen Grenze, in Russe.«

»Canettis Geburtsort?«

Er nickte.

»Und wann wird das Buch erscheinen … wann erscheint es, Michalis?«

»Je früher, desto besser. Es wird langsam Zeit, das alles loszulassen.«

Er wirkte auf einmal nervös.

»Du trinkst vielleicht lieber Kaffee?«, sagte er und zeigte auf meine volle Tasse.

Ich kannte diese Art von Unruhe. Sein Manuskript wartete.

Als wir wenig später auf der Treppe vor dem Haus standen, fiel mir der Brief ein, den ich ihm geschrieben hatte. Vielleicht lag er ungelesen auf einem der Papierstapel im Salon. Ich erwähnte ihn nicht. Im Grunde, dachte ich, ist er ja beantwortet.

Michalis senkte den Kopf und sah mich durch seine kräftigen Augenbrauen an: »Kommst du morgen wieder? Um sechs?«

Und dann sagte er, der fast Hundertjährige, etwas, das ich nie vergessen werde: »Das Leben ist so aufregend. Wir können uns glücklich schätzen.«

AGIOS NIKOLAOS

Kardamili schlummerte noch, als ich an diesem Sonntagmorgen den alten römischen Steinweg zu jener Kapelle hinaufstieg, die Bruce Chatwin schon in den Siebzigerjahren auf einer seiner Wanderungen entdeckt hatte. Er möge die Griechen besonders, hatte er oft behauptet, weil sie die schönsten Bauplätze stets Gott vorbehielten. Kurz bevor er am 18. Januar 1989 im Alter von achtundvierzig Jahren starb, trat er der griechisch-orthodoxen Kirche bei. Der Gedenkgottesdienst in London fand in griechischer Sprache statt. Am folgenden Tag flog seine Frau mit einem kleinen Eichenbehälter zu Patrick Leigh Fermor, um Bruce' Wunsch zu erfüllen, seine Asche möge bei der Kapelle Agios Nikolaos bestattet werden.

Abwechselnd von warmer und kalter Luft umfangen, folgte ich dem von Kastanienbäumen und Tamarisken gesäumten Pfad, den Chatwin und Fermor oft genommen hatten. An den Gräsern zitterten Tautropfen. Es roch nach wildem Salbei, Thymian und Basilikum. In den Höhlen, die sich weiter oben im Fels öffneten, erzeugte der Wind dunkle Geräusche, ein melodiöses Raunen, das ich vom Popocatépetl kannte. Die Erinnerung daran beängstigte mich nicht mehr. Ich hielt inne und lauschte eine Weile dieser unirdi-schen Musik, dann nahm ich mein Notizbuch und schrieb: *Damals in der Höhle hast du gedacht, du würdest sterben – und dann warst du tot.*

Lange Zeit war ich davon überzeugt gewesen, ich schriebe die Dinge auf, um festzuhalten, dass sie geschehen. Erst als ich mir auf dem Pfad hinauf nach Agios Nikolaos laut die Zeilen in meinem Notizbuch vorlas, begriff ich: Du hältst fest, dass du selbst geschiehst, reisend, unterwegs, du geschiehst, indem du dich von dir selbst losreißt, um dich später wieder in dich hineinzuversetzen. Hatte der Popoca-tépetl nicht genau das mit mir getan?

Mit jedem Schritt klangen die Geräusche in den Höh-len eindringlicher, bis sie mich an die Klagegesänge manio-tischer Frauen denken ließen, jener Myrolojistres, die seit der Antike am Totenbett ihre Beziehung zum Verstorbe-nen und die Geschichte der Familie in improvisierten Ver-sen hinausschreien, um sich dabei – wie Sophokles' trau-ernde Elektra – die Wangen zu zerkratzen und das Haar auszureißen. Je weiter ich hinaufkam, desto klarer wurde mein Kopf und desto deutlicher glaubte ich, in den Kaden-zen dieser Gesänge den ursprünglichen Grundriss der Dinge zu erkennen, den Bauplan von allem, was es je gege-ben hat und noch geben wird. Meine Schritte wurden leichter, ich gehe, ah, wie gut das tut, dass ich gehe – gleich-mäßig, im Einklang mit meinem Atem, der Taygetos wirft seinen Schatten weit hinaus auf den Messenischen Golf, am Horizont schimmert ein Landstreifen im ersten Licht, ich bin unterwegs, die Luft ist mild, es ist Morgen, und mit einem Mal überkam mich die überwältigende Gewissheit, dass die Raserei der Myrolojistres, ihre Verzweiflung und Hysterie, die Wunden, die sie sich zufügten, dass all dies nicht Ausdruck einer Ohnmacht oder einer Hoffnungslosigkeit war, sondern – ganz im Gegenteil – Heilung und Katharsis.

Auf dem ganzen Weg hinauf nach Exochori traf ich niemanden. Auch das Dorf selbst wirkte verlassen. Ich folgte der schmalen Gasse, die mir Michalis beschrieben hatte, und ging in den Olivenhainen durch ein von Pflanzen überwuchertes Tor. Aus einer Kerbe im Gebirge stieg die Sonne hervor, als bringe der Taygetos sie zur Welt. Ihre Strahlen brachen sich im Morgendunst und fielen, gerade als ich die letzten Zweige beiseiteschob, auf den Felsvorsprung, wo sie die byzantinische Kapelle illuminierten – hoch über dem satten Blau des Meeres.

Gleich neben der Kirche fand ich einen alten Ölbaum. Er gehörte zu denjenigen im Garten, die als erste von der Morgensonne beschienen wurden. Sein kräftiger Stamm beugte sich zum Meer hin, als sei er in Bewegung, als schreite er voran … geh weiter und suche, auch wenn du keine Ahnung hast, was du zu finden hoffst …. und nimm ein paar maniotische Äpfel aus deiner Tasche, Michalis, leg sie unter den Baum … denn wenn du erst davorstehst und *siehst*, wirst du es wissen … tu auch eine Handvoll Mandeln dazu, und dein Augenkissen, vor allem das, Michalis, dein Augenkissen, denn das brauchst du jetzt nicht mehr.

Als ich wenig später auf den Stufen der Kapelle saß, verstand ich, warum Chatwin es hier so gemocht hatte. Agios Nikolaos war ein magischer, einsamer Ort auf halber Höhe zwischen Kardamili und den Zirruswolken, zwischen dem bleichen Geröll der Viros-Schlucht und den schneebedeckten Gipfeln des Taygetos. Von hier aus wurde der Blick wie von unsichtbarer Hand über die Olivenhaine und Zypressen auf den Messenischen Golf gezogen. In der Ferne, vor

Kap Akritas, erahnte ich eine winzige Insel, dahinter verschmolz das Meer mit dem Himmel.

Eine ganze Weile saß ich einfach nur da, in dieses Panorama versunken, aß zuckersüße Äpfel und Käsebrot. Neben
mir wärmten sich Eidechsen in der Sonne. Bienen summten.
Zikaden sirrten. Im Aufwind zog ein Turmfalke anmutig
seine Kreise. Als er auf meiner Höhe war, begannen seine
Flügel zu zittern, und er blieb direkt vor mir in der Luft stehen. Ich konnte sein rotbraunes Gefieder erkennen, die
Lichtpunkte in seinen Augen. Es war, als blickte der Falke
mich an. Und auf einmal glitt etwas aus mir hinaus, etwas
wie das Reißen im Gesang der Myrolojistres, ein Dunkel,
ein Gewicht, etwas auf jeden Fall, von dem ich geglaubt
hatte, es bis ans Ende meiner Tage mit mir herumschleppen
zu müssen. Nie war ich so wach gewesen wie in diesem
Augenblick. Nie habe ich mich so gut gefühlt, so leicht, so
wirklich und klar … ist es ein Anfang? ein Ende? ist es eine
Geburt? … es spielt keine Rolle … es genügt, dass ich daran
teilhaben darf … an jener poetischen Handlung, in der
sich Schritt für Schritt, Vers für Vers, Gedicht für Gedicht
das Werden und das Sein vollzieht … umherschweifend, unterwegs … du selbst wirst es sein, Michalis … das tiefe Blau
des Messenischen Golfs … die Stille der Wüste … der Gesang der Wälder … tropische Regenschauer … einsame
Nächte auf einem Fluss, einer Straße … die Welt … alles –
du bist es.

Am Tag meiner Abreise traf ich Michalis ein letztes Mal. Ich
nahm die Abkürzung durch den Olivenhain und dachte an
diese Woche, in der wir Tee getrunken, Kaninchen auf Weißwein und Tsatsiki gegessen oder einfach nur im Garten
gesessen hatten. Im Schatten eines Mandelbaums erzählte

Michalis, wie er sich damals in den kretischen Bergen von rohen Schnecken und Gras ernährt hatte. Oder wie er einmal nackt aus einem rumänischen Fluss gestiegen und in einen Heuhaufen geflüchtet war, weil ein Dutzend Sicheln schwingende Landmädchen »mit sonnenverbrannten, rosigen Wangen und dicken schwarzen Zöpfen« hinter ihm her waren.

Die ganze Woche über hatte Michalis nur so vor Energie gesprüht. Er mochte nicht mehr so gut hören und sehen, trank aber noch immer gern ein paar Ouzos, um dabei aus dem Stegreif jene Ode von Horaz zu rezitieren, die über ein halbes Jahrhundert zuvor schon General Kreipe in Staunen versetzt hatte. Oder er sang wie damals auf seiner Wanderung in makellosem Deutsch: »Muss i denn, muss i denn, zum Städtele hinaus«, um anschließend französische und bulgarische Volkslieder anzustimmen.

»Weißt du was, Michalis«, hatte er gesagt und dabei gelacht. »Zum letzten Mal habe ich an diese Lieder gedacht, als ich zwanzig war.«

Ich war etwas früher da als verabredet. Weil sich die blaue Tür auf mein Klopfen hin nicht öffnete, drückte ich die Klinke herunter, wie Michalis es mir gezeigt hatte, und folgte den Bodenmosaiken in den hinteren Teil des Gartens. Die Tür des Arbeitszimmers stand offen. Michalis saß in Hemd und Krawatte im rötlichen Licht der Leselampe an seinem Schreibtisch.

Ich klopfte. Einen Moment lang wirkte er zerstreut; dann erkannte er mich, lachte und sagte:

»Ah, du bist es, Michalis!«

Auf dem Boden des Raums türmten sich Bücher, Landkarten, Briefe. Auf dem Schreibtisch lagen Seiten ohne erkennbare Ordnung verstreut, mit winzigen schwarzen

Buchstaben beschrieben und an den Rändern voller roter Anmerkungen.

»Ich kritzle ein wenig vor mich hin«, sagte er und zeigte auf sein Manuskript.

Unter der Leselampe fiel mir eine vergilbte Zeitungsseite auf. Das Papier sah aus, als wollte es gleich zu Staub zerfallen. Über dem Artikel stand gerade noch lesbar: *Der durchsichtige Ort.*

»Ich muss erst an einem Ort gewesen sein, damit er für mich wirklich wird«, sagte ich leise.

Michalis lächelte und legte seine Hand auf meinen Arm.

»So geht es uns allen, aber wir müssen Wege finden, damit ein Ort für uns wirklich wird, *ohne* dass wir ihn vorher aufsuchen.«

»Ist es dir gelungen?«

»Ich arbeite daran.«

… der durchsichtige Ort … das rötliche Licht … als wolle es die verblassende Schrift festhalten … die Kunst sein eigenes Verschwinden zu überleben … Heterutopia … Ort des Widerstands, der Wahrheit … selbstloser Ort … es wird Zeit, Michalis.

Auf der Schwelle der blauen Tür reichten wir uns die Hand. In seinen Augen schienen Städte, Straßen, Landschaften und Gesichter auf. Sein Blick war entschlossen und neugierig, erfüllt von einer stillen Vorfreude.

»Ich muss los.«

»Wohin, Michalis?«

»Nach Osten vielleicht, ich …«

»… weiß nicht genau, wohin …«

»… ich weiß nur, dass –«

Und dann gingen wir.

Dank

Mein besonderer Dank gilt meiner Familie und meinen Freunden, die mir mein plötzliches Verschwinden nachgesehen und mir später in der Zeit des Schreibens den Rücken gestärkt haben. Ohne Ulrich A. Hilleke hätte ich wohl nie diesen Brief an Patrick Leigh Fermor verfasst und somit die hier beschriebene Reise nicht unternommen.

Ich hatte das Glück, dieses Buch an einer Reihe von außergewöhnlichen Orten schreiben zu dürfen. Für die Gastfreundschaft dort bedanke ich mich ganz herzlich bei Burgi Breiter sowie bei Nikos Ponireas und seiner Familie in Kardamili, bei DW Gibson und seiner Crew in der Ledig House International Writers' Residency, New York, und bei Arshia Sattar und ihren Mitarbeitern im Sangam House in Pondicherry, Indien.

Außerdem möchte ich mich bedanken bei Anoukh Foerg, Aseem Shrivastava, Bettina Feldweg, Christine und Ella Joos, David Fischer, Doña Julia, Jasna Trenkle, Jason Edwin Nickels, Julio Glockner, Kinga Kielczynska, Nils Michalis, Robert Strack, Sabine Dörlemann, Susanne Obert, Till Hein, Tolya Glaukos und den Menschen, die mich auf meiner Reise bei sich aufgenommen und mir ihre Geschichten anvertraut haben. Und natürlich verneige ich mich vor Patrick Leigh Fermor, ohne den dieses Buch niemals möglich gewesen wäre.

MALIK

Michael Obert

Die Ränder der Welt

Patagonien, Timbuktu, Bhutan & Co. 288 Seiten mit
16 Seiten Farbbildteil und einer Karte. Gebunden

Was nicht im Mittelpunkt des Geschehens ist, wird nur zu gern
vergessen. Gerade von diesen Gegenden außerhalb unseres
Gesichtskreises, die Michael Obert die »Ränder der Welt«
nennt, fühlt er sich immer schon magisch angezogen. Obert
besucht für uns die letzten Zauberreiche ebenso wie krisen-
geschüttelte Regionen, reist nach Island, Afghanistan,
Panama und ins deutsche Teufelsmoor, durch Patagonien und
zum westlichsten Ende Europas, erlebt den Alltag auf der
winzigen Azoreninsel Corvo und die Sprechstunde bei einem
Heiler in Malawi. Er spürt versunkene Hochkulturen auf,
sieht Landschaften, die einen nicht mehr loslassen. Und er
trifft berührend liebenswerte Menschen, die den Kontakt
mit Reisenden ersehnen und ihn wie einen alten Freund
beherbergen.

02/1088/01/R

Patrick Leigh Fermor
im Dörlemann Verlag

Deutsch von Manfred und Gabriele Allié

Patrick Leigh Fermor: *Die Violinen von Saint-Jacques*
Roman. 2004. 200 Seiten. Duo-Leinen mit Leseband
ISBN 978-3-908777-08-3

Patrick Leigh Fermor: *Die Zeit der Gaben /*
Zwischen Wäldern und Wasser
Zu Fuß nach Konstantinopel: Von Hoek van Holland zum Eisernen Tor
Der Reise erster und zweiter Teil sowie eine Episode aus dem dritten Teil
2009. 800 Seiten. Gebunden mit Leseband
ISBN 978-3-908777-49-6

Patrick Leigh Fermor: *Der Baum des Reisenden*
Eine Fahrt durch die Karibik
2009. 640 Seiten. Duo-Leinen mit Leseband
ISBN 978-3-908777-45-8

Patrick Leigh Fermor: *Drei Briefe aus den Anden*
2007. 160 Seiten. Duo-Leinen mit Leseband
ISBN 978-3-908777-29-8

Patrick Leigh Fermor: *Mani*
Reisen durch den südlichen Peloponnes
In Vorbereitung. Voraussichtlich Herbst 2010

Patrick Leigh Fermor: *Rumeli*
Reisen in Nordgriechenland
In Vorbereitung. Voraussichtlich Herbst 2011

DÖRLEMANN

www.**doerlemann**.com